V

FULBERT STEFFENSKY

Schöne Aussichten

Einlassungen auf biblische Texte

RADIUS

Fulbert Steffensky, 1933 in Rehlingen/Saar geboren, Studium der katholischen und evangelischen Theologie, danach Praxis in Schule und Seelsorge. 1972 Promotion, anschließend Professur für Erziehungswissenschaft an der Fachhochschule Köln. Ab 1975 Professor für Religionspädagogik am Fachbereich Erziehungswissenschaft der Universität Hamburg. Forschungsschwerpunkte sind die religiöse Erziehung in posttraditionalen und urbanen Gesellschaften sowie die kirchliche Sprache in Medien und anderen säkularen Räumen.

Weitere Bücher von Fulbert Steffensky im Radius-Verlag:

Schwarzbrot-Spiritualität (2005)
und
Nicolaigasse
Der Pfarrer und das Pfarrhaus in der Literatur
(2004 herausgegeben von Fulbert Steffensky)

ISBN 978-3-87173-360-4
Copyright © 2006 by RADIUS-Verlag GmbH Stuttgart
Alle Rechte der Verbreitung, auch durch Film, Funk, Fernsehen,
fotomechanische Wiedergabe, Tonträger jeder Art,
auszugsweise erfolgenden Nachdruck oder Einspeicherung
und Rückgewinnung in Datenverarbeitungsanlagen aller Art
sind vorbehalten.
Umschlag: André Baumeister
Gesamtherstellung: CPI – Clausen & Bosse, Leck
Printed in Germany

Was finde ich an der Bibel?
Vorwort 7

I

AUSLEGUNGEN

Kains Lebenszeichen 13
Der Turmbau zu Babel 15
Respekt vor Widersprüchen 20
Ihr wisst um der Fremdlinge Herz 26
Liebe deinen Nächsten, er ist wie du 31
Variation des großen Themas vom Ostermorgen 36
Wahre Propheten 38
Drei Versprechen des Propheten 40
Von der Freiheit eines Schuldbekenntnisses 42
Ihr seid das Salz der Erde 47
Liebet eure Feinde! 53
Auf dem Berg, wo man anders sieht 55
Der gute Anfang 57
Die Ansage des Heute 59
Prioritäten 63
Sorgt nicht um das Leben 65
Nichts ist offensichtlich 68
In Gott versteckt 71
Assoziationen zu einem Text, der mir fremd ist 73
Vergebung ist Gift für jede Feindschaft 75
Ein Lied der Hoffnung 80
Mein Lieblingstext: Römer 8 85
Die Bedürftigkeit ist unser Schatz 89
Error in der Erotik 91
Wir sind nicht nur, die wir sind 93
Leichen im Keller 96
Nutzlose Schönheiten 98
Heiligt den Herrn Christus in euren Herzen! 100
Weine nicht! Er vermag die sieben Siegel zu öffnen 102
Und ich sah einen neuen Himmel und eine neue Erde 109

II

ÜBERLEGUNGEN

Die Väterlichkeit Gottes   *115*
Und erlöse uns von dem Bösen   *118*
Die Phantomschmerzen der Kirchen   *124*
Zuversicht   *132*
Dürfen wir die Tiere segnen?   *135*
Wie mich Norbert Sommer lehrte, was Kirche ist   *139*
Psalmen: Die Lieder aus der Fremde   *141*
Eingeschrieben im Buch des Lebens   *145*
Gehhilfen für das schwache Herz   *148*
Was fangen die Reformierten mit Heiligen an?   *155*
Entschuldigung!   *158*
Fremde Tage   *164*
Respekt vor dem anderen   *169*
Die Wurzeln der Toleranz   *176*
Überlieferungen und Brüche   *181*
Verzicht als Gewinn   *187*
Der Gegner der Fastnacht   *193*
Der Tod der Großmutter   *195*
Wo suchen wir unsere Toten?   *198*
Nachwort zu einem Leben   *201*
Heimat im Gedächtnis der Toten   *206*
Das Gottesgespräch unserer Toten   *213*

Bibelstellenverzeichnis   *219*

Was finde ich an der Bibel?
Vorwort

Man kann auf doppelte Weise an Texten leiden: daran, dass man welche hat, und daran dass man keine hat. Das erste ist das alte Leiden: Texte drängen sich an die Stelle der Wirklichkeit, und sie wollen sie beherrschen oder ersetzen. Die Zeiten sind noch nicht lange vorbei, da Menschen ihre eigenen authentischen Erfahrungen gegen die Bücher retten mussten, gegen die heiligen Texte, die die Welt definierten und gegen die die Wirklichkeit es nicht leicht hatte. Es war die Zeit der Bibeln, in denen die Menschen alles Sagbare schon aufgeschrieben vermuteten. Man musste nur lesen und richtig interpretieren können. Man musste nur die richtigen Texte haben, den richtigen Kanon. Alles hatte seinen Sinn, seine Stelle und seine Ordnung. Die Welt war lesbar, man musste nur lesen können und wollen.

Es gibt ein anderes Gefängnis: dass Menschen nur noch Gefangene ihrer eigenen Herzen sind; dass sie keine Texte, keine Bilder, keine Lieder, keine Gedichte, keine Sprichwörter und keine Gruppe mehr haben, die einem die Welt aufschließen. Die Welt liegt den Menschen nicht offen zu Füßen, und die Wirklichkeit ist nicht jederzeit betretbar. Wenn man keine Führer hat, kann man sich in der Wirklichkeit nicht zurechtfinden und erkennen, was sie hat und was ihr fehlt. Texte, die man sich erwählt hat, auf die man setzt, die zum Kanon geworden sind, indem man ihnen vorrangig vertraut, öffnen die Augen für die Gegenwart. Die pure Gegenwart ist aus sich selber heraus nicht lesbar. Sie blendet und verblendet.

Was richtet der alte Text in uns an? Ohne Text schweigen unsere Hoffnung und unser Gewissen, und der alte Text borgt ihnen Erfahrungen. Menschen lernen nicht nur an sich selber, durch die eigenen Irrtümer, Niederlagen und Erfolge. Sie lernen auch aus fremden Erfahrungen. Sie lernen am Modell anderer Zeiten, anderer Niederlagen und anderen Gelingens. Unsere Hoffnung kommt zustande, indem wir die Realisation der Hoffnungen von anderen wahrnehmen. Ich kann noch nicht über die Mauer in die Freiheit springen, aber es hat in der Geschichte der Gruppe, zu der ich mich zähle, schon Menschen gegeben, denen es gelungen ist, wie ich im Psalm lese. Ich mache mir ihre Erfahrung so sehr zu eigen, dass ich mit dem Psalm sprechen kann: Du hast uns aus Ägypten geführt! Du hast uns durch das Wasser geführt, und du hast uns in der Wüste gesättigt. Die in den Texten gesammelten Erfahrungen erinnern mich daran, dass man Wasser und Wüsten entkommen kann. Ich berge mich in fremde Erfahrungen. Ich bin nicht allein, und ich muss nicht der vollkommene Meister meiner selber, meiner eigenen Hoffnung und Souveränität sein. Die Gruppe und ihre Texte sind immer auch eine Hoffnungsverleihanstalt, und man kann die eigene Hoffnungslosigkeit maskieren mit den fremden Geschichten. Am kräftigsten sind die Texte, wenn sie in einer Gruppe geteilt werden; wenn sie also eine Kirche im Rücken haben. Eigentlich gehören Gruppe und Text immer zusammen.

Texte leihen Lebensmut, Texte befreien mich aus dem Gefängnis der Heutigkeit. Texte bauen an den inneren Bildern von Menschen. Vielleicht ist zu formal geredet, wenn ich sage, dass die Fremdheit der Texte die reine Heutigkeit sprengen. Die Texte haben ja schließlich einen Inhalt. Wenn ich mein Evangelium oder meinen Franziskus kenne, dann bilden sie meine Seele: ich lerne wünschen, dass das geknickte Rohr aufgerichtet werden soll; dass die Hungrigen Brot und die Nackten Kleider haben sollen; dass die Sünde vergeben und dass der Tyrann gestürzt werden soll. Ich lerne wünschen und ich lerne vermissen. Ich lerne das Augenlicht der Blinden zu vermissen und das Recht der Armen. Ich werde über Texten, die ich mir angeeignet habe, zu einem Menschen mit gebildeten Lebensträumen. Es gibt natürlich auch Texte der religiösen Tradition, die eher im Ungeist als im Geist bilden. Naiv kann man also keinem Text trauen. Je mehr ich mich aber einarbeite in die Tradition meiner Texte, um so mehr entlarven und reinigen sie sich gegenseitig, und ich bin ihnen nicht mehr ausgeliefert. Ich werde also meinen Franziskus mit meinem Franziskus reinigen und meine Bibel mit meiner Bibel. So bin ich davor bewahrt, den Texten ausgeliefert zu sein.

Was heißt es, ein heiliges Buch, die Bibel, im Zentrum unseres Selbstverständnisses zu haben? Ich habe eine Kollegin, eine Historikerin, die mit Religion außer im historischen Blick noch nie näher in Verbindung gekommen ist. Sie beschäftigt sich im Zusammenhang ihrer Themen mit dem deutschen Judentum im 18. Jahrhundert. Im Gespräch machte sie eine fast neidische Bemerkung: »Wie merkwürdig und wie großartig, dass diese Juden ein Buch haben und dass sie sich alle auf dieses Buch beziehen, so als wäre die Welt noch lesbar!« Ich möchte das auf uns beziehen: Wie merkwürdig, dass sich in der Zeit der abgeschafften heiligen Bücher während der Kirchentage viele Tausende jeden Morgen um die Wahrheit eines alten Textes bemühen! Wie merkwürdig, dass jeden Sonntag ein Text ausgelegt wird, so als sei die Welt noch einsichtig und auslegbar. Wir haben keinen Papst, aber wir haben noch ein altes Buch. Die Systeme sind zerbrochen und Fragment geworden, auch die theologischen Systeme in unserer Kirche, aber wir haben noch ein altes Buch. Selbstverständlich haben wir das Buch nicht, wie man einen Papst oder ein System hat. Das ist der Unterschied zwischen traditionalen Zeiten und der Jetztzeit: Die Wahrheit ist vom Diktat zum Gespräch geworden. Ich rede keinem Biblizismus das Wort. Aber ich will sehen und schätzen, was wir haben: eine andere Stimme als unsere eigene. Eine Stimme, auf die sich alle beziehen und die sie heiligen, indem sie sich auf sie beziehen. Wir sind nicht allein, und wir sind in allen Auseinandersetzungen in unserer Kirche mehr als unser Selbstzitat. Die Wahrheit braucht im Raum der Kirche nicht aufgelöst werden in die Häufung der Phänomene. Wir haben eine Lehrerin, die nicht alles duldet. Wo gibt es das, und welche Hoffnung enthält dies auf Wahrheit und Versöhnung?

Ich möchte einen Gedanken aufgreifen, den ich eben beiläufig gesagt habe: Indem sich alle auf dieses Buch beziehen, heiligen sie es. Es gibt zwei Heiligkeiten dieses Buches und unserer Tradition. Die eine ist ihre eigene Schönheit und Anmut. Es ist die Wahrheit von der Rettung des Lebens, die sich in vielen Geschichten dramatisiert. Die zweite Heiligkeit wird in dem Buch und jener Tradition verliehen, durch den Glauben, die Hoffnung und die Sehnsucht derer, die das Buch lesen und die Tradition weiter tragen. Die Texte und Überlieferungen sind immer besser als sie sind, weil Menschen sie mit ihren Seufzern und Hoffnungen heiligen. Dass ich mich zu jenem Erbe entschließen kann, dass ich mich in jene Tradition stellen kann, das liegt nicht nur an der Schönheit jenes Erbes. Es liegt auch daran, dass sich so viele vor mir und so viele mit mir diese Texte angeeignet haben und aneignen. Tradition ist nicht nur überlieferter Inhalt. Es ist auch die Tatsache, dass ich Anteil habe am Glauben, an der Hoffnung meiner Geschwister und meiner Toten. In der Bibel ist das Gottesgespräch unserer Toten aufgeschrieben. Ich brauche nicht für alles zu stehen, nicht einmal für meinen Glauben – das heißt, eine Tradition haben. Ich brauche nicht jede Lebensvision selber zu entwerfen, denn ich habe Anteil an der Kraft meiner Geschwister. Ich muss nicht nur ich selbst sein; ich muss nicht an meiner eigenen Authentizität verhungern. Nie mehr will ich verlernen, Ich zu sagen vor meiner Tradition. Aber nie mehr will ich nur Ich sagen. In einer Tradition stehen, heißt, mehr werden als man von sich aus sein kann.

Diese Texte stammen aus verschiedenen Zeiten und sind zu verschiedenen Anlässen erschienen. Eine Systematik und ein roter Faden lassen sich nicht finden. Die Themen, die mir Lebensmitte geworden sind, sind Gnade und Gerechtigkeit. Sie sind der Boden fast aller Überlegungen.

Ich widme dieses Buch Joe Elsener, dem alten und weisen Freund aus Luzern.

Hamburg, im August 2006   *Fulbert Steffensky*

I
Auslegungen

Kains Lebenszeichen

Kain sprach zum Herrn: Allzugroß für das Vergeben ist meine Schuld. 1. Mose 4,13

Fast nebeneinander sind in den ersten Kapiteln der Bibel zwei Anfänge beschrieben: der Anfang der Güte und der Anfang der Zerstörung. Der Anfang der Güte: Gott schafft die Lebensmöglichkeiten für Pflanzen, Tiere und Menschen und dann diese selbst. Die ersten zwei Kapitel sind die Erzählung vom guten Anfang des Lebens. Die Hoffnung singt, gerade wo sie nicht mehr selbstverständlich ist, das Lied: Es war einmal! Es war einmal alles gut, ganz und von Gott gesegnet. Die zweite Strophe dieses Liedes heißt: Es wird einmal sein! Die Güte des Anfangs ist das Versprechen des guten Ausgangs allen Lebens.

Und dann, nur zwei Kapitel später, die erste atemraubende Ungeheuerlichkeit: Der Bruder erschlägt den Bruder. Die Erde hat ihr Maul aufgetan und das Blut des Unschuldigen getrunken. Der Acker wird dem Mörder keinen Ertrag mehr geben. Die Erde ist ihm fremd geworden, und er ist unstet und flüchtig. Der Mörder steht entsetzt vor sich selber: »Allzugroß für das Vergeben ist meine Schuld.« Er ist ein Mörder, und er hat seine Ehre nicht verloren. Er flieht nicht vor sich selber, er schaut sich ins Gesicht, er hat nichts mehr zu seiner Rechtfertigung vorzubringen. Das Lied aller Feiglinge, das auch er zuerst gesungen hat, »Bin ich denn meines Bruders Hüter?«, hat er verlernt. Er weiß nur, dass alles verloren ist: »Ich muss mich vor deinem Angesicht verbergen, unstet und flüchtig muss ich sein auf Erden. Wer mich findet, schlägt mich tot.« Der Schläger ist wehrlos geworden. Es kommt, wie er befürchtet hat. Der Acker trägt ihm nichts mehr, und er verliert, worauf er gewohnt hat. Nichts wird ihm erlassen von den Folgen seiner Tat. Kein Gott sagt: Es war nicht so schlimm! Aber Gott macht an ihm ein Zeichen, niemand soll den Mörder erschlagen. Das Kainszeichen sagen wir, und meinen damit eher ein Schandmal. Aber es ist ein Lebenszeichen. Er darf leben, er soll leben. »Allzugroß für das Vergeben ist meine Schuld«, erkennt er. Und er empfängt das Zeichen des Lebens. Er wird gezeichnet mit der Erlaubnis zu leben. »Die Vergebung verzeiht nur das Unverzeihbare.« Dies ist ein widersprüchlicher Satz von Jacques Derrida; so widersprüchlich wie das wundervoll widersprüchliche Verhalten Gottes selber: Der große Fluch auf den Mörder, das große Zeichen, das ihn schützt und ihn am Leben lässt. Die Geschichte Kains geht nach der abnormen Tat in einer eigentümlichen Normalität weiter: Er liebt seine Frau, wie auch die Unschuldigen lieben. Sie gebiert einen Sohn. Kain baut eine Stadt. Unter seinen Nachkommen sind die Zither- und Flötenspieler, die Zeltbewohner und Eisenschmiede. Das Zeichen wird Kain nicht los; das Zeichen, das ihn leben lässt, und das Zeichen als Erinnerung an den Mord. Das Opfer bleibt unvergessen. Die Toten haben das Recht, dass ihre Namen und ihr Schicksal genannt werden. Aber sie haben kein Recht, den Lebenden die Sonne zu nehmen. Man ehrt die Toten nicht mit der eisernen Größe jenes Satzes: Zu groß für das Vergeben ist meine Schuld. Zur Erinnerung gehört das Vergessen. Unvergessen soll das Leiden der Opfer sein. Aber sich selbst als Schuldigen muss man auch vergessen können. Das narzisstische Kleben an der eigenen Vergangenheit ist der Verrat des Lebenszeichens. Die Größe der Schuld ist nicht die einzige Wahrheit. Das Zeichen des Freispruchs ist die andere Wahrheit. Kain hat wieder gelernt zu essen und zu trinken, zu lieben und Kinder zu zeugen. Und sogar die Zitherspieler stammen aus seinem Geschlecht.

Der Turmbau zu Babel
1. Mose 11,1-9

In viele Geschichten der Bibel versuchen Menschen, sich den Zustand der Welt und des eigenen Lebens zu erklären. Sie fragen: Wie kommt es, dass die Welt, in der wir leben, uns selber fremd ist? Wie kommt es, dass wir einander nicht verstehen, auch wenn wir dieselbe Sprache sprechen? Wie kommt es, dass wir unbehaust in dieser Welt sind, obwohl Gott sie doch geschaffen hat als einen Raum, in dem wir zuhause sein sollen wie im eigenen Garten? Sie suchen Gründe dafür, dass alles ist, wie es ist. Besonders wenn das Leben nicht mehr selbstverständlich ist wie das der Israeliten in der babylonischen Gefangenschaft, kommt ihnen die alte Frage auf die Lippen: Warum? In der Turmbaugeschichte in einem der ersten Kapitel der Bibel versuchen sie eine Antwort: Es ist die Schuld des Menschen. Es ist die Selbstüberhebung, die die Welt zu dem gemacht hat, was sie ist. Zwar ist nicht an jedem Zustand der Welt der Mensch schuld, aber doch viel von dem Verderben trägt seine Schriftzüge.

Die alte Turmbaugeschichte: noch leben die Menschen zusammen, und sie verstehen sich, sie haben »einerlei Zunge und Sprache«. Dann kommen sie auf die Idee, sich »einen Namen« zu machen, sie bauen einen Turm, der bis an den Himmel, den Wohnsitz Gottes, reichen soll. Gott ist menschlich gezeichnet: Er fährt hernieder, um sich das ganze zu besehen, und er sagt sich: »Dies ist erst der Anfang ihres Tuns. Nun wird ihnen nichts mehr verwehrt werden können von allem, was sie sich vorgenommen haben.« Und er verwirrt ihre Sprache, »dass keiner des anderen Sprache verstehe«.

Der Inhalt dieser Geschichte ist nicht leicht zu entziffern. Warum sollen die Menschen den Turm nicht bauen, und plant Gott gar das Unverständnis und die Fremdheit der Menschen untereinander? Wir finden auf diese Fragen keine Antwort. Vielleicht sind sie falsch gestellt. Wir hören am besten auf uns selber und darauf, was in uns anklingt, wenn wir die Sätze lesen: Sie wollen einen Turm bauen bis an die Spitze des Himmels, sie wollen sich damit einen Namen machen. Einige Kapitel vor der Turmbaugeschichte heißt es, dass Gott den ersten Menschen einen Namen gegeben hat, »er gab ihnen den Namen Mensch« (1. Mose 5,2). Bei dem Propheten Jesaja (43,1) spricht Gott: »Ich habe dich bei deinem Namen gerufen. Du bist mein.« Der Name ist in jenen alten Zeiten nicht nur die äußere und zufällige Benennung eines Menschen, es ist sein Wesen. Darum hat die Königin in dem Märchen Rumpelstilzchen das boshafte Männchen in der Hand, wenn sie seinen Namen kennt, und seine böse Macht ist gebannt. Gott nennt den Menschen, und so ruft er ihn ins Leben. Das Wesen, das Gott benennt, verdankt sich ihm. Der Mensch ist nicht der Schöpfer seiner selbst, er ist sich nicht selber Vater und Mutter, er ist mit dem Namen der Güte ins Leben gerufen, er verdankt sich. Zu wissen, dass man ein geschaffenes Wesen ist, befreit davon, sich selber ständig namhaft zu machen. Ich denke an die Taufe eines Kindes. Hier geben Menschen dem Kind, das sie lieben, einen Namen. Sie hüllen es ein mit diesem Namen in ihre eigene Liebe. Ich habe ein Kind getauft, dessen Vater Vietnamese war, und sie haben es Hoa genannt, Blume heißt dies. Sie haben es mit dem Namen der Schönheit benannt und so seine Schönheit ins Leben gerufen. Bevor das Kind sich aus eigenen Kräften kenntlich gemacht hat, wurde es beim Namen der Schönheit gerufen. Es ist der Name, der geschenkt wird, nicht der Name, den man sich selbst erobert hat.

Die Menschen in der Turmbaugeschichte wollen einen Namen, den sie sich selbst gemacht haben. Je mehr Menschen Gott verlieren, der ihnen »den Namen Mensch« gegeben hat, um so mehr sind sie gezwungen, sich selber zu benennen. In dem Versuch, sich selbst zu benennen, überhebt sich der Mensch, und dieser Versuch ist feindlich gegen anderes Leben. Die Turmbauer wollen nicht mehr nur »Mensch« sein, wie Gott sie genannt hat, Wesen also, die sich verdanken, die aber »Menschen« bleiben. Sie haben ihre Größe, weil sie von Gott genannt sind. Sie haben ihre Endlichkeit, weil sie von Gott »Mensch« genannt sind. Sie sind nicht gezwungen, Übermenschen zu sein und Türme zu bauen, deren Spitzen bis an den Himmel reichen. Sie können geschwisterliche Wesen sein, die endlich sind zusammen mit den anderen Kreaturen. Sie müssen sich nicht auf Kosten der anderen profilieren. Es gibt keine Geschwisterlichkeit in der Welt, wo Menschen nicht Ja sagen zu ihrer eigenen Endlichkeit.

Ich nehme das Beispiel eines modernen Turmbaus: Auf dem Genfer Automobilsalon 2003 zeigte VW ein Auto mit 1000 PS, das theoretisch auf 400 Stundenkilometer kommen kann. Es ist das Beispiel eines höchst intelligenten Schwachsinns, einer Denkform, die zu ihrer eigenen Karikatur geworden ist, eine Dummheit auf dem Niveau des Turms zu Babel. Menschen machen etwas, was keinerlei ethische Kraft mehr enthält. Es ist ein Schwachsinn, der immer mehr zur Selbstverständlichkeit wird. Hier durchschaut sich eine Gesellschaft in ihrem Tun selber nicht mehr. Vor dem Zwang, zu machen, was man kann, ist die Frage verstummt, was dieses Können für unsere Nachkommen und für das Überleben der Erde bedeutet. Vor diesen Machenschaften wird die Frage immer wichtiger: was darf man *nicht* tun? Wie bleiben wir Wesen, die von Gott »Mensch« genannt sind? Wie lernen wir unsere Grenzen, und wie lernen wir, uns selbst Einhalten zu gebieten? Wir verlieren unsere Seele im Rausch der hohen Türme. Diese aber werden einstürzen, wir haben es gesehen. Die Welt bleibt nur bewohnbar, wenn wir unseren eigenen Siegeszwängen entsagen. Das Turmbauwissen ist in unseren Gesellschaften ins Immense gestiegen. Wir wissen, wie man Bäume, Tiere, Landschaften, die Luft und das Wasser behandelt. Das Wasser, der Wald, die Nacht, die Tiere verlieren ihre Stimme und haben keinen Trost mehr für den Menschen, der ihnen nur noch in der Rolle des Züchters und des Beherrschers gegenübertritt. In Christa Wolfs Kassandra weissagt die Seherin den Eroberern Trojas: »Wenn ihr aufhören könnt zu siegen, wird diese eure Stadt bestehen.« Der Wagenlenker fragt sie: »Du glaubst nicht daran…, dass wir zu siegen aufhören können.« Kassandra darauf: »Ich weiß von keinem Sieger, der es konnte … Ich glaube, dass wir unsere Natur nicht kennen. Dass ich nicht alles weiß. So mag es, in der Zukunft, Menschen geben, die ihren Sieg in Leben umzuwandeln wissen.« Hoffentlich lernen wir die Kunst, Siege in Leben umzuwandeln, noch ehe unsere Welt zu einem wüsten Ort geworden ist; noch ehe unser Land Babel heißt, »weil der Herr daselbst verwirrt hat aller Länder Sprache und sie von dort zerstreut hat in alle Länder«. In unserer Tradition haben wir zu lange gelernt, die Sünden ausschließlich bei uns als einzelnen zu suchen. Aus der Turmbaugeschichte zogen wir die Mahnung, persönlich nicht hochmütig und stolz zu sein. Es wurde uns allein die persönliche Bescheidenheit und Demut empfohlen. Aber man kann den Größenwahn nicht nur auf das Verhalten einzelner verrechnen. Die Botschaft des Alten und des Neuen Testaments richtet sich nicht nur an einzelne, sie richtet sich an Nationen, Völker und Gesellschaften. Das sind die Hauptorte der großen Türme, von denen die Vernichtung der Menschheit droht.

Demut schien keine Empfehlung für Männer. Sie wurde vor allem den Frauen empfohlen. Von Ulla Hahn stammt der Satz: »Der schlimmste weibliche Fehler ist der Mangel an Größenwahn.« Ich weiß nicht, ob er richtig ist, vielleicht stimmt er auf Zeit; für die Zeiten nämlich, in denen Frauen allein die Bescheidung diktiert war. Auf jeden Fall stimmt der Satz: Der schlimmste männliche Fehler ist der Größenwahn.

Es gibt eine andere Geschichte, die vom Namen der Menschen spricht. Im 58. Kapitel beim Propheten Jesaja spottet der Prophet über das falsche Fasten. Fasten heißt nicht in Sack und Asche gehen und den Kopf hängen lassen wie Schilf. Jesaja nennt das rechte Fasten: Brich dem Hungrigen dein Brot; die im Elend sind, führe in dein Haus und den Nackten bekleide! Er verspricht: Dann werden deine Rufe zu Gott nicht unbeantwortet bleiben. Die Dunkelheit deines Lebens wird verschwinden, und du wirst einen Namen bekommen. Du sollst heißen: »Der die Risse zumauert und die Wege ausbessert, dass man da wohnen kann.« (Vers 12) Auch hier wird der Name gegeben – du wirst genannt werden –, es ist nicht der Name, mit dem sich Menschen selber benennen, wie in der Turmbaugeschichte. Hier schaffen sich nicht Menschen Denkmale, die bis an die Spitze des Himmels reichen. Sie plagen die Welt nicht aufs neue mit ihren Machenschaften. Sie vergessen sich selber über ihrer Sorge für die geplagte Welt, und darüber finden sie ihren Namen; d.h. sie werden sich selber kenntlich. Sie werden ein Gesicht haben, erkennbar sich selber und kenntlich für die Menschen, mit denen sie leben. Ob die Geschichte eines Volkes lesbar und ob ein Sinn darin zu erkennen ist, das liegt daran, wie es mit seinen Brotlosen, den Nackten und den Heimatlosen umgeht. Ob unser Land ein bewohnbares Land bleibt und eine bewohnbare Sprache hat; ob unsere eigenen Kinder sich zu ihm bekennen, das liegt daran, wie es mit seinen Geringsten umgeht. Wir brauchen kein künstliches Nationalbewusstsein. Wir brauchen keine Türme und Denkmale unserer Macht und Stärke zur Erinnerung an uns selbst. Der Stolz wächst, das Land wird bewohnbar, wenn eine Gesellschaft dafür sorgt, dass das Leben für alle einsichtig und lebbar wird.

Und eine letzte Namensgeschichte, eine Anti-Turmbaugeschichte: Es ist die Geschichte Christi, von dem der Philipperbrief sagt (Kapitel 2), dass er sich nicht in seinen eigenen Reichtum verkrallt hat, sondern die Gestalt der Knechte angenommen hat; mit ihnen arm war, mit ihnen geflohen ist, mit ihnen geweint hat und mit ihnen gestorben ist. »Und darum hat Gott ihm einen Namen gegeben, der über jedem Namen ist.« (Vers 9) Das ist der versprochene Name, der nicht selbstausgedachte und nicht erzwungene Name. Es ist der Name der Liebe, die sich nicht selber benennt.

Respekt vor Widersprüchen
Meditation zu 2. Mose 19,1-19

1. Der fremde Text
Wie können wir als Christen diesen Text lesen, auf uns beziehen und von ihm Hoffnung schöpfen, der doch im strengen Sinn nicht uns gehört, sondern dem wahren Israel, dem jüdischen Volk also? Gelegentlich soll man die Selbstverständlichkeit in Frage stellen, mit der wir jenes Buch benutzen. Wir sollten wissen, dass wir eher Ausleiher der hebräischen Bibel sind als ihr Besitzer. Vielleicht aber kann man gerade dann darin lesen, wenn man weiß, dass die Christen in der imperialen Geste der Aneignung und im Anspruch auf Alleinbesitz das Recht auf dieses Buch verspielt haben.

Trotz allem: die hebräische Bibel gehört seit 2000 Jahren zu den Texten des christlichen Selbstverständnisses, und wir können nicht aus der Geschichte aussteigen. Immer wenn Christen dies wollten und das erste Testament ablehnten, war dies verbunden mit der Ablehnung und Bedrohung jenes Volkes, das das erste Recht auf dieses Buch hat.

Es ist aber auch eine grundsätzliche Geste des Glaubens, sich in fremde Texte und Geschichten hineinzulesen und sich in ihnen wiederzufinden. Er begnügt sich nicht mit historischer Korrektheit, sondern überspringt den garstigen Graben der Historie und sagt: *Wir* sind aus Ägypten ausgezogen. Er sagt: »Die Wunden alle, die du hast, hab *ich* dir helfen schlagen.« Der Glaube liest sich in die fremden Geschichten hinein, er sagt Ich und Wir, und er lässt die Ereignisse nicht in ihrer historischen Distanz. So findet er sich wieder in Versprechungen, die ursprünglich nicht für ihn gedacht sind, und er isst von Broten, die nicht für ihn gebacken sind.

2. Der fremde Gott
Texte der Tradition sind nicht nur wichtig, weil wir uns in ihnen wiederfinden und ausgedrückt fühlen. Wichtig ist

auch ihre Fremdheit. Dieser fremde Text im Buch 2. Mose beschreibt einen fremden Gott. Der Gott auf dem Berg, fern von dem Volk. Ihm darf sich nur Mose nahen. Auf den Tag seiner Erscheinung muss sich das Volk vorbereiten und seine Kleider waschen. Wer die Grenze überschreitet und den Gottesberg auch nur mit dem Fuße berührt, der muss sterben. Er soll gesteinigt oder erschossen werden. »Es sei Tier oder Mensch, sie sollen nicht leben bleiben.« Mit leichter Zunge sagen die Christen: das ist der fremde Gott des Alten Testaments, der mit dem nahen Gott des Neuen Testaments nichts zu tun hat. Es gibt zwei Gefahren, die eine ist, dass wir nicht über den drohenden, bannenden, gefährlichen Gott hinauskommen; dass wir ihn nicht kennenlernen als die Braut, die Mutter, den Freund. Vielleicht war es das Problem unserer Väter und Mütter, die in Zeiten lebten, die karg und hart waren. Leicht wurde dann auch ihr Gott karg und gefährlich. Sie suchten Gott groß zu machen, indem sie ihn von sich entfernten.

Es könnte sein, dass dies nicht mehr das Hauptproblem ist. Wenn man sich die neuen Lieder, die liturgischen Texte, die Gottesdienste ansieht, könnte man eher erschrecken über die Harmlosigkeit und Vertrautheit, die zwischen den Christen und ihrem Gott herrschen. Das ist die zweite Gefahr, dass man Gott beleidigt, indem man ihn zum zahnlosen Hofhund der Christenheit macht. Kein Berg in Flammen, kein Donnern und Blitzen, keine Todesgefahr, sondern Gott als ein freundliches Kerlchen, dem man sich jederzeit ungewaschen nahen kann. Es könnte sein, dass in einer narzisstischen Gesellschaft alles zur Widerspiegelung unserer selbst wird und damit alles zur Theologie light, zur Liturgie light und auch zum Gott light. »Wenn Gott Gott ist, dann ist er nicht einfach aus unserer Seele herauszukitzeln.« (Jakob Taubes) Welche Größe liegt in dem Begriff Deus alienus – der fremde Gott! Welche Freiheit und welches Versprechen für uns, dass Gott nicht nur die Summe unserer eigenen Möglichkeiten und die Spiegelung unserer Seele ist. Man muss gegen die großen Verharmlosungen die Fremdheit und das Geheimnis Gottes retten. Nur dann wird die Rede von Gott nicht zum unerträglichsten aller Geschwätze, wenn man von Gott und vor Gott auch schweigen kann. Sind unsere Theologien, ist unsere öffentliche Erinnerung an den Namen Gottes, sind unsere Liturgien auch Orte des Schweigens, des Stammelns und des Geheimnisses?

> Gott ist in der Mitte,
> alles in uns schweige
> und sich innigst vor ihm beuge! (G. Tersteegen)

Das ist nicht das Schweigen vor einer puren Macht, die einen mit der eigenen Größe erschlägt. Es ist die Scheu vor dem undurchdringlichen Geheimnis der Güte.

3. Respekt vor den Widersprüchen

Man muss den alten Nachrichten über Gott ihre Widersprüche lassen. Einmal erzählen sie von Gott, dass er näher ist, als uns eine Mutter und ein Vater sein kann. Einmal erzählen sie, dass er bedürftig ist wie ein Kind. Dann aber erzählen sie, dass es gefährlich ist, sich ihm zu nahen. Man muss die Widersprüche ehren. Wer so systematisch über ihn redet, dass alles aufgeht und passt und die Nachrichten nicht mehr hart aufeinanderstoßen, der erzählt wohl eher von einem Götzen. Dieser Gott hat sich offenbart, und er spricht zu uns in vielen Stimmen. Trotzdem ist unser Nichtwissen größer als unser Wissen.

Eine der großen Ungereimtheiten ist die widersprüchliche Aussage über die Gnade Gottes und die Tat des Menschen, die wir in unserer Tradition finden. In Luthers Lied (Nun freut euch, lieben Christen g'mein) singt die Kirche:

> Mein guten Werk, die galten nicht,
> es war mit ihn' verdorben;
> der frei Will hasste Gotts Gericht,
> er war zum Gutn erstorben.

Kein Urteil soll den erschrecken können, der sich der Güte Gottes anvertraut, und jene Güte wiegt alles Versagen und alle Sünde des Menschen auf. Am Sinai aber sagt Gott zu Mose: Einen Bund zwischen mir und jenem Volk gibt es nur, solange es ihn hält; solange es meiner Stimme gehorcht. Hier ist nicht bedingungslos von der Huld Gottes gesprochen. Hier kann der Bund verspielt werden. Hier kann der Mensch sterben an diesem Gott, dem er sich versagt. Was tun mit diesem Widerspruch? Es gibt eine einfache, aber falsche Lösung: man rechnet die Stellen, die die Tat und die gerechte Handlung des Menschen fordern, zum Alten Testament oder nennt sie katholisch; die Stellen aber, die von der grundlosen Gnade sprechen, zum neuen Testament, und man nennt sie evangelisch. Aber auch das Neue Testament bindet das Heil des Menschen an seine Handlungen (z. B. in Matthäus 25), und das Alte Testament spricht ebenso selbstverständlich von Gnade und Vergebung, wie wir es aus dem Neuen Testament kennen. So muss man die Aussagen beieinander halten, auch wenn sie nicht zu systematisieren sind.

Was passiert, wenn in der Diskussion »Gnade oder Werk« die Gnade immer schon Siegerin bleibt? Die Aussagen über die Gnade werden bei der Vernachlässigung der Verantwortung des Menschen schlaff und spannungsarm. Das Bild vom Menschen ist pessimistisch: er ist der Nichtswürdige und Unvermögende, mit seiner Macht ist nichts getan, und leicht wird die Arbeit der Menschen gleichgültig. Es ist eben alles nicht das Eigentliche. Wie der Mensch auch handelt, seine Taten sind immer schon die Beute des Todes, und er ist der verlorene Knecht. Alle Versuche des Menschen stehen unter dem Verdacht der Selbsterbauung und Selbstrechtfertigung. So aber wird die Stärke des Menschen und die Würde seiner Handlungen verraten. In der Rechtfertigungsdebatte, die die Kirchen im Augenblick führen, haben nicht nur die Katholiken zu lernen, sondern sicher auch die Protestanten.

4. Der heilige Ort
Eine Grenze wird gezogen. Nicht einmal mit dem Fuß darf jemand den Berg berühren, sonst wird er zerschmettert. Er ist der Gottesberg und heilig. Das Volk selber muss sich heiligen für die Stunde der Offenbarung. Die Israeliten waschen ihre Kleider und bereiten sich drei Tage auf die

heilige Zeit vor. Heilige Orte, heilige Zeiten und heilige Personen, die es in jeder Religion gegeben hat, kennen wir kaum noch. Der Protestantismus hat das Christentum vergeistigt. Das Herz und das Gewissen wurden die dramatischen Orte, nicht mehr die alten Stellen, Zeiten und Techniken waren entscheidend. Diese Veränderung war unausweichlich, es ist nur die Frage, ob sie genügt. »Jede neue Religion, die Bestand haben will – und sei es auch nur ein Jahrzehnt über ihr erstes revolutionäres Aufflammen hinaus –, muss den Schritt von der inneren zur äußeren Religiosität tun.« (M. Douglas) Dass ihr Geist eine Stätte findet, ist die Bedingung ihrer langfristigen Existenz. In meiner katholischen Kindheit kannte ich noch die heilige Welt, die aus ausgesonderten Zeiten, Orten, Dingen und Personen bestand. Es war eine Welt, die uns Unterscheidung gelehrt hat, den einen Ort vom anderen, die eine Praxis von der anderen, die eine Zeit von der anderen. Vielleicht war immer ein Stück Magie der Unterscheidung der Orte, Zeiten und Praxen beigemischt. Inzwischen aber frage ich mich, was gefährlicher ist: die Portion Magie oder der Verlust des Geistes im unbezeichneten Leben, die Verödung der Religiosität, die keine Stätte findet. Kann man aber unter der Bedingung des Protestantismus und der Aufklärung – beides darf man nicht ungestraft verraten – heilige Welten errichten? Kann man Tabus wieder einrichten, nachdem man gelernt hat, sie zu brechen? Kann man Orten und Zeiten eine besondere Ehre oder Weihe verleihen, ohne dass sie sich ausweisen müssen, d.h. ohne dass sie magische Kräfte ausstrahlen, die uns überwältigen und die die Besonderheit des Ortes fraglos machen? Die Sprache hat im Bezug auf die Zeit eine merkwürdige Formulierung: den Sonntag heiligen. Die Menschen empfanden sich also als Koproduzenten der Heiligkeit einer Zeit. Ähnliches geschah bei den vielen Segnungen und Weihungen im Katholizismus. Man verlieh dem Wasser Besonderheit, und man sprach vom Weihwasser. Man segnete Öl, Brot, den Wein am Johannistag, Blumen an Mariähimmelfahrt, die den Toten mit in den Sarg gegeben wurden. Man heiligte, indem man aussonderte. Denn das ist ja vermutlich der älteste Sinn von heilig: ausgesondert. Wenn man die Zeiten heiligt, dann kommen sie einem als heilige Zeiten entgegen. Der heilige Ort, die heilige Zeit entstehen dadurch, dass man sich auf sie bezieht. Man erhebt Orte, Zeiten und Dinge in den Rang eines Zeichens. Unsere Erklärungen schaffen einen heiligen Kosmos von Rhythmen und Zeiten, die dann geworden sind, wozu wir sie erklärt haben: heilig. Sie sind der Profanität entnommen, sie helfen uns, aber sie stehen nicht mehr zur Disposition. Das öde Chaos der Gleichgültigkeit würde überwunden mit der Pointierung der Orte, Dinge und der Zeiten. Dass dies notwendig ist, spüren wir spätestens, seit der Buß- und Bettag abgeschafft ist und seit der Sonntag immer mehr verfügbare Zeit wird.

Ihr wisst um der Fremdlinge Herz
2. Mose 23,9

Ich erinnere mich an die Erzählung einer Freundin aus den USA. Als Kind lebte sie in einer kleinen Stadt in den Bergen Westvirginias. In dieser Gegend gab es keine Fremden und nichts Fremdes. Alle hatten eine einheitliche Herkunft, es gab in dieser Stadt kaum Schwarze, alle gehörten zur methodistischen Kirche. Jeder kannte jeden, und alles war allen bekannt. Es war eine einstimmige Stadt, und so lebten die Menschen in spannungsloser Vertrautheit in ihrer Welt. Eines Tages nun kam in jene Stadt eine fremde Familie, sie war fremdartig gekleidet und ihre Mitglieder unterhielten sich in einer fremden Sprache: auf Französisch. Die Freundin erzählte, dass sie stundenlang hinter den Fremden hergelaufen sei, um deren Sprache zu hören, fasziniert und irritiert zugleich, denn sie hatte einfach nicht gewusst, dass es noch andere Sprachen geben könnte als die eigene und gewohnte. Sie erzählte, sie habe plötzlich in der Nacht nach der Ankunft der Fremden eine panische Angst bekommen. Das neue Wissen, dass es andere Sprachen gibt als die eigene, hatte sie verstört und das Eigene und Gewohnte plötzlich in Frage gestellt.

Das Kind hat erlebt, was wir alle erleben. Wo uns das Fremde und die Fremden begegnen, da sind wir uns plötzlich nicht mehr selbstverständlich. Man erkennt, dass man nicht einzigartig ist und dass es andere Sprachen, andere Hautfarben, andere Religionen und andere Nationen gibt. Die Unruhe, die dann entsteht, ist natürlich. Sie ist zugleich der Anfang eines neuen Reichtums und einer neuen Freiheit. Wer nur sich selber kennt, die eigene Sprache, die eigene Hautfarbe und die eigene Religion; wer zwanghaft seine dumpfe Ungestörtheit verteidigt, der ist zugleich Gefangener seiner selbst, und er weiß nicht einmal, dass er in einem Gefängnis lebt.

In alten Welten hat man es zu solchen Verstörungen nicht kommen lassen, und man hat das Fremde gleich an der Grenze abgefangen, es für unerlaubt und gefährlich erklärt. Andere Welten waren das »Elend«, das Ausland, die jammervolle Fremde, die nicht galt und in der man nur umkommen oder verkommen konnte. Es war die feindliche Welt, gegen die Grenzen gesetzt wurden, weil man vor Überfällen und vor Auslöschung durch die anderen nicht sicher war. Man hatte äußerlich und innerlich starke Truppen an der Grenze, und man hat sich selber von den Grenzen her definiert. Der Hauptsatz einer solchen Selbstdefinition lautete: Wir sind nicht die anderen, und wir sind nicht wie die anderen! Es war eine Selbstdefinition, die Kampfes- und Verteidigungsbereitschaft stimulierte, eine kriegerische Selbstgewissheit. Alte Welten waren verängstigte und dialogfeindliche Welten. Es gab keinen Riss in der eigenen Identität, den die Begegnung mit den Fremden mit sich brachte. Man wusste nicht, dass es »fremde Sprachen« gab, und darum war man von zwanghafter Eindeutigkeit, Überklarheit und Ambivalenzlosigkeit. Man wusste zu gut, wer man selber war oder aber anders: man wusste nicht, wer man selber war, weil man nicht wusste, wer die anderen waren. Denn man kann sich nicht erkennen, wenn man nur sich selber kennt und wenn man sich nicht spiegeln kann in den Augen der anderen.

In jenen alten Welten ist langsam eine Freiheitsidee gewachsen, die sie reicher machte und die die Fremden nicht mehr bedrohte und verschlang; die Idee, den Fremden bei sich selber leben zu lassen; ihm Schutz zu gewähren und ihm Lebensrechte zu geben. Ich denke an das Alte Testament und seine Aussagen über die Fremden. Keine Frage: es gibt auch da schreckliche Ansichten und Praktiken dem Fremden und den Fremden gegenüber. Aber wie eine zarte und unausrottbare Pflanze wächst ein anderer Gedanke: der Fremde ist der Gast Gottes, und er steht unter seinem Schutz. Nicht erstaunlich ist die ursprüngliche und archaische Angst vor dem Fremden. Viel erstaunlicher ist diese langsam erblühende Schönheit des Gedankens, dass dem Fremden, vor allem dem armen und verfolgten Fremden Rechte zu geben sind; dass er nicht nur mitleidig geduldet ist, sondern dass er Rechte im Volk Gottes hat. Die Fremden, die Witwen und die Waisen waren die Schutzlosen in den alten Gesellschaften. Sie werden oft zusammen genannt als solche, gegen die alle Gewalt verboten ist. Es heißt: »Die Fremdlinge sollst du nicht bedrängen und bedrücken. ... Ihr sollt Witwen und Waisen nicht bedrücken, und wenn sie schreien, werde ich ihre Schreie erhören.« (2. Mose 22,20-21) Es heißt im 5. Buch Mose (10,17-18): »Der Herr, euer Gott, ... schafft Recht den Witwen und Waisen und er liebt die Fremdlinge.« Im selben Buch (27,19) heißt es: »Verflucht sei, wer das Recht des Fremdlings, der Waise und der Witwe beugt!« Und der Prophet Jeremia sagt (7,5-6): »Bessert euer Leben und euer Tun, dass ihr recht handelt, einer gegen den anderen, und dass ihr keine Gewalt übt gegen die Fremdlinge, Waisen und Witwen.« Wir sind in unserem Land zu Recht stolz darauf, dass wir eine Verfassung haben, die Asyl suchende Fremde nicht nur gnädig duldet, sondern dass sie ihnen ein Recht auf Asyl gewährt, wenn ihr Leben gefährdet ist. Ebenso stolz kann man auf eine Tradition sein, die schon vor über 3000 Jahren das Recht der Fremden gefordert hat.

Es werden in dieser Tradition drei Gründe dafür genannt, den Fremden ihr Recht zu lassen. Der erste: Gott selber liebt die Fremden. Wer ihre Rechte verletzt, verletzt das Gottesrecht. Es gibt keine Erkenntnis Gottes ohne Barmherzigkeit gegen das arme und verfolgte Leben. Jeremia verspottet die Lügenfrömmigkeit, die stolz ist auf die eigene religiöse Praxis, die aber Gewalt übt gegen die Fremden: »Verlasst euch nicht auf Lügenworte, wenn sie sagen: ›Hier ist des Herrn Tempel! Hier ist des Herrn Tempel! Hier ist des Herrn Tempel!‹« (7,4) Es gibt kein Verhältnis zu Gott, wenn das Verhältnis zum bedrohten Fremden unberücksichtigt bleibt. Das Auge des Fremden, der in seinem Land gefoltert wird und der bei uns Schutz sucht, ist das Auge Gottes, das dich anblickt. Das Auge der fremden Frau, die in ihrem Land vergewaltigt worden ist und bei dir Heilung sucht, ist das Auge Gottes, das um dein Erbarmen bettelt. Auch hier ist das Gebot Gottes nicht eine einengende moralische Vorschrift, es ist die Verlockung zum größeren Lebensreichtum. Welche Schönheit, sich nicht in sich selbst zu verkriechen, sondern das Leiden der Fremden zum eigenen Leiden zu machen. Welche Primitivität und welche Lebensverkümmerung, sich immer nur in sich selber zu erschöpfen!

Der zweite Grund, den Fremden Lebensrechte zu geben, ist die Erinnerung des Volkes an die eigene Knechtschaft in der ägyptischen Fremde: »Auch ihr seid Fremdlinge im Ägyptenland gewesen.« (2. Mose 22,20) Und schöner noch im 23. Kapitel jenes Buches (Vers 9): »Die Fremdlinge sollt ihr nicht bedrücken, denn ihr wisst um der Fremdlinge Herz, weil auch ihr Fremde wart im Lande Ägypten.« Die Erfahrung des eigenen Leidens, der eigenen Bedrückung und der eigenen Fremdlingsschaft kann die Herzen klein, bitter und bösartig machen, und man will sie möglichst schnell vergessen. Wenn man sich aber der eigenen Schmerzen erinnert, können sie zum Nährboden des Mitleids und der Barmherzigkeit werden. Menschen, denen man Wunden geschlagen hat, können wissen, was Wunden sind. Das meint jener wundervolle Satz: »Ihr wisst um der Fremdlinge Herz!«

Es gibt einen dritten Grund, die Fremden zu verstehen und zu ihren Bundesgenossen zu werden, ein Gedanke, der in der Bibel oft anklingt, so in einem Gebet Davids im 2. Buch der Chronik (29,15): »Wir sind Fremdlinge und Gäste vor dir wie unsere Väter und Mütter alle. Unser Leben auf der Erde ist ein Schatten und es bleibt nicht.« Der Verfasser des Hebräerbriefes erinnert daran, dass wir noch woanders hingehören als auf die arme Welt; dass wir alle Gäste und Fremde auf dieser Welt sind. »So lasst uns nun zu ihm hinausgehen aus den festen Lagern, ...denn wir haben hier keine bleibende Stadt, sondern die zukünftige suchen wir.« (13,14) Die Stadt, in der noch so viele weinen, im Unglück liegen, die Beute von anderen sind, kann noch nicht unsere Stadt sein. Je mehr Wünsche man an das Leben hat; je mehr man das Augenlicht der Blinden vermissen kann; den Tanz der Lahmen und den Gesang der

Verstummten, um so mehr weiß man, dass wir noch nicht da sind, wohin wir gehören. Die Sehnsucht nach dem ganzen Leben für alle treibt uns hinaus aus dem »festen Lager«. Sie lehrt uns andere Lieder zu singen als nur die der Heimatkapellen. Sie lehrt uns das große Lied: Einmal wird es sein! Einmal wird die Stadt, das Land und die Zeit da sein, von denen es heißt: »Gott wird abwischen alle Tränen von ihren Augen, und der Tod wird nicht mehr sein, noch Leid noch Geschrei noch Schmerz. Denn das Erste ist vergangen.« (Apokalypse 21,4) Bis dahin aber sind wir Fremdlinge, ob am Rhein, an der Elbe, an der Wolga oder am Mississippi. Wir sind Ausländer, überall, und so könnten wir die besten Verbündeten der Fremden werden.

Liebe deinen Nächsten, er ist wie du
3. Mose 19,18

Im 3. Buch Mose steht der Satz, den wir auch aus dem Lukasevangelium kennen: »Liebe deinen Nächsten wie dich selbst.« Buber und Rosenzweig übersetzen wohl richtiger: »Liebe deinen Nächsten, er ist wie du«, oder wie es in der späteren Buber-Übersetzung heißt: »Halte lieb deinen Genossen / dir gleich!« Ähnlich übersetzt es der französische Philosoph Emmanuel Lévinas: »Liebe deinen Nächsten; das bist du selbst.« Es geht also nicht darum, die Liebe zu sich selber zum Maßstab der Nächstenliebe zu machen. Die Israeliten sollten daran erinnert werden, dass der Nächste – ob Freund oder Feind – wesensgleich mit einem selber ist. Der Grund der Liebe und der Achtung des Anderen ist die Gleichheit aller Menschen. Später werde ich nennen, woraus sie besteht.

Man kann einen Feind nicht ohne weiteres vernichten; man muss zunächst erklären, dass er nicht wie man selber ist; dass er nicht »von unserer Art« ist. Als die Nazis Sinti und Roma, Juden, Behinderte und Homosexuelle vernichteten, haben sie es nicht einfach getan. Sie haben sich darauf vorbereitet, indem sie diesen Menschengruppen andere Namen gegeben haben, in denen sie aussagten: »Sie sind nicht wie wir!« Sie haben die Kranken Minusvarianten genannt, die Juden Parasiten, die Homosexuellen Schädlinge am Volkskörper. Wenn sie die Geisteskranken zu Tode spritzten, haben sie es nicht einfach getan. Sie haben sich vorher weiße Kittel angezogen und sich wie Ärzte benommen, die »den Volkskörper« von den Schädlingen heilten. Vernichten kann man erst, wen man umbenannt hat und von wem man gesagt hat: Er ist nicht wie ich. Vernichten kann man nur den Untermenschen, den also, der nicht Mensch wie unsereiner ist. Ich habe extreme Beispiele gewählt für die Umbenennung und die danach folgende Vernichtung. Man kann auch sagen: Die Schwarzen haben eine geringere Intelligenz, sie sind nicht wie wir, und darum taugen sie nicht zu mehr als zu Putzfrauen und zu Botenjungen. Man kann auch sagen: Frauen sind viel zu emotional, sie sind nicht wie wir Männer, darum taugen sie nicht für Führungspositionen, und wir können sie schlechter bezahlen. Man kann sagen: Italiener sind nicht fleißig wie wir, Polen nicht ordentlich wie wir, Katholiken nicht redlich wie wir Protestanten, Protestanten nicht Kirche wie wir Katholiken. Dies alles sind gefährliche Vorformen der Kränkung, der Benachteiligung oder der Vernichtung. Kein Hass und keine Feindschaft kommen aus ohne Legitimation. Wenn man sagt: sie sind nicht wie wir, dann sagt man damit auch: Man kann ihnen antun, was uns nicht angetan werden soll.

Es gibt eine Grundeinsicht der Bibel, die heißt: Der Mensch, der neben dir lebt, ist wie du! Wenn man ihn mit dem Messer sticht, blutet er wie du. Sein Blut ist rot wie das Deinige. Er weint Tränen wie du, wenn er Schmerzen hat. Er ist der Freude und des Glücks fähig wie du selber. Darum behandle ihn, wie du selber behandelt werden willst, denn er ist dir gleich.

Erich Fried, der wundervolle jüdische Poet, wurde einmal in einer Fernsehsendung gefragt, wie er einen Neo-Nazi definieren würde. Er, der Jude, antwortete: »Ein Neo-Nazi ist ein Mensch, der unter Zahnschmerzen leiden kann wie ich selber; der Liebeskummer haben kann wie ich selber und der weinen kann wie ich selber.« Gewiss hat er noch einiges andere gesagt, aber zunächst hat er die Gleichheit eines solchen Menschen mit sich selber festgestellt. Diese Erkenntnis ist die eigentliche Beiß- und Tötungshemmung. Darum die vielfältige Erinnerung der Bibel: Dein Nächster ist wie du! Darum liebe ihn, darum erkenne ihm die Lebensrechte nicht ab, darum behandle ihn, wie du selbst behandelt werden willst. Es gibt eine Gleichheit unter den Menschen, die grundsätzlicher ist als alle Verschiedenheit: Alle Mütter der Erde weinen, wenn ihre Kinder sterben. Alle Kinder hungern, wenn sie kein Brot haben. Alle Menschen kennen das Glück der Liebe und der Sexualität. Und schließlich die beiden Hauptgründe für die Gleichheit aller Menschen: Sie alle müssen sterben und alle sind Söhne und Töchter Gottes.

Diese Gleichheit trägt die Unterschiedenheit der Menschen. Und so kann man das biblische Gebot fortsetzen: Liebe deinen Nächsten, obwohl er *nicht* wie du selber bist! Liebe deine Nächste, obwohl sie schwarz ist; deinen Nächsten, obwohl er ein anderes Alter, eine andere Nationalität, eine andere Sexualität, eine andere religiöse Auffassung hat wie du selber. Liebe deinen Nächsten, er ist anders als du! Der Mensch, den ich lieben soll, ist mir gleich, weil er weint und lacht wie ich; weil er stirbt und Sohn oder Tochter Gottes ist wie ich selber. Seine Andersheit hebt die grundsätzliche Gleichheit nicht auf. Liebe deinen Nächsten und achte seine Andersheit. Versuche nicht, seine Eigenheit an deiner zu messen! Lass seine Fremdheit unberührt! Die Fremdheit des Anderen soll nicht Grund der Ablehnung, der Feindschaft und der Verachtung sein. Je enger und provinzieller Menschen denken, um so eher wird die Fremdheit zur Bedrohung und zur Beängstigung. Die engen Wünsche werden zur Eigensucht, d.h. man kann nichts anderes vertragen als das, was uns selber aufs Haar gleicht. Der andere Mensch soll die Wiederholung unserer selbst sein; seine Gedanken, seine Religion, seine Sexualität und seine Musik sollen die Wiederholung unseres eigenen Geschmacks sein oder sie sollen nicht sein. Ein solcher Mensch wird über seine eigenen Grenzen nicht hinauskommen. Auch der Gang zu den anderen ist für ihn nur eine Flucht zu sich selbst. Er verdummt und verholzt, weil er nicht ein anderer werden und seine eigenen Grenzen sprengen kann. Er unterliegt dem Zwang der Einheitlichkeit. Bei dem Schweizer Schriftsteller Peter Bichsel lese ich: »Der Satz, der mich in meinem Leben am tiefsten betroffen gemacht hat, ist der Satz von Dorothee Sölle: ›Christ sein bedeutet das Recht, ein anderer zu werden.‹ Erst seit ich diesen Satz kenne, weiß ich, was ich meiner religiösen Emanzipation zu verdanken habe. Ein anderer werden heißt nicht etwa nur, sich verändern dürfen, es heißt auch, nicht ein gleicher werden müssen, nicht im Konsens und nicht in der faschistischen Einheit leben müssen.« Je freier der Geist einer Gesellschaft ist, um so weniger kennt man dort das fürchterliche Nazi-Wort »ausmerzen«, also die Vernichtung des Fremden. In solchen Gesellschaften und Gruppen steht man nicht unter Einheitszwängen. Das Fremde wird zum eigenen Reichtum und nicht zur Bedrohung.

In einer westdeutschen Großstadt mit einem hohen Anteil an Muslimen hat es einen lange andauernden Konflikt um den Bau einer Moschee mit einem Minarett gegeben, von dem aus der Muezzin die Gebetszeiten ausrufen konnte. Der Widerstand dagegen war groß. Wir sind in Deutschland, sagten die Leute. Wir sind ein Land mit einer christlichen Tradition. Wenn schon eine Moschee, dann soll sie klein und bescheiden sein. Die Fremdheit soll nicht sichtbar sein. Die Fremdheit des Hauses und seiner Bräuche irritierte, weil sie die Einheitlichkeit störte. Ertragen konnte man nur sich selbst, nicht die anderen. Die sollten sein wie wir, oder nicht sein, zumindest nicht sichtbar und hörbar sein. Was aber geschieht mit einer Gesellschaft, die Störungen nicht verträgt und die darum Andersheiten unsichtbar machen muss? Sie wird dumpf. Ungestörte und einstimmige Heimaten bergen nicht, sie verdummen. Wer nur sich selber kennt, verholzt in seiner Eigenheit.

Dies ist kein Plädoyer für eine inhaltsleere Toleranz und einen allgemeinen Relativismus. Die Grundgefahr gerade religiöser Systeme ist, dass sie sich selber nicht endlich denken können. Sie sind immer in der Gefahr, sich Gottesprädikate zuzulegen: sie sind die allein Seligmachenden, außerhalb von ihnen gibt es kein Heil, sie sind die Wahren, und außerhalb von ihnen ist nur Lüge und Abfall. Ihre Gefahr ist, die Welt zu säubern von den Andersheiten. Der Verlust der Endlichkeit aber ist der Verlust der Geschwisterlichkeit. Nur endliche Wesen sind geschwisterliche Wesen. Sich für einzigartig zu halten, heißt immer, bereit sein zum Eliminieren. Die Anerkennung von Pluralität ist die Grundbedingung menschlicher Existenz. Ich wünsche mir eine Kirche von radikaler Deutlichkeit, die ihre eigenen Traditionen, Geschichten und Lieder kennt und nicht verschweigt. Ich wünsche mir eine Kirche mit Konturen. Zugleich wünsche ich mir eine Kirche, die Gott unendlich sein lässt und auf ihre eigene Unendlichkeit verzichtet. Erst sie ist fähig zum Zwiegespräch.

Mit Humor können wir zurückschauen auf unsere eigene Geschichte. In dem katholischen Köln durfte lange keine evangelische Kirche gebaut werden. Aber es gab die andere Seite des Rheins mit der »Deutzer Freiheit«, da durfte Kirche stehen. Im lutherischen Hamburg durfte zunächst keine katholische und keine reformierte Kirche gebaut werden. Aber am Rande der Stadt gab es die »Große Freiheit«, da konnten die Kirchen stehen. Im lutherischen Lübeck war die reformierte Kirche zwar nicht verboten, aber sie durfte nicht als solche sichtbar sein, und so sieht sie noch heute aus wie ein gewöhnliches Bürgerhaus. Anderen die Sichtbarkeit verbieten, heißt ihnen die Lebenskraft verbieten. Wir erinnern uns heute lächelnd an jene Zeit, in der Christen anderen Christen das »Ansehen«, die Sichtbarkeit verboten haben. Zum Glück sind wir weiter. Und wir hoffen auf eine Zeit, in der wir unseren eigenen Glauben und seine Schönheit kennen und in der wir die geistige Kraft haben, den Glauben der anderen zu ertragen.

Variation des großen Themas vom Ostermorgen

Gott hebt auf die Dürftige aus dem Staub und erhebt den Armen aus der Asche, dass er sie setze unter die Fürsten und den Thron der Ehre erben lasse. 1. Samuel 2,8

Warum ist das Danklied der Hanna, die endlich von ihrer Kinderlosigkeit befreit wurde, Predigttext am Ostersonntag? Warum nicht eine der großen und wunderbaren Auferstehungsgeschichten? Soll man über Hanna predigen, die von ihrer Unfruchtbarkeit befreit wurde, oder über den auferstandenen Christus? Soll man Hanna nur als Bild für Christus benutzen? Nein! Dass da eine Arme »aus dem Staub« gehoben wurde, ist eine Auferstehungsgeschichte. Dass da eine Frau ihr Recht nach langer Schmach bekam, ist eine Auferstehungsgeschichte. Wo »die Armen aus der Asche« gezogen werden und wo sie zu Ehren kommen, da geschieht Auferstehung. Es sind die gar nicht so kleinen Variationen des großen Themas vom Ostermorgen. Es gibt keine religiöse Idee und keinen religiösen Satz, die bei sich selber blieben und nur innerreligiöse Bedeutung hatten, so auch nicht der Glaube an die Auferstehung. Ein guter religiöser Satz lässt sich auch immer übersetzen in eine menschheitliche Wahrheit, er lässt sich erkennen in den Wahrheiten des Lebens. Der Glaube an die Auferstehung bedeutet die Unerträglichkeit des Todes, nicht des Todes am Ende eines Lebens. Wir sind endliche Wesen, und jedes Leben endet in der Hand Gottes. Der Glaube an die Auferstehung heißt, den falschen Tod nicht hinnehmen, der Menschen mitten in ihrem Leben trifft. Der falsche Tod, das ist der Hunger von Menschen, der ihnen das Leben nimmt; ihre Armut, ihre Folterqualen, ihre Stummheit und ihre Zukunftslosigkeit. Man kann nicht an die Auferstehung glauben und sich zugleich mit diesen Toden abfinden. Man kann nicht an die Auferstehung glauben und das eigene Land zugleich zu Tode rüsten. Man kann nicht an die Auferstehung glauben und zugleich das Klima so kaputt machen, dass das Leben der eigenen Kinder und Enkel gefährdet ist. Der biblische Glaube wird zur großen Unabgefundenheit in dem Land, in denen noch nicht alle zum Leben gefunden haben.

Nein! Die Auferstehung der Hanna aus ihrer Schmach ist mir nicht genug. Es gibt zu viele Dürftige, die niemals aus der Asche gehoben wurden und nie zu Ehren gekommen sind. Unsere große Hoffnung ist eingewickelt in die warmen Tücher jener geheimnisvollen Geschichten vom Ostermorgen. Frage mich keiner, ob ich sie verstehe und ob ich sie erklären kann! Wie gut, dass für diesen schweren und widerlegbaren Glauben von der Bergung des Lebens in Christi Auferstehung mein eigenes Herz nicht vollständig stehen muss. Ich habe dafür die alten Erzählungen, die alten Formeln des Glaubensbekenntnisses, die Paulusbriefe, die ich meinem Herzen vorlesen kann, auch wenn dieses Herz mit seinem Glauben nicht völlig nachkommt. Mit diesen alten Formeln teilen unsere Toten ihren größeren Glauben mit uns, und wir sind mit unserem dürftigen Glauben nicht allein. Dass das arme Herz den großen Aussagen nur halb nachkommt, ist nicht so schlimm. Schlimm wäre das Verstummen, schlimm wäre, wenn man nur noch sagte, was sagbar ist. Manchmal kann man, was man selber kaum glauben kann, für andere glauben. Man kann für die Menschen, die man liebt, glauben, dass die Geschichten von der Entmachtung des Todes wahr sind. Man kann es für die eigenen Toten glauben. Man kann es für die glauben, die über ein armseliges Leben nicht hinausgekommen sind. Sie brauchen es, dass wir für sie glauben. Wir brauchen es, dass andere für uns glauben.

Wahre Propheten

Ich habe dich zum Licht der Heiden gemacht, dass du seiest mein Heil bis an die Enden der Erde. Jesaja 49,6

Meistens gibt es Grund zum Zittern, wenn einer sich zum Gottesknecht erklärt, »berufen vom Mutterleibe an« und von Gott »wie ein scharfes Schwert« gemacht und »zum spitzen Pfeil«. Meistens gibt es Grund zum Zittern, wenn sich eine Gruppe »zum Licht der Heiden« erklärt. Es gibt Grund zu zittern, wenn eine religiöse oder eine politische Gruppe ohne Selbstzweifel behauptet, an ihrem Wesen müsse die Welt genesen. Die Grundgefahr religiöser Systeme ist, dass sie sich selber nicht endlich denken können. Sie sind immer in der Gefahr, sich Gottesprädikate zuzulegen: sie sind die allein Seligmachenden, außerhalb von ihnen gibt es kein Heil, sie sind die Wahren, und außerhalb von ihnen ist nur Lüge und Abfall. Ihre Gefahr ist, die Welt zu säubern von den Andersheiten. Der Zwang zur Einstimmigkeit lässt sie nur schwer Fremdheiten denken und dulden. Der Verlust der Endlichkeit ist der Verlust der Geschwisterlichkeit. Nur endliche Wesen sind geschwisterliche Wesen. Sich für einzigartig zu halten heißt immer, bereit sein zum Eliminieren. Beispiele dafür aus Geschichte und Gegenwart gibt es genug. Die Anerkennung von Pluralität ist die Grundbedingung menschlicher Existenz, so ungefähr hat es Hannah Arendt formuliert. Sich selbst zu relativieren ist also kein Relativismus; es ist eine Grundform der Humanität. Ich wünsche mir eine Kirche, die Gott unendlich sein lässt und auf ihre eigene Unendlichkeit verzichtet. Erst sie ist fähig zum Zwiegespräch.

Aber ist das unser Hauptproblem? Gibt es nicht eine Angst vor dem Fundamentalismus, die nichts anderes ist als die Angst vor der Wahrheit? Es gibt einen Relativismus, der in der Tat nichts anderes ist als die Gleichgültigkeit allen Positionen gegenüber. Es gibt ein Leben in der Vogelperspektive, in der alle Haltungen und Optionen in matter

Toleranz betrachtet und zugelassen werden. Diese Form der Toleranz sucht die Wahrheit nicht, sondern man ist vielmehr vor ihr geschützt. »Was ist Wahrheit?« fragt der römische Schöngeist Pilatus Jesus, und mit dieser Frage ist er vor dem Wagnis der Wahrheit bewahrt. Wer wie Pilatus fragt, braucht für keine Wahrheit zu leben und zu sterben. Der Fundamentalismus fordert Opfer, gewiss. Aber vielleicht fordert die Pilatusfrage noch mehr Opfer. Denn auch die Opfer werden vor dieser Frage gleichgültig. Es gibt Menschen, Bewegungen und Stunden, die die Wahrheit Gottes erkennen und in denen sie erkennbar wird. Es ist nicht alles »relativ« und in dämmrige Gleichgültigkeit gehüllt. Gott schickt seine Prophetinnen und Knechte, die das »Licht der Heiden« sein sollen. Aber woran erkennt man sie? Vielleicht daran, dass alle Propheten an ihrem eigenen Auftrag gelitten haben. Sie haben sich nicht dazu gedrängt, sie sind eher weggelaufen, wenn sie die Sendung Gottes erfuhren, wie Jona sich zunächst davon gemacht hat, als er zum König von Ninive sollte.

An alle Propheten und an alle religiösen Bewegungen ist die Frage zu stellen: Ist ihre Wahrheit zugleich der Trost und die Freiheit der anderen, oder wollen sie nur, dass alle werden, glauben, denken wie sie selber. Propheten verkündigen keine Systeme. Ihre Wahrheit ist konkret. Sie decken Korruption und falsche Frömmigkeit auf. Sie verlangen das Recht der Gedemütigten. Sie sagen die Freiheit der Gefangenen an und sie versprechen die mütterliche Güte Gottes. Daran kann man sie erkennen. Und erträglich sind sie nur, wenn sie selber damit rechnen, dass sie irrtumsfähig sind.

Drei Versprechen des Propheten

Brich dem Hungrigen dein Brot, und die im Elend ohne Obdach sind, führe ins Haus! Jesaja 58,7

Von meiner frühen Kindheit an musste ich Ziegen hüten. Noch heute entzückt mich der silberne Klang eines mekkernden Zickleins. Wenn abends die Tiere vollgefressen waren, war es nicht leicht, sie wieder in den Stall zu bringen. Es gab zwei Methoden, die nur moralische – man zerrte das Tier an der Kette oder schob es von hinten; eine lästige Arbeit und von bescheidenem Erfolg gekrönt. Die zweite Methode: die eher ästhetisch-verlockende – man hielt dem Tier ein Stück Runkelrübe vor die Nase, und es folgte willig und lüstern in den Stall, wo es seine Rübe bekam.

Die Nutzanwendung: Kein äußerer oder innerer Druck kann moralisches Verhalten gebären und auf Dauer halten. Natürlich wird meine Ziege aus Taktik folgen, wenn ich mächtig an der Kette ziehe. Sie weicht der Gewalt, aber sie ist nicht überzeugt. Die Moral leuchtet nicht in sich selber ein. Sie kann nicht mit Argumenten allein hergestellt werden, obwohl Argumente sie stützen können. Moral folgt der Lust, der Schönheit, dem Lebensreichtum, eben: der Runkelrübe. Das Evangelium als Runkelrübe! Jede Ethik muss zeigen, dass keiner bei ihren Vorschlägen verliert und dass sie dem Lebensreichtum von allen dient. Jeder Appell muss zugleich ein Versprechen sein. Ein Satz von Helder Camara: »Lehre mich, ein Nein zu sagen, das nach Ja schmeckt!« Auch der kritischste prophetische Einspruch muss noch Lebensschönheit offenbaren; muss die Täter erkennen lassen, dass dieser Einspruch Verlockung zu mehr Leben ist, natürlich für die Opfer, aber auch für die Täter.

Dieses hat der Verfasser des Jesaja-Textes verstanden. Er treibt nicht in die Moral, er verlockt, er spricht reines Evangelium.

Drei Versprechen macht der Prophet denen, die sich ihrem eigenen Fleisch und Blut nicht entziehen, das erste: du bist wichtig! Man braucht dich, Mensch. Denn deine Hände sollen Fesseln lösen und Brot brechen. Du bist keine Null, denn du wärmst mit Gott das Leben. Es ist nicht unerheblich, ob du da bist, oder nicht; ob du mütterlich mit dem Leben umgehst oder ob du es als zynischer Zuschauer verkommen lässt. Nichts mit protestantischem Nichtigkeitsbewusstsein, sondern Stolz: deine Gerechtigkeit wird vor dir hergehen, und die Herrlichkeit des Herrn wird deinen Zug beschließen!

Das zweite Versprechen: Du wirst gehört werden! »Dann wirst du rufen, und der Herr wird dir antworten.« Der Grund der Welt wird als Sprache und Gehör erfahren, und unsere Schreie und Gebete fallen nicht in echolose Abgründe. Das Leben hat Sinn und ist hell, hell wie die Röte des Morgens.

Das dritte Versprechen dieses Jesaja-Kapitels: du wirst einen Namen haben! Du wirst genannt werden: »Der die Risse vermauert und die Wege ausbessert, dass man darin wohnen kann.« Du bleibst nicht ungerufen und namenlos. Du wirst wissen, wer du bist und wissen, was du sollst. Du wirst ein Gesicht haben und kenntlich sein. Das ist nicht der selbstgemachte Name, wie ihn die Leute beim Turmbau zu Babel erzwingen wollten. Es ist nicht der Name, der durch Macht und Gewalt erobert wird und in dem die Menschen sich an nichts anderes erinnern als an sich selbst. Es ist der Name der Liebe, die sich nicht selber benennt.

Gewiss ist es nötig, dass die Katholiken radikaler lernen müssen, was Glaube und Gnade bedeuten. Aber ebenso nötig ist es, dass die Protestanten ihre routinierte Verachtung des Werks aufgeben, denn Gott liebt die Hände der Menschen.

Von der Freiheit eines Schuldbekenntnisses

Sie werden ihre Schwerter zu Pflugscharen und ihre Spieße zu Sicheln machen. Micha 4,3

Der Glaube liest sich hinein in die fremde Geschichte. Die Verheißung des Reiches des Friedens beim Propheten Micha gehört uns nicht. Sie gehört dem jüdischen Volk. Mit welchem Recht beziehen wir sie auf uns Christen? Lassen Sie mich dazu eine Geschichte erzählen: Ich wollte einmal unsere Enkeltochter vor Weihnachten sanft auf das Fest vorbereiten, und ich erzählte ihr die Verkündigungsgeschichte: der Engel hat Maria ein Kind verheißen. Und ich stellte die ungeheuer pädagogische Frage: »Wer war dieses Kind?« - »Ich war das«, sagte das kluge Enkelkind. Recht hatte es! Der Glaube liest sich in die fremde Geschichte, und er begnügt sich nicht mit historischer Korrektheit. Er überspringt den garstigen Graben der Historie und sagt: *Wir* sind aus Ägypten ausgezogen; *uns* hast du in der Wüste behütet und genährt; »Die Wunden alle, die du hast, hab *ich* dir helfen schlagen.« Es ist die Kraft des Glaubens, Ich und Wir zu sagen und die Dinge nicht in ihrer historischen Distanz zu lassen. Die Liebe und der Glaube richten immer einen großen historischen und auch sonstigen Mischmasch an. Sie begnügen sich nicht damit, nur in den eigenen Häusern zu wohnen. Die christliche Tradition hat sich übrigens nicht nur in die jüdische Geschichte gelesen, auch in andere: sie hat Christus erkannt in Orpheus; sie hat die Verheißungen und den Gerichtstag bezeugt gesehen sowohl von David und den Propheten wie von den heidnischen Sibyllen. Der Glaube liest sich hinein in die fremden Geschichten, und wir essen von den Broten, die uns nicht gehören.

Und nun zum Propheten Micha und zu seiner Verheißung für das Ende der Tage. Gott spricht den Völkern und Nationen Recht. Sie brauchen ihre Schwerter und Speere nicht mehr. Sie werden zu Pflugscharen und Winzermessern geschmiedet. Die Militärakademien sind geschlossen, und alle haben vergessen, wie man die geordnete Vernichtung von Menschen durchführt, die wir Krieg nennen. Die Frucht der Arbeit der Menschen wird nicht mehr verpulvert, nicht mehr die Brücke von Mostar, nicht mehr die Frauenkirche in Dresden und nicht mehr die fruchtbaren Felder der Ukraine. Behäbig ist das Bild: Jeder sitzt unter seinem Weinstock und unter seinem Feigenbaum, ohne dass ihn jemand stört. Gott sammelt ein, was hinkt, heißt es weiter. Welcher Trost ist ein solches Versprechen, welch ein Balsam für uns, die wir nicht loskommen von den Bildern der zerfetzten Körper und der ausgebrannten Städte.

Ich habe nun das Versprechen des guten und friedlichen Ausgangs in Michas Erzählung verfälscht. Ich habe den Zorn Gottes vergessen, von dem der Prophet zunächst spricht. Ich habe unterschlagen, dass das Volk Israels zunächst vor Gericht muss. Wir machen es oft so, dass wir uns das Evangelium zurechtschneiden, bis es uns gefällt. Wenn wir uns schon hineinlesen in die Versprechen an Israel, dann müssen wir uns auch hineinlesen in den Zorn Gottes, von dem der Prophet spricht. Wer betet: Dein Reich komme!, der erbittet sich nicht einfach ein Wunschpaket von Gott, der betet auch immer gegen sich selber. Gottes Reich zu erbitten, das ist immer auch ein Bußgebet. Ein Bußgebet für das Reich, in dem wir leben, das wir ertragen und das wir nicht am Reich Gottes messen. Die Reiche, die nicht am Reich Gottes gemessen werden, werden zum Dritten Reich. Wir haben es erfahren! Wir feiern in der kommenden Woche den Buß- und Bettag. Er ist als Feiertag abgeschafft, weil wir ja produzieren und konsumieren müssen und weil die Kirchen selber ihn zu einem leeren Tag haben verkommen lassen. Wie schön wäre eine Kirche, die den Buß- und Bettag ernst nähme; die an diesem Tag den Mut hätte, sich selbst gegenüberzutreten und sich ins Gesicht zu schauen.

Eine Beobachtung: In dem Register eines neuen evangelischen Gesangbuchs sind Themen zusammengestellt, die »zu Grundfragen und -erfahrungen des Lebens« gehören. Unter diesen Themen finde ich folgende: Angst, Freiheit, Freude, Frieden, Gemeinschaft, Liebe, Not, Sinn, Vertrauen. Die Begriffe Sünde oder Schuld kommen natürlich in Texten vor, aber als Grundfrage sind sie nicht aufgeführt.

Eine zweite Beobachtung: Die Nordelbische Kirche hatte die Vertreter ihrer ausländischen Partnerkirchen eingeladen. Am Ende wurden die ausländischen Christen um ein kritisches Urteil über ihre Erfahrung mit der deutschen Kirche gebeten. In ihrem Bericht wurde kritisch vermerkt, dass das Schuldbekenntnis am Anfang der Gottesdienste kaum eine Rolle spielte.

Wie deute ich diese beiden Beobachtungen? Zunächst lese ich darin eine neue Freiheit. Menschen haben die alten Sündenängste abgeschüttelt. Sie treten nicht mehr nur zerknirscht vor das Gesicht ihres Gottes, sondern als seine Söhne und Töchter. In den alten kargen Zeiten wähnten sich Christen in ihrer Sünde fast mächtiger als den Gott der Gnade. So waren die Lieder, die Gebete, die Stimmung der Gottesdienste oft niederdrückend. Das lag nicht nur an der Theologie, sondern am gesamten Lebensgefühl von Menschen in kargen Zeiten. Unsere Auffassung von Gott und von uns selber ist auch abhängig von den Bedingungen, die unser Leben prägen. Zeiten der Armut und des reinen Überlebens sind meistens Zeiten düsterer Gottes- und Menschenbilder. Sünden- und Höllenängste sind dort groß, wo die Lebensängste groß sind.

Wer Sünde und Schuld nicht nennen kann, verspielt eine der wundervollsten Fähigkeiten, nämlich »das Recht, ein anderer zu werden« (Dorothee Sölle); das Recht, sich zu bekehren. Das Eingeständnis der Schuld ist der Abschied von der Selbstverholzung. Ohne Erkenntnis der eigenen Sünde setzt man sich selber fort, bis die letzte Freiheit verspielt ist. Man kann keine neuen Wege gehen, man kann nicht mit sich selber brechen, und so ist man Gefangener des eigenen kärglichen Herzens. Vor allem aber fordert die Blindheit sich selbst gegenüber Opfer. Das gepanzerte Ich walzt nieder, was sich ihm gegenüberstellt. Es kann sich nicht ganz verschweigen, dass es im Unrecht ist. Um so erbitterter hält es an sich selber und der eigenen Kärglichkeit fest, koste es, was es wolle.

Wo wir Sünde und Schuld nennen können, da verlieren die Sachverhalte ihre fatale Natürlichkeit. Wo kein Gewissen ist, da gibt es keinen Appell an die Gegenwart. Da hat alles, was ist, sein Recht schon deswegen, weil es ist. Da kann man nur feststellen, dass es Armut und Reichtum gibt, Opfer und Täter, Beleidigte und Beleidiger, wahres und falsches Leben. Wer Sünde nicht denken und sich nicht als Sünder verstehen kann, der kann auch keine Veränderung wollen. Er hat keine Verantwortung sich selber, der Welt und Gott gegenüber; oder noch schlimmer und blasphemischer: Er hat seine Verantwortung an Gott selber abgegeben; klammert sich nur noch an die Versprechen Gottes und vergisst dessen Zorn, wo wir seinem Reich nicht auf die Sprünge helfen.

Der Zorn Gottes gegen das Volk! Ich will die Anklagen nennen, die Gott durch den Mund des Propheten im Gericht gegen Israel vorbringt. Ich will sie nicht interpretieren, vielleicht fällt uns dabei ja etwas ein, wenn wir sie hören.

Gottes Klage und Anklage durch den Mund des Propheten Micha: Wehe denen, die auf Böses sinnen! Gelüstet es sie nach Feldern, sie rauben sie; nach Häusern, sie nehmen sie weg, bemächtigen sich des Menschen und seines Hauses, des Besitzers und seines Eigentums.

Gottes Klage und Anklage: Dem Friedfertigen entreißt ihr den Mantel, über den Nichtsahnenden bringt ihr das Verderben des Krieges.

Gottes Anklage: Die Frauen meines Volkes vertreibt ihr aus ihrem geliebten Heim, ihren Kindern raubt ihr meine Ehre für immer.

Gottes Anklage: Das Fleisch meines Volkes fresst ihr und ihr zieht ihm die Haut ab. Ihr zerteilt sie wie das Fleisch im Kessel und wie Braten in der Pfanne.

Gottes Klage: Ihr Richter des Hauses Israel, ihr verabscheut das Recht und verdreht es. Ihr sprecht für Geschenke Recht.

Gottes Anklage: Ihr Priester gebt Weisungen um Lohn, die Propheten wahrsagen um Geld. Sie stützen sich dabei auf Jahwe und sagen: Ist nicht Jahwe in unserer Mitte! Uns kann kein Unheil treffen. Der Beamte fordert, und der

Richter spricht Recht gegen ein Geschenk, und der Große entscheidet nach Willkür.

Der Glaube liest sich ein in die fremde Geschichte, nicht nur in die ergötzlichen Geschichten, auch in den Zorn Gottes. Wo entdecken wir uns? Nicht nur als einzelne, sondern als Volk, als Kirche? Gehören wir zu denen, die Gott zum Weinen bringen? Were you there, when they crucified my Lord? heißt ein Spiritual. Als was sind wir da? Als Täter? Als Zuschauer? Als Wegläufer? Als Wegseher? Als Nicht-zur-Kenntnis-Nehmende? Als Verschweiger? Als Beschöniger? Als was ist unser Land da? Unsere Kirche? Dein Reich komme! So heißt der Bußruf an unsere Reiche. Jedes Reich, das ihn nicht hört, wird zum Dritten Reich.

Ist das alles? Wo bleibt das Positive? Es kommt so unvermittelt wie bei Micha: Es wird geschehen am Ende der Tage: Sie werden ihre Schwerter umschmieden zu Pflugscharen und ihre Spieße zu Winzermessern. Nicht mehr wird ein Volk wider das andere das Schwert erheben, und nicht mehr werden sie das Kriegshandwerk erlernen. Es wird ein jeder unter seinem Weinstock sitzen und unter seinem Feigenbaum, ohne dass er verstört wird. Der Mund Jahwes hat es gesagt.

Wir finden diese Verheißung fast wörtlich beim Propheten Jesaja. Woraus zitieren diese beiden Propheten, worauf berufen sie sich? Vielleicht ist diese Verheißung sogar zu groß für den Mund eines Propheten, sie zitieren sie. Sie lesen sie vom Mund eines anderen ab. Ja, auch für unser Herz und unseren Mund ist die Verheißung des Friedensreiches zu groß. Dies ist kein Grund dafür, sie bescheidener zu machen, sie zu ermäßigen und sich mit einer kleineren Hoffnung zu begnügen. Und so stürzen wir uns in die Hoffnung aus fremdem Mund. Wir bergen uns in die Hoffnung, die Gott für uns hat. Sein Reich wird kommen. Es kommt nicht ohne uns, aber es ist nicht nur aus unseren Möglichkeiten gebaut. Und so lassen wir nicht davon: Die Tyrannen werden gestürzt, die Toten werden leben, und Gott wird alles in allem sein. Mit weniger ist Gott nicht zufrieden, und wir auch nicht.

Ihr seid das Salz der Erde
Matthäus 5,13

Bei den Eröffnungsgottesdiensten auf dem Stuttgarter Kirchentag haben es die Männer den Frauen, die Jugendlichen den Alten, die Fremden den Einheimischen zugesungen: Ihr seid das Salz der Erde! Heiter hat man es sich zugesungen, so als ob man sich da nicht gegenseitig eine große Last auf den Buckel sänge: Seid das Salz der Erde! Welche Forderung und welcher Anspruch an sich selber, Salz der Erde zu sein; nicht also ein bisschen Salz in einer kleinen Suppe, nein, Salz der Erde.

Um ehrlich zu sein: mir gehen die Totalitäten, die mir im Evangelium abgefordert werden, oft auf die Nerven. »Seid vollkommen, wie Euer Vater im Himmel vollkommen ist! - Ihr seid das Licht der Welt! - Wer dich auf die eine Wange schlägt, dem biete auch die andere dar! - Liebet eure Feinde!« Wer lebt denn so? Wer glaubt auch nur, er solle so leben? Will ich wirklich mit denen zusammenleben, die diese Ansprüche an sich stellen? Sie wären wahrscheinlich nicht nur unerträglich, sie wären auch gefährlich. Denn alle Totalitäten werden im Nu totalitär, das haben wir aus der Geschichte gelernt. Wenn aber keiner diese totalen Anspruchssätze wirklich glaubt und nach ihnen lebt, sind sie dann mehr als rituelles Sprachgeklimpere, das man sich auf Kirchentagen vergnügt und folgenlos zusingen kann?

Man möchte ja in der Welt, in der man lebt, gerne Schwarzbrot sein, das Leute ernährt und mit dem sie einen Tag ihres Lebens besser überstehen. Man möchte gerne ein Glas Wein sein, das den Durst der Menschen stillt und das sie erheitert. Aber Salz der Erde?

Ich schreibe dies nicht als eine Art rhetorischer Einleitung, die ich dann sogleich widerlege und Jesus Recht gebe, wie es die Theologen so oft tun, die sich immer und sofort auf seine Seite schlagen. Es gibt eine Reihe von aggressiven Äußerungen und Bildern in der christlichen Tradition, die ihre bedenklichen Folgen hatten. Vielleicht haben sie nicht so sehr die Aggression gegen andere nahegelegt als die Aggressivität gegen sich selber. Aber auf Dauer ist das eine nicht vom anderen zu trennen.

Ich wende gegen mich selber ein: Was, wenn es keine Sprache mehr gäbe, die aufs Ganze geht? Was, wenn man in seniler Ausgewogenheit nur noch sagte, was man als die durch Erfahrungen belegte Weisheit sagen kann? Was, wenn man nur noch sagen kann, dass die tanzen können, die zwei Beine haben, aber nicht mehr sagt, dass die Lahmen springen werden wie ein Hirsch? Die Bescheidenheit in der Sprache wird bald auch zur Bescheidenheit in der Lebensvision und den Lebenshoffnungen. Das Christentum ist mir nicht nur nahe durch seine Inhalte, sondern auch durch die Unbescheidenheit seiner Versprechungen und seiner Ansprüche. In dieser unverschämten Sprache sagt es: Die Toten werden leben, die Tyrannen werden gestürzt! Es erhebt den Anspruch: Ihr seid die Stadt auf dem Berge, ihr seid das Salz der Welt! Vielleicht kann man leichter mit diesen Sätzen umgehen, wenn man weiß, dass sie uns nicht nur als einzelne meinen, sondern als Kirche. Die Kirche ist mehr als die Kraft und die Vision der vielen einzelnen. Man muss, um nicht an sich selber zu verzweifeln, die Kirche denken und an sie glauben. Es ist ein merkwürdiger Satz im Glaubensbekenntnis: Ich glaube an die heilige christliche Kirche. Mögen wir als einzelne immer überfordert sein von den radikalen Ansprüchen des Evangeliums. Das Volk Gottes als ganzes, die Kirche, muss sich ihnen stellen.

Was also heißt dieser der Kirche gesagte Satz: Ihr seid das Salz der Erde? Was soll dieses Salz den Menschen bedeuten? Das Salz bewahrt ihre Lebensmittel vor dem Verderben, es macht ihre Speisen schmackhaft, es düngt ihre Äcker.

Ich denke an die Kirche, die Salz ist und die wie Kalisalz die Äcker des Lebens düngen soll. Was würde aus einem Acker, der keine Dünger bekommt? Was wird aus einer Welt, die sich selbst überlassen bleibt? Denken wir uns einen Augenblick die Kirche weg von der Welt, denken wir uns nur den letzten Kirchentag weg! Es war ein Kirchentag mit einer Art schmutziger Spiritualität. Es wurde nicht nur über die Seele und ihr Heil gesprochen. Menschen erschöpften sich nicht in den Tiefen der eigenen Frömmigkeit. Es war vom Frieden die Rede, von der Gerechtigkeit, vom Schuldenerlass für die Völker der armen Welten; von Flüchtlingen und Fremden war die Rede, von Obdachlosen und vergewaltigten Frauen. Es ist nicht übertrieben: dieser Kirchentag war eine Gewissensbörse der Nation. Es waren alle Themen da, die das Leiden und das Glück der Menschen zur Sprache brachten. Man hätte ja auch sich selber feiern und in schöner Innerlichkeit bleiben können. Das Unglück und das Glück der Menschen kam auf dem Kirchentag nicht hauptsächlich zur Sprache, weil die Christen, die dort waren, so großartig waren und so aufmerksam auf das Glück und das Leiden der Welt. Die alten Texte, Überlieferungen und die Träume, die die Kirche mit sich schleppt, haben die Christen nicht bei sich selber bleiben lassen. Es steht da etwas geschrieben vom Recht für alle. Es steht da etwas davon geschrieben, dass der Fremde wie einer aus dem eigenen Land behandelt werden soll; dass die Witwen und die Waisen geschützt werden sollten und dass in den Hungrigen und Verfolgten das Antlitz Christi selber aufleuchtet. So düngt diese Kirche das Gewissen der Welt mit ihren alten Geschichten vom Recht und der Aufmerksamkeit auf den geschändeten Christus. Die Bibelarbeiten etwa sind die wunderbaren Stellen auf dem Kirchentag, wo Menschen sich an die alten Lieder von der Freiheit und der Würde aller Menschen erinnern. Nicht hauptsächlich die Menschen sind gut, die sich da drei Tage versammeln. Der Ort ist gut, an dem in der alten Erinnerung gekramt wird; die Kirche ist gut, die die alten Bücher aufbewahrt und die sie jeden Sonntag zur Sprache bringt. Die Kirche bildet das Gewissen und die Herzen der Christen. Und wenn die Christen schwach und vergesslich sind – schlimm genug! –, ist immer noch diese Institution da mit ihrem Elefantengedächtnis. Die Kirche ist die Langfristigkeit des Geistes. Ich meine damit nicht nur die sogenannte »ecclesia invisibilis«, die unsichtbare, eigentliche, wahre und unverdorbene Kirche. Ich meine vor allem die sichtbare Institution mit ihren Gottesdiensten, Bibelarbeiten, Kirchentagen, Akademien, diakonischen Einrichtungen, Friedensgruppen, Asylrechtsgruppen, Gebetsgruppen. Nein, ein einzelner kann kaum mit der Aufgabe überlastet werden, Salz der Erde zu sein. Aber diese Kirche arbeitet mit ihren Gruppen, Einrichtungen und mit ihren Büchern am Gewissen und an der Vision der Menschen; sie ist Salz, und sie bringt den Boden der gegenwärtigen Gesellschaft dazu, Frucht zu bringen. Was, wenn es das alles nicht gäbe? Dann könnte man in ungestörter Gewissenlosigkeit schlafen, den Armen arm und den Flüchtling flüchtig sein lassen.

Ich wende ein: sind wir denn die einzigen, die arbeiten und die ein Gewissen haben? Nein, das sind wir nicht. Es gibt neben uns viele Menschen, die einen Traum vom Recht für alle haben und die daran arbeiten. Wir haben kein Recht, ihre Arbeit geringer zu schätzen als unsere eigene. Und trotzdem gibt es die Besonderheit des Christentums und der Kirche. Es gibt nämlich kaum noch Gruppen, die alte Dokumente haben, die gelten und verpflichtend sind für alle. Das war einmal anders. Da gab es die Sozialisten mit ihren Manifesten. Es gab einen humanistischen Kanon des Rechts und der Freiheit. Diese Gruppen aber sind weithin zerfallen. Es ist fast nur noch die Kirche, die heilige Texte hat, die für alle verpflichtend sind und an die alle glauben. Viele Nicht-Christen glauben und arbeiten noch mit einem Gewissen, das an alten Bildern, Liedern und Texten gebildet ist. Was aber, wenn diese Texte verschwinden? Was wird auf Dauer die Idee vom Recht ausbilden? Wer hat außer den Christen altes Salz, das die Gewissen reinigt und vor der Verderbnis bewahrt?

Es ist Zeit, dass wir den Stolz auf unsere eigenen Schätze in dieser Kirche lernen. Protestantismus habe ich immer als eine Konfession der Selbstbezichtigung empfunden. Leicht sagt man dort, dass man nichts ist, nichts hat, Sünder ist, handlungsunfähig ist. Diese Selbstmissachtung, dieser geringe Stolz auf die eigenen Traditionen ist eine verbrämte Art von Faulheit: Wenn ich nichts bin, brauche ich auch nicht zu arbeiten. Wenn ich nichts habe, braucht auch niemand etwas von mir zu erwarten. Wenn ich nichts als Sünder bin, ist das Recht, der Friede und der Schutz der Armen gewiss nicht meine Sache. Wir haben kein Recht, jemanden zu verachten, auch nicht uns selbst. Man muss es lernen, den eigenen Reichtum und die eigene Schönheit wahrzunehmen. Erst so lernt man, von dem Schatz auszuteilen, den man selber hat. Die Gesellschaft braucht auch den Stolz der Christen auf sich selber. Christus hat nicht gesagt: Ihr seid nichts und könnt nichts und habt nichts. Er hat gesagt: Ihr seid das Salz der Erde, die Stadt auf dem Berg, das Licht der Welt. Auch das ist eine Form des Unglaubens, zu bezweifeln, dass uns diese Schätze zugesprochen sind.

Salz der Erde sein – das heißt nicht nur, am Recht zu arbeiten. Es heißt zuerst fähig sein, das Unrecht zu sehen und an das Recht zu glauben. Das Unrecht zu sehen – ist nicht wenigstens das selbstverständlich und jedem möglich? Nein! Man sieht Unrecht nur, wenn man gebildete Augen hat. Man hört die Klagen der Bedrückten nur, wenn man gebildete Ohren hat. Man kann an die schönsten Strände Südamerikas fahren und nichts von der Armut der Leute sehen. Man kann in diesem Land und in seinen Städten leben und behaupten, jeder fände Arbeit, wenn er nur Arbeit wolle. Man muss gebildet sein, um zu sehen und um wahrzunehmen. Ich meine damit nicht eine intellektuelle Bildung. Die kann ebenso viel offenbaren wie verstellen. Ich meine die Bildung des Gewissens. Und das nun ist die Frage unserer Spiritualität. Wo nehmen wir unsere eigene Tradition zur Kenntnis, die uns die Augen aufschließt? Mit welcher Regelmäßigkeit tun wir dies? Beten wir? Nichts identifiziert uns so sehr mit dem Willen Gottes und mit den Träumen des Evangeliums wie das Gebet. Wer betet, dem leuchtet ein, was Gott uns befiehlt, und nichts bringt einen so sehr aus der Unentschiedenheit wie das Gebet. So ist die Frage unserer Spiritualität zugleich die

Frage unseres politischen Bewusstseins und unserer Aufmerksamkeit auf die Wunden Christi in dieser Welt. Die Frage nach unserer Frömmigkeit ist zugleich die Frage nach unserer langfristigen gesellschaftlichen Aufmerksamkeit.

Das Salz düngt die Erde und macht sie fruchtbar. Das Salz macht Speisen schmackhaft. Zunächst klingen die jesuanischen Sätze wie eine reine Last: Ihr als Christen und Kirche habt zu stehen für die Fruchtbarkeit der Erde und der Gesellschaft! Das Salz aber macht das Essen wohlschmeckend und nimmt ihm seine Fadheit. Ein ästhetisches Moment ist genannt: der Wohlgeschmack! Dass von der Kirche gefordert ist, dass sie die Visionen vom Recht bewahrt; dass sie Lieder singen soll, in denen den Blinden das Augenlicht und den Lahmen ihr Tanz versprochen ist, das ist nicht nur Bürde und Aufgabe. Es macht das Leben schmackhaft. Die Zumutungen des Evangeliums machen unser Leben reicher und schöner. Das Evangelium lehrt zu wissen, wofür man lebt. Man kann leben, wenn man weiß, wofür man leben soll. Die große Lebensfadheit besteht darin, dass Menschen sich in sich selber erschöpfen; dass eine Gesellschaft keine andere Idee hat als sich selber, nichts anderes für heilig und wertvoll hält als sich selber. Der Mensch kann ein Leben nur für sinnvoll halten, wenn er sich selbst transzendiert. Sich selber genug sein, ist die höchste Form der Verblödung. Das gilt für den einzelnen, das gilt für die Kirche, das gilt für jedes Land. Sinn und damit Lebensgeschmack kann man nicht in sich selber finden. Und so sind die Zumutungen dieses Evangeliums nicht nur unsere Last, es ist Lebensreichtum und Lebensschönheit.

Liebet eure Feinde!
Matthäus 5,43-44

Man wird mit diesen schwer verdaulichen Sätzen aus der Bergpredigt nicht fertig: »Ihr habt gehört, dass gesagt ist: ›Du sollst deinen Nächsten lieben und deinen Feind hassen‹. Ich aber sage euch: liebt eure Feinde und bittet für die, die euch verfolgen.« Ich will den Satz nicht in seiner ethischen Allgemeinheit lassen, ich beziehe ihn auf mich selber. Vor kurzem fragte mich ein Journalist in einem Interview: »Haben Sie Feinde?« Mir fiel zunächst kein Feind ein. Dann erinnerte ich mich an einen Theologen, den ich meinen Feind nennen würde. Nach dem Tod meiner Frau hat er sie in einem ekelhaften Kommentar angegriffen und sie eine Zerstörerin des Glaubens genannt. Ist er mein Feind, und liebe ich ihn? Ja, er ist mein Feind, und er bleibt es, so lange er seine infamen Sätze nicht dort widerruft, wo er sie gesagt hat. Liebe ich diesen Feind? Nein, ich liebe ihn nicht, und mir schwillt noch heute die Zornesader, wenn ich an ihn denke. Ich hätte die beste Lust, mich an diesem Dummkopf zu rächen. Dem Christus der Bergpredigt möchte ich sagen: Lass mir Zeit! Man kann sich selber nicht überspringen. Auch der Zorn hat sein Recht, auch die Empörung hat ihr Recht. Für Zorn und Empörung ist mir Christus selbst ein Vorbild: Er hat die Wechsler im Tempel, die das Haus seines Vaters schändeten, mit der Peitsche hinaus getrieben. Die Liebe, die er meint, ist offensichtlich keine blutleere Sanftmut, die für alles, was geschieht, immer schon Verständnis hat. Ich habe für meinen Feind kein Verständnis, jedenfalls zunächst nicht. Alle tiefen Gefühle des Menschen brauchen ihre Zeit, man kann nichts überspringen, auch seine eigenen Irrtümer und Unzulänglichkeiten nicht. Vielleicht ehre ich diesen Feind sogar damit, dass ich kein Verständnis für seine Tat habe. Ich nehme ihn für voll. Ich halte ihn nicht für einen dummen Buben, der noch keiner Schuld fähig ist.

Ich habe nun nicht nur meine Abneigung und meinen

Zorn gegen meinen Feind. Ich habe auch dieses Bibelwort »Liebt eure Feinde«. Es tritt mir in den Weg und es beunruhigt mich. Es bringt mich in einen Zwiespalt. Wenn ich nur mich und meine Gefühle hätte, wäre ich eindeutig: ich hätte diesen Feind und damit basta! Das alte Wort lässt mir keine Ruhe, es verzögert meine Gefühle und meine Handlungen, und die Feindschaft bekommt Risse. Ich bin mit mir nicht mehr im Reinen. Immer noch habe ich das Gefühl der Abneigung, und ich will dieses Gefühl nicht überspringen. Zur Überwindung der Feindschaft gehört auch der Mut, sie nicht zu verleugnen. Aber ich habe auch diesen fremden Befehl: Liebe deine Feinde! Und ich spüre, dass etwas dran ist. Nein, zu diesem Feind habe ich keine anderen Gefühle als die der Abneigung, und ich werde sie nicht weglügen, auch nicht wegen des Friedensgebots. Ich kann ihn auch nicht lieben im unmittelbaren Sinn des Wortes. Wir sind ja keineswegs immer Herr in unserem seelischen Haus, auch nicht Herr über die Nähe und die Entfernung, die wir zu Menschen haben. Aber eines kann ich schon tun, und das ist eine erste Auslegung des Liebesgebots: ich kann darauf verzichten, ihm zu schaden. Ich kann darauf verzichten, mich zu rächen. Vorerst ist das genug. Man darf sich selber nicht überstrapazieren. Lieben heißt nicht, diesem Menschen, den ich nicht mag, mit Gewalt zugeneigt zu sein. Alle Gewalt ist unfruchtbar, auch die, die man gegen seine eigenen Gefühle anwendet. Dem Feind nicht schaden – das genügt für den Augenblick, es ist ja auch schwer genug, darauf zu verzichten.

Auf dem Berg, wo man anders sieht

Nach sechs Tagen nahm Jesus mit sich Petrus und Jakobus und Johannes, dessen Bruder und führte sie allein auf einen hohen Berg. Und er wurde verklärt vor ihnen, und sein Angesicht leuchtete wie die Sonne, und seine Kleider wurden weiß wie das Licht. Matthäus 17,1-2

Diese Geschichte enthält die Erfahrung von Menschen. Petrus, Jakobus und Johannes erleben mit Jesus, diesem auffällig-unauffälligen Menschen, die Mühen der Ebene. Sie erleben, wie er hungert und friert; wie er Feinde hat und mit ihnen streitet; wie sein Leben immer gefährlicher wird. Sie erleben, wie die Kranken zu ihm gebracht werden und wie er manchmal in die Stille flieht, weil er erschöpft ist. Und dann – für einen Augenblick sind sie an einem anderen Ort, nicht mehr in der mühseligen Ebene. Sie sind auf dem Berg, wo man anders sieht und anderes wahrnimmt. Plötzlich leuchtet ihnen dieser Jesus als der »liebe Sohn« Gottes ein. Sein eigentliches Wesen geht ihnen auf. Für einen Augenblick müssen sie nicht nur glauben, wer er ist. Für einen Augenblick sehen und hören sie. Sie sehen den lichten Glanz seines Wesens. Sie sehen ihn in seinen Zusammenhängen: er spricht mit Mose und Elia. Sie hören die Stimme, die ihnen den Zweifel nimmt: dies ist mein geliebter Sohn. Kein Wunder, dass sie sich einrichten und Hütten bauen wollen an dieser Stelle, an der man endlich sieht und hört; an der man endlich dem Zweifel und der Ungewissheit entnommen ist. Aber kaum haben sie ihre Augen erhoben, da ist die Erscheinung verblasst. Hat es sie überhaupt gegeben? War es ein Spuk und eine Täuschung der Sinne? Nun müssen sie wieder glauben. Die Erfahrung ersetzt ihren Glauben nicht. Und trotzdem erhält der Glaube seine Nahrung vom gelegentlichen Durchbruch des Geheimnisses bis in die Sichtbarkeit, bis zu den Augen und zu den Ohren. Gelegentlich sehen die Jünger nicht nur einen Fremden, der mit ihnen geht.

Sie erkennen, dass es Christus ist wie in Emmaus. Gelegentlich erkennen sie, dass der Fremde am Ufer Christus ist wie damals am See. Gelegentlich erkennt Maria Magdalena, dass der Gärtner Christus ist. Aber das Geheimnis ist nicht berührbar, es ist keine Garantie, man kann es nicht festhalten. Christi Sichtbarkeit und sein Entschwinden fallen zusammen. Und man ist wieder in der Ebene mit ihren Mühen, fern vom Berg der klaren Sicht und der deutlichen Stimme.

Wir Spätgeborenen hören keine Stimme und wir sehen die Dinge unverklärt. Wir haben keine Erfahrung, wir haben nur die Berichte von Erfahrungen. Uns nimmt niemand mit auf den hohen Berg, auf dem man den anderen Jesus sehen kann, den verklärten, dessen Angesicht wie die Sonne leuchtet und der mit Mose und Elia redet. Wir bleiben als Glaubende in der Ebene. Wir berufen uns auf die Erfahrung der anderen. Wir haben nur noch Texte, die von Erfahrungen reden. Selbst wenn einige von uns besondere Erfahrungen hätten, blieben sie unerheblich, weil es nicht die Erfahrung von allen ist oder wenigstens die Erfahrung von den meisten von uns. Was sollen wir also mit den auf Papier gebannten Erfahrungen aus alten Zeiten machen? Die alten Erfahrungen, wo sie erzählt werden, erzählen uns selber. Sie sind wie Formulare, in die wir unsere eigenen Hoffnungen, unsere Wünsche, unsere Niederlagen, unsere Schuld und unser Glück eintragen. Es ist nicht nichts, eine Erzählung zu haben. Sie birgt uns, unsere Wünsche und unsere Zweifel. Es wäre schön, wenn man vor den alten Erzählungen des Lichts und des Gelingens die falschen Fragen aufgeben könnte; etwa die, ob der Bericht auch historisch richtig sei. Wir haben keine Zeit mehr, ihre Historizität zu bestreiten oder zu behaupten. Man kann sich mit allen Zweifeln, mit allen Wünschen in die Erzählung stürzen. Sie wird uns auffangen und unsere Hoffnung bilden. Es hat seine eigene Zartheit, einen Glauben zu haben, der sich auf die Erfahrungen von anderen stützt, und der den Zweifel nicht ganz ausschließt.

Der gute Anfang

Sie fanden Maria und Josef, dazu das Kind in der Krippe liegen. Lukas 2,16

Er äußert sich all seiner G'walt,
wird niedrig und gering
und nimmt an eines Knechts Gestalt,
der Schöpfer aller Ding.

Die Götter, die wir uns selber ausdenken, haben all das, was uns fehlt: unsere Kargheit machen wir zu ihrem Reichtum, unsere Wunden zu ihrer Unversehrtheit. Unsere Niederlagen machen wir zu ihren Siegen. Dieser kleine König im Stall von Bethlehem ist der große Einspruch gegen unsere Gottesbilder des ungetrübten Glanzes und der ungebrochenen Macht. Das Wort Gott ist in der Geschichte der Menschheit ein verschlüsselter Text, man kann ihn auf viele Weise auslegen. Das Kind in der Krippe ist die Lesart, die uns bindet: Gott ist unkenntlich geworden südlich von Jerusalem, versteckt im kleinen König, geboren im Stall. Er meldet sich nicht unter dem Namen der Macht und des blendenden Glücks. Der Unverwundbare hat den Wall seiner Burg geschleift. Hungrig nach der Nähe der Menschen ist er auf ihre Straßen gegangen und an ihre Zäune. Er duckt sich am Feuer mit den halbwilden Hirten, er zecht mit den Armen. In der Nacht schläft er bei ihnen, den Kopf auf einem Stein. Dieses Kind in Bethlehem ist das Fleisch gewordene Bilderverbot.

Und dieses Kind ist die neue Kenntlichkeit Gottes. Gott ist kenntlich geworden im kleinen König, geboren im Stall. Sein Name ist Habenichts, Flüchtling, Todgeweihter. Ein geheimnisvoller Gott, der die Tränen nicht trocknet, die seine Armen weinen; der die Wunden nicht heilt, die das Leben schlägt. Ein geheimnisvoller Gott, der nicht aus dem Hunger der Brotlosen weicht, aus der Qual der Gefolterten und den das Leben aufs Kreuz legt wie andere auch. Sein Grundname ist Emmanuel, der Gott mit uns. Schön ist dieser Gott, der sich nicht in sich selbst verkrallt; der nicht geizig sein eigenes Glück bewacht, sondern ausströmt in die Welt der Kälte.

Schön ist die Höflichkeit Gottes, der nicht aus unserem Leben weicht. Aber reicht das alles? Stirbt keiner mehr, nachdem dieser Messias da ist? Wird keiner mehr erniedrigt und angespieen? Werden den Armen die Schulden erlassen? Sprechen die Verstummten und springen die Lahmen schon wie ein Hirsch? Es ist der alte jüdische Einwand, wenn wir die Geburt dieses Sohnes feiern. Es ist die widerborstige Frage der Hoffnung, die nicht eher zufrieden ist, bis die Schwerter zu Pflugscharen geschmiedet sind und bis alle Tränen getrocknet sind. Glauben heißt, mit Widersprüchen leben können. Wir beharren auf einem Widerspruch: Ja, Gott hat sein wahres Gesicht gezeigt in diesem Sohn; ja, das Morgenlicht ist angebrochen; ja, es ist der Tag, den Gott gemacht hat; ja, die Tür ist aufgeschlossen zum schönen Paradeis. Wir sprechen das große Ja mit der Stimme der Tradition, der Lieder und der Bibel. Denn dieses Ja überfordert den Glauben eines einzelnen. Das Nein des Widerspruchs kann man mit der eigenen Stimme sprechen; man kann es am Zustand dieser Erde ablesen: noch immer verhungern Kinder; noch immer werden die Fremden erschlagen. Und so muss noch kommen, der gekommen ist. So muss noch siegen, der gesiegt hat. So muss noch erscheinen, was schon ist. Aber wir sind nicht die ewig Wartenden, die ewig Ausschau Haltenden, die Ewig-Morgigen. Wir haben nicht nur Zukunft, wir haben eine Vergangenheit. Wir haben einen guten Anfang, die wir kommen aus jener Nacht und aus der Freude jener Nachricht der Engel: Er ist da, er ist geboren, die Rose ist aufgeblüht, die die Schönheit der Welt bedeutet.

Die Ansage des Heute

Heute ist dieses Wort der Schrift erfüllt vor euren Ohren.
Lukas 4,21

In jedem Heute lebt ein rettendes Gestern. Wer anfängt – ob wir es sind mit dem neuen Jahr, oder ob Jesus es ist mit seiner Sendung in die Öffentlichkeit –, beruft sich auf andere Anfänge. Auch Jesus beruft sich nicht nur auf sich selbst. Er kennt das alte Buch seiner Väter und Mütter und das große Versprechen, das nicht nur in ihm selber seine Wahrheit hat, sondern es auch damals hatte, als der Prophet dem geknechteten Volk das Heute der Freiheit versprach. Die Ansage der Freiheit und des Augenlichts für die Blinden aus dem Munde des Jesaja war nicht nur Vorschau. Gott verspricht nichts nur für morgen oder eine ausstehende Zeit. Die Zeit des Propheten, der den Geist auf sich ruhen wusste, war eine Zeit der Erfüllung, und sie wird nicht erst durch Christus in Gültigkeit gesetzt. Wir müssen niemandem die Fülle absprechen, die Gott verheißen hat, auch nicht jenen fernen Zeiten vor Christus. Jesus schreibt sich ein mit seiner Hoffnung in die alte Erfüllung. Auch er hat eine Herkunft, und er kennt die Versprechen, die den Toten gemacht worden sind und an die sie geglaubt haben. Er ist Fortsetzung und Neuanfang. Vielleicht hat es auch ihn getröstet, dass er nicht der erste und einzige sein musste und dass er Väter und Mütter im Glauben hatte; Väter und Mütter, die der Geist gesalbt hatte, wie er auch ihn gesalbt hat. Auch er brauchte die Lieder der Toten, das Gestern im Heute und seinen Trost.

Wir berufen uns am Anfang des Jahres und zur Rettung unseres Heute auf das alte Heute des Propheten Jesaja, mit erster Stimme aber auf die Ansage jenes Sohnes der Güte in der Synagoge von Nazareth. Er hat Heute gesagt, und es ist dies nicht eine neutrale Zeitangabe. Es ist das Heute des Rechtes der Armen, das Heute der Freiheit der Gefangenen und des Lichtes für die Blinden. Genau wissen wir nicht, was die Wahrheit jenes Versprechens ist. Denn immer noch ist die Welt voller Gefangener, voller Blinder und voller nachrichtenloser Armer. Das ist der große Einwand gegen die gute Nachricht aus Nazareth. Und wer könnte die Bewohner von Nazareth nicht verstehen, die jenen Jesus vom Felsen stürzen wollen, weil er sie betrügt; weil er den Menschen eine Erfüllung vorgaukelt, die nirgends zu sehen, zu riechen und zu schmecken ist! Wer könnte nicht die großen Zweifler an den Gespinsten des Träumers von Nazareth verstehen! Sie haben recht, denn die Blinden sehen noch nichts. Manchmal haben sie mehr recht als die, die mit seligen Lippen und geschlossenen Augen die Unerheblichkeit der Blindheit der Blinden und die Gefangenschaften der Gefangenen behaupten, weil alles ja schon getan sei und weil alle Grabsteine vom Leben schon abgewälzt seien. Und doch stürzen sich Menschen am Anfang einer neuen Zeit in das Versprechen jenes Heute, das aus dem Munde des Nazareners kommt. Wir sind nicht nur, was wir sind. Das Leben besteht nicht nur aus seiner Ersichtlichkeit, und es ist nicht nur zu sagen, was zu sagen ist. Wir sind geborgen in einem alten Versprechen. Wir haben eine Herkunft, und wir haben einen Anfang, den wir nicht selbst gemacht haben: »Heute ist dieses Wort der Schrift erfüllt vor euren Ohren.« Nein! Nicht vor euren Augen, vorläufig nur vor den Ohren eures Glaubens. Die Einwohner von Nazareth haben vorläufig noch die besseren Argumente für den Sturz des Phantasten, der das Licht der Blinden schon sieht, wo die Blinden nichts sehen. Die Frage ist, ob sie mit ihren guten Argumenten auskommen. Die Frage ist, ob nicht jeder, der leben will, an mehr glauben muss, als er sieht. Wir stürzen uns in das alte Versprechen jenes Heute aus Nazareth. Gott weiß, wo wir landen! Gott weiß es, das genügt.

Ich möchte den Widerspruch retten zwischen der augenscheinlichen Blindheit der Blinden und der Gefangenschaft der Gefangenen und der Ansage des Heute aus dem Mund des Nazareners. Es könnte sein, dass wir den Stachel des Widerspruchs harmonistisch weginterpretieren, indem wir einfach zwei Ebenen menschlicher Existenz behaupten, die nichts miteinander zu tun haben. Die eine ist die äußere Welt, in der sich aber auch gar nichts an der Verlorenheit des Lebens geändert hat. Die andere ist das Innere des Menschen, in dem schon alles Heil da sein und wo die zerschlagene Seele schon frei und ledig sein soll. Also gerettete Seele gegen verlorene Realwelt! Dieses Modell hat eine lange und unheilvolle Tradition im Christentum, in der der Krieg oder der Friede, der Hunger oder das Brot, die Folter oder das Glück der Menschen immer eine geringere Beachtung fanden als die pure Innerlichkeit. In diesem Modell blieben Sünde, Gnade, Vergebung, Heil, Segen allein Sachverhalte der Seele. Sie hatten keine Bedeutung und keinen Einfluss auf die Welten außen, und so haben wir nicht nur die Welten außen verkommen lassen. Auch die inneren Welten wurden blass, unkenntlich, und sie verkamen, weil sie kaum auf die Konkretionen des Lebens bezogen waren. Es gab ein hermetisches Wortgeklingel, das leicht zu hören war, weil es auf keine Realitäten traf. Gute religiöse Sprache entsteht am Widerspruch und ist Widerspruch des Geistes gegen den offensichtlichen Ungeist; sie entsteht in der Behauptung des Heils angesichts des offensichtlichen Unheils. Das Heute des Geistes wird also nicht nur gesagt und hat nicht nur da ein Recht, wo es schon an der Realität des Lebens abzulesen ist. Vom Frieden Gottes kann also nicht nur gesprochen werden, wo alle Waffen schon schweigen. Im Gegenteil, die Kraft und das Versprechen dieser Sprache liegen gerade darin, dass sie einen Feind haben, dem sie ins Angesicht gesagt sind – dem Unfrieden, dem Unheil und allen Gefangenschaften. Der Psalmvers vom Engel, der uns behütet, dass unser Fuß nicht an einen Stein stoße, wird gerade da sprechbar, hörbar und unerlässlich, wo von behütenden Engeln aber auch gar nichts wahrzunehmen ist.

Das angesagte Heute verspricht also die Anwesenheit des Geistes in allen Gefängnissen, es will alle Gefängnisse öffnen. Denn dieses Heute enthält einen Schrei: dies soll nicht sein, dass Menschen gefangen, zerschlagen und blind sind. Die Ansage Gottes ist zugleich sein Protest gegen alle Gefangenschaften. Und man braucht es kaum zu sagen: es ist der Appell und die Verlockung für uns, Brandstifter und Gefangenenbefreier zu sein in den Welten der Gefangenschaften.

Was hieße das für eine Kirche, beides im Auge zu haben, das schon angebrochene Heute und das real existierende Unheil? Was hieße es für sie zu wissen, dass es vollbracht ist und dass es nicht vollbracht ist. Gerade der Glaube an das gebrachte Heil würde sie allem Unheil und allen Beleidigungen des Menschen widersprechen lassen. Sie würde singen »Gottes Heil ist kommen!«, und ihr Gesang würde sie die Schmerzen der Gefangenschaften lehren. Diese Kirche wäre eine heutige, und sie wäre eine morgige, weil sie weiß, dass wir alle noch nicht da sind, wo wir hingehören. Diese Kirche würde immer da einschreiten, wo eine Gesellschaft sich selber heilig spricht und sich sagt, dass alles eigentlich schon gut ist. Je größer die Versprechen sind, an die wir glauben, um so größer ist die Empörung über den Verrat an diesen Versprechen.

Prioritäten

Ein Samariter aber, der auf der Reise war, kam dahin; und als er ihn sah, jammerte er ihn; und er ging zu ihm, goss Öl und Wein auf seine Wunden und verband sie ihm, hob ihn auf sein Tier und brachte ihn in eine Herberge und pflegte ihn. Lukas 10,33-34

Ein schöner alter Ausdruck bei Luther: er jammerte ihn! Andere übersetzen »Er erbarmte sich« oder »Er kümmerte sich um ihn«. In der Lutherübersetzung ist das erste Objekt nicht der unter die Räuber Gefallene, um den man sich kümmert. Das erste Objekt ist der Samariter: der Verwundete jammert *ihn*. Er wurde bewegt oder ergriffen vom Mitleid, wie andere übersetzen. Die erste Aktivität geht vom Geschlagenen aus: er bewegt den Samariter, er dreht ihm das Herz im Leibe um. Die erste Kraft des Samariters: er wehrt sich nicht gegen den Blick des Verwundeten. Er öffnet sein Herz, das nicht aus Beton ist wie das unberührbare Herz des Priesters oder des Priesterdieners. Ich bewundere nicht zuerst die Moral des Samariters, jenes Fremden aus der unzulässigen Religion. Ich bewundere seine Schönheit; die Schönheit eines Menschen, der berührbar ist; verwundbar durch den Anblick des Verwundeten. Dieser Mensch hat keine Prioritäten außer dem Gesicht dessen, der da liegt – nackt und halbtot geschlagen. Wäre der Gottesdienst seine Priorität gewesen wie bei dem Priester, dann wäre er eilig vorübergegangen wie jener. Wäre der Tempeldienst seine Priorität gewesen wie bei dem Leviten, dann hätten die Augen des Halbtoten ihn nicht gefunden. Seine Priorität liegt auf der Straße, es ist der Mann aus der fremden Gegend, aus dem fremden Glauben; es ist der Mann, den er noch nie gesehen hat. »Wer ist denn mein Nächster?« hat der suchende Pharisäer gefragt. »Da liegt er!« hat Christus geantwortet. Es ist nicht nur deine Mutter, nicht nur dein christlicher Onkel, nicht nur dein deutscher Vetter. Er liegt da, irgendwo zwischen

Jerusalem und Bethlehem; irgendwo zwischen Köln und Riga, zwischen Lima und Washington. Warum sagt Lukas eigentlich, dass der Pharisäer Jesus mit dieser Frage habe versuchen wollen? Es ist doch die wichtigste Frage, die man stellen muss.

Wie kommt es, dass man diese Geschichte noch nicht aus der Bibel, aus dem Grundbuch unseres Selbstverständnisses entfernt hat? Wie kann man mit einem solchen umstürzlerischen Text in einer Volkskirche leben? Welche Rolle spielt er bei der augenblicklichen Prioritätendiskussion in unseren Kirchen? Wir brauchen mehr Spiritualität, sagen wir und gründen Institute zu ihrer Förderung. Schön und gut! Aber was wird mit dem Geschlagenen? Wir brauchen mehr Institute zur Pflege des Gottesdienstes, sagen wir. Schön und gut! Aber heißt das, dass wir vorübergehen an den übel zugerichteten Kerlen zwischen Jerusalem und Jericho? Vielleicht wäre es besser, wir hätten diesen Text nicht in unserer Bibel. Dann könnten wir als Priester und Leviten ungestörter zum Tempel eilen. Dieser Text irritiert mich zutiefst. Er setzt an zweite Stelle, was ich liebe – den Gottesdienst und das, was wir gemeinhin Spiritualität nennen. Aber wir kommen nicht an ihm vorbei. Er sollte dreimal am Tag auf den Synoden vorgelesen werden, die sich mit den Prioritäten in unserer Kirche beschäftigen.

Der Priester und der Levit hatten keine gebildeten Augen. Sie sahen den armen Hund, und sie sahen ihn doch nicht, denn sie hatten ja andere Prioritäten. Man muss wissen, was Gott wichtig ist, um richtig zu sehen. Hoffentlich haben wir als Kirche gebildete Ohren! Sonst könnte es sein, dass wir den Text am 13. Sonntag nach Trinitatis vorlesen und ihn doch nicht hören. Man muss gebildete Ohren haben, um den Text zu hören. Am unerträglichsten wäre eine Kirche, der die Geschichte aus dem Lukasevangelium so geläufig geworden ist, dass sie durch ihn nicht mehr irritiert wird. Die Fähigkeit, sich stören zu lassen, ist eine Voraussetzung dazu, den Willen Gottes zu erkennen und sich zu bekehren.

Sorgt nicht um das Leben
Lukas 12,22

»Sorget nicht um das Leben, was ihr essen, noch um den Leib, was ihr anziehen sollt!« heißt es im Lukasevangelium (Lukas 12,22). Und doch ist die Sorge eine der schönsten menschlichen Eigenschaften. Wer sorgt, lebt nicht in verblendeter Heutigkeit. Er weiß, dass auch morgen ein Tag ist, an dem seine Kinder essen wollen, sauberes Wasser zum Trinken und reine Luft zum Atmen brauchen. Die Sorge macht den Menschen schön, wie ein Mensch immer schön wird, der mehr bedenken kann als sich selber. Wer nicht sorgt, ist zukunftsunfähig. Ihm fehlt die Phantasie für das mögliche Glück und das drohende Unglück, und er wagt es nicht, einer gefährdeten Zukunft ins Auge zu schauen. Gerade war ich bei einer Gruppe von alten Männern und Frauen. Die Bedrohung des Klimas ihrer Enkel haben sie zum Thema gemacht. Sie haben sich die wissenschaftlichen Ergebnisse angeeignet. Am Samstag jeder Woche stehen sie auf dem Markt ihrer Stadt und informieren die Menschen. Sie machen Eingaben, sie organisieren einen Klimamarsch mit ihren Enkeln, sie haben ihre Autos abgeschafft, sie gehen allen möglichen Leuten auf die Nerven mit der ständigen Erinnerung an das Thema. Sie vertreten eine wundervolle Humanität, indem sie sich um die Zukunft der kommenden Generationen sorgen. Ja, sie haben Angst; aber nicht eine Angst, die sie klein und geduckt macht; nicht eine Angst, die sie um sich selber haben. Diese Angst gehört zu ihrer Freiheit, sie treibt sie in die Empörung gegen die Blauäugigkeit einer Gesellschaft, die die Zukunft ihrer eigenen Kinder auffrisst. Ein Mann aus dieser Gruppe sagte in einer Ansprache: »Wie könnt ihr eure Enkel lieben, mit ihnen spielen, sie herzen und zugleich vergessen, wie bedroht ihre zukünftige Welt ist!« Es gibt eine Angst, die die Augen öffnet und die die Menschen dazu bringt, mit ihrer Bedenkenlosigkeit zu brechen. Und es gibt eine menschenfeindliche Angstlosigkeit und Sorglosigkeit, einen dummen, tauben und feigen Optimismus, der Menschen unfähig macht, bedrohliche Wahrheiten zu sehen. Noch so viele Zeichen können auf die drohende Katastrophe hinweisen, der feige Optimismus wird sie nicht erkennen. Die Propheten nennen dies Verstockung, die Zeichen zu haben und sie nicht zu erkennen. Es gehört Mut dazu, die Bedrohung wahrzunehmen. Blauäugiger Optimismus ist eher die Sache von Feiglingen.

Wer nicht sorgt, ist zukunftsunfähig. Aber es gibt eine Sorge, die gegenwartsunfähig macht. Es gibt Menschen, die nicht zum Leben kommen, weil sie immer gequält sind von den Fragen: was werden wir morgen essen? Was werden wir trinken? Wer wird uns lieben? Wird man uns noch kennen und grüßen? Natürlich gibt es eine bittere Armut, in der Menschen den Fragen der alltäglichen Lebensmöglichkeit nicht entkommen. Für sie sind es realistische und keineswegs überflüssige Fragen. Gott sorgt bekanntlich für Kleidung und Nahrung von allen nicht so sehr, wie es die Geschichte von der Sorge im Lukasevangelium verspricht. Aber manchmal sind die äußeren Lebensmöglichkeiten absehbar und ausreichend, und trotzdem sind Menschen gefesselt von der Frage, ob auch für morgen alles ausreicht. Sie sind verstrickt in die Frage nach sich selber. Diese Sorge vergrämt ihnen den Tag und die Gegenwart. Sie können nicht genießen, weil die Angst vor dem Verlust ihnen den Reichtum des Augenblicks wegfrisst. Sie sind des Leichtsinns unfähig, jenes Sinnes, der weiß, dass man zwar in allerlei Elend fallen kann, aber nicht aus der Hand Gottes. Jede Lebensgabe heben sie auf für morgen, aber sie wissen nicht, dass das verdirbt, was geizig für morgen aufgehoben wird, wie das Manna der Israeliten in der Wüste verdorben ist, das sie für spätere Zeiten aufheben wollten. Das Aufgehobene stank, berichtet uns die Bibel. Es gibt einen Leichtsinn aus Blindheit, wie er eingangs beschrieben ist. Und es gibt den leichten Sinn und die Schönheit derer, die dem Leben vertrauen und die wissen, dass sie im Glück und Unglück aufgehoben sind, wohin sie auch immer fallen. Diese Angstlosigkeit ist keine Frage der Moral, wie auch der ständig für die Zukunft sparende Lebensgeiz keine Frage der Moral ist. Man muss die Güte des Lebens erfahren haben, um es gut zu finden. Man muss die Bergung des Lebens erfahren haben, um sich geborgen zu wissen.

Nichts ist offensichtlich

Und es deuchten sie ihre Worte eben, als wären's Märlein.
Lukas 24,11

Man merkt, dass es zur Zeit der neutestamentlichen Erzählungen noch keine zentrale kirchliche Kommission gegeben hat, die die Ostergeschichten geglättet hätte. Sonst wären diese nicht so liebenswürdig bunt und widersprüchlich. Bei Matthäus gibt es ein Erdbeben, ein Engel kommt vom Himmel, dessen Gestalt wie von Blitzen war. Bei Markus kommt der Engel nicht vom Himmel, sondern ein Jüngling in einem weißen Kleid sitzt im Grab und erklärt den entsetzten Frauen die Abwesenheit des Leichnams. Bei Lukas sind es zwei Männer, die kommen und die Auferstehung erklären. Bei Johannes gibt es kein Erdbeben und keine Männer oder Engel. Aber es wird sehr genau berichtet, wo und wie die Tücher lagen, in die Jesu Leichnam gehüllt war. Kein Wunder, dass es uns gelegentlich geht wie den Aposteln nach dem Bericht der Frauen: »Und es deuchten sie ihre Worte eben, als wären's Märlein, und sie glaubten ihnen nicht.«

Auch später versteht sich die Auferstehung ihres Herrn nicht von selbst, sie müssen die Geschehnisse deuten; sie müssen sie glaubend interpretieren. Den Maria Magdalena im Garten sieht – ist es der Gärtner oder der Herr? Maria muss sich entscheiden. Nichts ist offensichtlich. Der mit den Jüngern nach Emmaus geht – ist es der Wildfremde oder der Herr? Der da in der Dämmerung am See Tiberias steht – ist es irgendeiner oder ist es der Herr? Handgreiflich ist da nichts. Handgreiflich geht es nur zu in der plumpen Geschichte vom zweifelnden Thomas, der seine Hand in die Wundmale legen kann. Nur bei ihm wird der Glaube durch die Handgreiflichkeit ersetzt. Alle anderen Ostergeschichten sind Geschichten aus dem Morgengrauen. Man muss Christus in die Figuren hineinglauben, in den Gärtner, in den fremden Wanderer, in den Undeutlichen am See. Gott ist höflich und nicht plump. Er überwältigt uns nicht mit Blitz und Donner. Er lässt unserem Glauben etwas zu tun. Er lässt uns Subjekt sein bei der Osternachricht und nicht nur zusammengedonnerte Objekte.

Und wir heute? Wir haben keine Wunder mehr; kein Erdbeben, das unseren Unglauben in die Knie zwingt; keine Jünglinge in glänzenden Gewändern, gegen die der Unglaube keine Einwände mehr haben kann. Wir haben nur noch die Erzählungen von den Wundern. Wir haben nur die Berichte dieser widersprüchlichen Zeugen, die man vor keinem Gericht ernst nehmen würde. Wir sind auf ihre hilflosen und gewaltlosen Worte angewiesen: er lebt, wir haben ihn gesehen, wir haben ihn berührt, wir haben mit ihm gegessen. Wir haben Zeugen für die Auferstehung: jene verwirrten und widersprüchlichen Männer und Frauen. Wir haben keine Beweise und Argumente für sie.

Ja, es sind Zeichen für die Wahrheit des neuen Lebens versprochen. In seinem Namen werden diese Zeugen böse Geister austreiben, in Zungen reden, Schlangen mit den Händen hochheben; Gift trinken, das ihnen nicht schadet; Kranke gesund machen. Ach, wie schwer sind diese Zeichen zu sehen in einer Welt, in der gestorben wird; in der die bösen Geister toben und in der fast keiner verschont wird! Was hat sich geändert mit jener Auferstehung? Wo bleiben die Zeichen der messianischen Zeit? Wer versteht die Zweifler nicht, von denen gesagt ist: »Und es deuchten sie ihre Worte eben, als wären's Märlein.«

Der Vernunft wird der Glaube schwer gemacht. Aber vielleicht begrüßt ihn das Herz, das ihn braucht. Wie kann ich leben, ohne das Versprechen dieses neuen Anfangs. Paulus liest unsere eigene Existenz in den Tod und die Auferstehung Christi hinein (Römer 6,3-4): »Wisst ihr nicht, die wir auf Christus Jesus getauft sind, die sind in seinen Tod getauft. Wir sind mit ihm begraben durch die Taufe in den Tod, damit, wie Christus auferweckt ist von den Toten..., auch wir in einem neuen Leben wandeln.« Welch ein Trost und welche Entlastung unserer Existenz! Wir fangen nicht mit uns selber an, und wir sind nicht unser eigener Ursprung. Wir waren schon einmal gemeint in jenem Tod und mit jener Auferstehung. Wir sind nicht nur wir. Unser Leben ist hineinverwoben in das Schicksal dessen, der gestorben und nicht tot geblieben ist. Ja, wir sind nicht vor den Schlangen, dem Gift und den bösen Geistern verschont, wie jenes aufgedeckte Antlitz Gottes, das wir Christus nennen, nicht verschont geblieben ist. Nein, das letzte Wort ist noch nicht gesprochen, weil die Macht der Geister und Schlangen noch nicht gebrochen ist. Aber es ist schon ein erstes Wort gesprochen im Schicksal jenes Christus, in dem wir mitgemeint sind. Noch ist nichts zu Ende, aber wir haben einen Ursprung in diesem Christus. Man kann keinem verübeln, wenn er den Offensichtlichkeiten des Lebens mehr glaubt als jener Geschichte, die sich anhört, »als wär's ein Märlein«. Noch sind die Schwerter ja nicht zu Pflugscharen umgeschmiedet, wie es für die Zeit des Messias verheißen ist. Aber es ist keck, es ist schön, es ist menschenwürdig, dem Leben mehr zu glauben als seiner offensichtlichen Vergänglichkeit. Christus lebt, und wir mit ihm. Weiß Gott, was wir da sagen! Gott weiß es, und das genügt.

In Gott versteckt

Wenn einer nicht von oben geboren ist, kann er das Reich Gottes nicht sehen. Johannes 3,3

Ein Nachtgespräch, von dem man keine große Deutlichkeit verlangen darf! Eine Geburt reicht nicht, sagt der Meister. Die erste Geburt, die natürliche, ist noch nicht die Geburt »von oben«, sagt er. Gerade hat eine Freundin ein Kind geboren. Sie hat es erwartet, sie hat es mit Dankbarkeit geboren, es ist ein Kind der Liebe. Nein, es ist nicht nur eine Geburt »aus dem Fleisch«, es ist eine Geburt »von oben«, aus dem Geist der Freude und des Glücks. Nein, möchte ich dem Meister antworten: Verachte das Fleisch nicht! Es hat schon zu viele Opfer gekostet, Fleisch gegen Geist auszuspielen. Aber ich achte den Meister und höre ihm zu mit dem ehrbaren Unverständnis, mit dem ihm Nikodemus in jener Nacht zugehört hat. Ich habe seine Fragen, und sie sind nicht dumm: Soll man denn in den Bauch der Mutter zurück, um dann von neuem und dieses Mal von oben geboren werden? Die Antwort des Meisters ist nicht eben klar: Wenn jemand nicht aus Wasser und Geist geboren ist, kann er nicht in das Reich Gottes kommen. Ich streite nicht mit dem Meister über die Exklusivrechte auf das Reich Gottes mit jener zweiten Geburt. Ob ich diesen Meister recht verstehe, weiß ich nicht. Er redet in Bildern, und Bilder offenbaren und verbergen.

Was höre ich aus jenen Bildern? Die erste Geburt, die Geburt aus dem Fleisch, wie der Meister verächtlich sagt, ist nicht genug. Die zärtliche Liebe der Eltern, denen das Kind sein Leben verdankt, ist viel. Die Stärke des Menschen, zu der er heranwächst, ist viel. Aber diese Natur muss sich selber nicht genug sein. Sie ist schön und ein Reichtum, aber sie ist zu dürftig. Der Mensch steht nicht im Bann seiner Herkunft und seiner eigenen Dürftigkeit. Er wird neu geboren aus »Wasser und Geist«. Alte Ausleger haben jenes geheimnisvolle Wasser in Verbindung gesehen mit dem Wasser, das aus der Seitenwunde Christi floss, als die Soldaten nach seinem Tod seine Seite durchbohrten. Menschen werden neu geboren aus der Wunde jenes Todes, den der Sohn der Güte gestorben ist. Wir waren schon einmal genannt, im Schicksal des Menschen, der das aufgedeckte Antlitz Gottes ist. Man muss nicht an seiner natürlichen Kärglichkeit verhungern, die einen nie bis zum Reiche Gottes bringt. Man ist nicht nur ein Gefangener der eigenen Natur. Eine unserer Enkeltöchter fragte einmal als Kind die Kinderfrage: Wo war ich, bevor ich geboren wurde? Sie hat sich diese Frage selber beantwortet: Ich war in Gott versteckt. Die Antwort ist so klug und so geheimnisvoll wie die Bilder des Meisters. Unser Name war schon einmal genannt, und wir sind hineingewoben in das Schicksal jenes Sohnes der Güte, in sein Leben, seinen Tod und seine Auferstehung. Wir sind in Gott versteckt mit unserem Leben und unserem Tod, mit unserem Lachen und unserem Weinen, mit den Niederlagen und dem Gelingen. Wir sind hineingetaucht in ein Versprechen, das wir nicht verstehen und ohne das wir nicht auskommen.

Ich habe gerade zwei junge Männer getauft und ihnen dabei dieses Johannesevangelium vorgelesen. Wir haben jene Menschen bei der Taufe eingehüllt in die warmen Tücher jenes Versprechens auf ein Reich, das nicht nur aus den Bausteinen unserer eigenen Möglichkeiten gebaut ist, wenn auch nicht ohne sie. Nein, viel verstanden von dem, was wir tun, haben wir dabei nicht. Wir bleiben Nikodemus mit unserer Klugheit und unseren unverständigen Fragen. Es ist genug, dass Gott es versteht. Er ist der Garant des Versprechens, das in jenen Bildern schläft.

Assoziationen zu einem Text, der mir fremd ist

Ich bin das Brot des Lebens. Wer zu mir kommt, den wird nicht hungern; und wer an mich glaubt, den wird nimmermehr dürsten. Johannes 6,35

1. Was mache ich, wenn ich über einen mir fremden Text predigen soll? Ich könnte einen Ausweg wählen und einfach den Text der Epistel nehmen. Die Gefahr ist, dass ich, wenn ich mir die genehmen Texte suche, immer nur mich selber wähle, ich stoße dann nicht auf mehr als auf meine schon immer gedachten Lieblingsgedanken. Also bleibe ich bei dem mir aufgegebenen Text mit zwei Möglichkeiten, die eine: ich kann mit ihm streiten und ihn reinigen mit der Stimme anderer Texte. Ich reinige auch mich, indem ich im ernsthaften und nicht vorher schon zu meinen Gunsten entschiedenen Streit auf die zweite Weisheit eines Textes stoße – vielleicht! Die andere Möglichkeit: ich kaue so lange darauf herum, bis er seine Süße hergibt oder er sich endgültig als fad herausstellt. Warum sollten Texte der Bibel nicht auch fad sein können, und warum sollte ich dies vor meiner Gemeinde verheimlichen?

2. Die Fragen der Juden: Was tust du für ein Zeichen? (V.30) Sie hat ihr Recht. Es ist eine fast verzweifelte Frage: wenn du und deine Rede wahr sind, dann weise dich aus! Wir können nicht blind glauben, das verbietet der Glaube selber. Wie viele sind schon gekommen, die sich als Brot ausgegeben haben und die doch nicht mehr brachten als Steine? Es lohnt sich immer, die Gegner Jesu ernst zu nehmen. Es sind Menschheitsfragen, die sie stellen. Es lohnt sich immer, sich nicht auf der Stelle auf die Seite Jesu zu schlagen. Die Frage der Gegner: Was für ein Werk tust du? (V.30) hat ihr Recht. Woran sonst soll man einen Menschen erkennen, wenn nicht an seinen Früchten? So hat es Jesus selber gelehrt.

3. »Wer an mich glaubt, der wird nicht dürsten.« Die großen religiösen Gestalten weisen in der Regel nicht auf sich

selber hin, sie weisen von sich ab, sie weisen auf etwas anderes oder auf einen anderen hin. Jener Jesus aus dem 6. Kapitel des Johannesevangeliums weist auf sich selber hin. Seine ganze Geste sagt: Ich bin es! Sucht nicht länger, glaubt an mich, und euer Lebensdurst ist gestillt. Ein Glück, dass ich weiß, dass dieses Streitgespräch so viel später Jesus in den Mund gelegt wurde; dass Johannes sein Autor ist.

4. »Wer zu mir kommt, den wird nicht hungern.« Wie viele haben an ihn geglaubt und haben gehungert? Wie viele haben nicht an ihn geglaubt und haben ebenfalls und ebenso gehungert? Was ist der Unterschied? Wird hier der reale Hunger mit imaginären Broten gestillt? Wird der reale Hunger der armen Menschheit verachtet wie so oft in der Geschichte der Kirchen, indem man behauptet, nur der geistige Hunger zähle und dieser sei jederzeit stillbar durch den Weg zu Jesus? So oft haben die real Hungrigen über ihrem Hunger den Weg zu Christus verloren. Sie konnten über ihrem realen Hunger nicht einmal mehr denken, was geistiger Hunger ist.

5. Was mich tröstet gegen die ganze Christolatrie: Nein, Christus hat sich selber nicht als Ziel verstanden. Er hat sich als Weg gesehen zu jenem Gott; als Brot auf jenem Weg und als Trank. Er führt zur großen Musik des Lebens, er ist sie noch nicht. Er ist nicht der Vater, aber in ihm hat jener Geheimnisvolle sein Gesicht gezeigt. Er ist das Wort Gottes, und er ist das lebendig gewordene Bilderverbot: anders sollen wir das Geheimnis nicht vermuten als in den Worten, in den Taten, im Schicksal jenes Christus. In ihm hat sich das Geheimnis vermummt und offenbart.

Vergebung ist Gift für jede Feindschaft

Wer unter euch ohne Sünde ist, der werfe den ersten Stein.
Johannes 8,7

Eine der zartesten, anmutigsten und frechsten Geschichten finde ich im 8. Kapitel des Johannesevangeliums, die Geschichte von der Ehebrecherin, die niemand verurteilt. Offensichtlich ein Streitfall im Tempel: Männer schleppen eine Frau herbei, die beim Ehebruch ertappt worden ist. Nach dem Gesetz muss sie gesteinigt werden. »Was sagst Du?« fragen sie Jesus. Er antwortet nicht, wie im Spiel schreibt er in den Sand. Und dann sein Vorschlag an die Männer: »Wer von euch ohne Sünde ist, werfe als erster einen Stein auf sie!« Die Männer schleichen sich davon, einer nach dem anderen. Auch Jesus hat kein Verdammungsurteil. Die Frau ist frei. Sie wird nicht mehr sündigen.

Was ist geschehen? Der Kreislauf der Selbstverständlichkeiten ist durchbrochen worden. Verständlich ist, dass es ein Gesetz gibt, das die Welt und den Gang der Dinge behütet. Das Gesetz verlangt die Treue in der Ehe (zumindest von den Frauen!). Das Gesetz ist nicht falsch oder dumm, denn es gibt kein Zusammenleben in Frieden ohne Regelung der Sexualität. Mit dem Verstoß gegen das Gesetz ist der Kosmos, das geordnete Leben in Gefahr. Mit der Vergebung sagt Jesus also nicht: es ist alles nicht so schlimm, darum wollen wir darüber hinwegsehen!. Es ist schlimm, und Vergebung ist erst dort wichtig und notwendig, wo die Störung des Lebens groß ist. »Die Vergebung verzeiht nur das Unverzeihbare.« (J. Derrida) Die die Frau bringen, sind also nicht ein Haufen rachsüchtiger Kerle, sie wollen das Leben von allen schützen. Und die sichtbare Strafe, das vergossene Blut der gesteinigten Frau soll den Kosmos des Lebens wiederherstellen. Das Leben verlangt Opfer, der geschändete Kosmos soll durch das Blut der gesteinigten Frau gereinigt werden. Es ist nicht die pure Rachsucht der Gesellschaft, es ist die Sorge um das Ganze, die die Gesetze hart und unerbittlich macht. Man muss das verstehen, um zu verstehen, wie unerhört die Vergebung Christi ist.

Die Männer: Christus sagt nicht, dass sie unrecht haben oder dass die Gesetze falsch sind. Er sagt: Werft eure Steine. Aber anfangen soll der, der ohne Sünde ist! Und die Männer gingen weg, »einer nach dem anderen, angefangen von den Ältesten«. Johannes sagt dies von den Männern etwas höhnisch. Aber zunächst ist es auch deren Form der Vergebung: Sie gehen weg, sie bestehen nicht auf der Reinigung der Welt durch die Steinigung. Sie haben etwas gelernt, sogar die Ältesten, die es am wenigsten gewohnt sind umzulernen. Sie vergeben, und sie leben mit dem Bruch des Kosmos. Christus hat sie einen Satz gelehrt, der Grundsatz aller Vergebung ist: Steinigen kann nur der, der ohne Sünde ist! Mit diesem Satz hat er ihnen die Steine aus der Hand genommen. Denn wer ist ohne Sünde? Was hieße das unter uns, wenn jener Grundsatz Gültigkeit hätte: Steinigen kann nur der, der ohne Sünde ist? Was hieße das für den Umgang der Paare miteinander? Der Eltern mit ihren Kindern, und der Kinder mit ihren Eltern? Steinigen kann nur, wer ohne Sünde ist. Was hieße das für den Umgang mit unseren Feinden? Mit dem Umgang mit den Verbrechern? Wir haben kein Recht, sofort zu sagen: so kann eine Gesellschaft nicht leben und handeln, wie Christus gehandelt hat. Wenn wir die Vision Christi nicht wenigstens denken, nicht wenigstens in Betracht ziehen, uns nicht wenigstens durch sie irritieren lassen, selbst wenn wir nicht danach leben, ist das Christentum unerheblich geworden. In diesen Wochen haben wir des Todestags von Heinrich Böll gedacht. Er hat, als Ulrike Meinhof auf der Flucht war, einen Artikel mit der Überschrift geschrieben: »Gnade für Ulrike!« Und er selbst wurde fast gesteinigt von den »Alten« unserer Gesellschaft. Er war nicht auf der Seite der Baader-Meinhof-Gruppe, er hat ihre Verbrechen nicht gutgeheißen. Er hat gedacht, was Jesus praktiziert hat: Gnade für jene Frau! Die Gesellschaft wird nicht gerettet durch ihr Blut, hat er gedacht. Blut rettet nichts. Rache rettet nichts. Kein Friede wird durch sie hergestellt, und der

Kreislauf der Gewalt wird durch sie nicht unterbrochen. Die Sünderin des Evangeliums kann nur geläutert werden, wenn keiner Steine wirft; wenn die »Alten« so klug sind, schweigend das Feld zu räumen, weil sie wissen, dass sie nicht ohne Sünde sind.

Die Frau: Wir wissen wenig über sie. Sie steht da in ihrer Angst vor den Männern, die das Gesetz so gut kennen. Sie hört ihre Auseinandersetzung mit Christus. Sie hört den Freispruch Christi: Auch ich verurteile dich nicht! Ich möchte wissen, ob sie diesen Freispruch hat annehmen können. Es ist nicht leicht, sich vergeben zu lassen, ich glaube, vor allem für Männer nicht. Man muss sich selber aus der Hand geben, und man ist nicht mehr Meister seiner selbst, man ist ein angewiesener Mensch. »Der Starke ist am mächtigsten allein!«, heißt es in Schillers Tell. Es ist einer der männlichsten und der verkehrtesten Sätze. Es gibt Dinge, die man sich nicht selber verschaffen kann, nicht die Liebe, nicht die Freundschaft, nicht die Vergebung. Je geistiger ein Wesen ist, um so angewiesener ist es, angewiesen auf Zuneigung, auf Freundschaft, auf Gnade und Vergebung. Dies schändet den Menschen nicht. Nur wer unter dem Zwang steht, ständig Souverän seiner selbst zu sein, kann Abhängigkeit nicht ertragen.

Es gehört zur Bitte um Vergebung die Fähigkeit, der eigenen Schuld ins Auge zu sehen und es aufzugeben, sich zu rechtfertigen. Die Selbstverteidigung aufzugeben und wehrlos zu werden, ist eine der schwersten Künste. Man muss wohl wirklich an Gott glauben, um es auszuhalten mit den eigenen Lebensbrüchen und mit den Zerstörungen, die man angerichtet hat. Ich denke an unsere jüngste Vergangenheit: wie schwer ist es uns nach der Nazi-Zeit gewesen, der eigenen Schuld ins Auge zu sehen. Lieber hat man sich selber die Würde abgesprochen und von sich behauptet, man sei ja nur ein Rädchen im Ganzen gewesen. Es gehört ein hohes Selbstbewusstsein dazu, sich selbst als schuldig zu benennen und zu bekennen.

Mit ungläubigem Erstaunen stellt die Frau im Johannesevangelium fest, dass niemand sie verurteilt hat, weder die

»Ältesten« noch Jesus. Sie nimmt ihr Urteil, das ein Freispruch ist, an. Auch dazu gehört Kraft, die Freisprüche anzunehmen und zu wissen, dass der Bann der Schuld gebrochen ist. Es gibt Menschen, die dies kaum vermögen. Sie sperren sich selbst ein in den Kerker ihrer Vergangenheit. Sie trauen der Größe ihrer Schuld mehr als der Größe Gottes oder der Menschen, die freisprechen. Sie quälen sich und kommen immer wieder auf ihre Schuld zurück. Vielleicht ist sogar ein Stück narzisstischer Lust in dieser Qual. Sie betonen ihre eigene Größe, und wenn es nur die ärmliche Größe ihrer Schuld ist, indem sie nicht von ihr loskommen und sich selber an sie fesseln, nachdem Gott sie längst freigesprochen hat. Dagegen die Größe der Frau des Evangeliums: Keiner hat sie verurteilt, und so wird sie sich auch selber nicht weiter verurteilen.

Der Christus in dieser Geschichte, der Sohn der Gnade: Er, der ohne Sünde ist und den ersten Stein werfen könnte, wirft keine Steine. Es ist bei ihm anders als bei jenen Männern und Alten. Ihnen sind die Hände gebunden, weil sie wissen: Sie sind nicht sündenlos. Er schreibt die Sünden jener Frau in den Sand, und schnell löscht der Wind die Spuren jener Schrift. Welche Anmut liegt in jener Geste: Da sind die ernsthaften Männer mit ihrem ernsthaften Problem, und er schreibt in den Sand. Und die Güte lässt die Schrift verblassen. Er nimmt die Frau ernst, er sagt nicht: So schlimm ist alles nicht. Er sagt: Geh' hin und sündige nicht mehr! Er glaubt nicht daran, dass Blut etwas ausrichtet. Nein, es muss nicht erst Blut vergossen werden, bis die Spur der Schuld getilgt ist. Er kennt die Wahrheit dieser Frau, die Wahrheit ihrer Schuld und ihrer Leiden. Aber die Wahrheit wird nicht zu ihrem Todesbann. Eine Wahrheit, die bannt, ist keine Wahrheit mehr. Die Wahrheit, die der Menschensohn kennt, wird zur Freiheit jener Frau: Geh' hin, ich verurteile dich nicht. Bleibe in dieser Freiheit und sündige nicht mehr!

Diese Auslegung der Geschichte von der Ehebrecherin steht unter dem Jahresthema der Katholischen Frauenarbeit »Feindschaft überwinden«. Was hat Vergebung mit diesem Thema zu tun? Eine Grundvoraussetzung des Friedens unter den Menschen im gesellschaftlichen und im privaten Bereich ist die Fähigkeit, zu vergeben und sich vergeben zu lassen. Vergebung ist Gift für jede Feindschaft. Wer vergibt, schlägt nicht mehr. Wer um Vergebung bittet und Vergebung annehmen kann, hat vorher schon die Waffen aus den Händen gelegt. Wer vergibt und Vergebung annehmen kann, ist erwachsen geworden. Diese Menschen wissen, dass das Leben nicht gewonnen werden kann mit den kindischen Spielchen der Vergeltung und des Versteckens vor der eigenen Schuld. Vielleicht hat das Leben viele gekränkt, und sie sind zu dieser Erwachsenheit noch nicht fähig. Aber wir haben in unserem Erzählschatz schon diese charmante Geschichte, und gelegentlich stört sie uns bei unseren finsteren Gedanken der Vergeltung.

Ein Lied der Hoffnung

Es geschah plötzlich ein Brausen vom Himmel und erfüllte das ganze Haus. Apostelgeschichte 2,2

In der Geschichte vom Turmbau zu Babel wird erzählt, wie die Menschen sich einen Namen machen wollten. Seine Spitze sollte bis zum Himmel reichen. Gott aber fuhr hernieder, so heißt es in der Geschichte, und er verwirrte die Sprachen aller Völker. Keiner sollte die Sprache des anderen verstehen. Sich nicht verstehen; nicht wissen, was der andere meint; nicht wissen, wer der andere ist; nicht wissen, was die anderen vorhaben und planen – das war die Folge jenes Hochmuts, in dem die Menschen sich selbst beweisen wollten mit dem gewaltigen Turm. Sich nicht verstehen heißt nicht nur, nicht wissen, was der andere sagen will. Es heißt auch, einander Feind sein. »Er versteht sich nicht mit ihm« sagen wir, wenn zwei einander nicht wohlgesonnen sind und wenn sie nicht miteinander auskommen. Einmal, so erinnern sich die Menschen mit Wehmut, hat es eine Zeit gegeben, in der sich die Menschen verstanden; eine Zeit, in der die Schwester nicht die Schwester verraten und der Bruder nicht den Bruder getötet hat. Der Anfang war gut, so gut, dass sogar die Tiere mit den Menschen gewohnt haben, ohne dass sie der Menschen Feinde waren und ohne dass die Menschen die Feinde der Tiere waren. Die Welt war ein großer Garten, den man bebaute und in dem kein Lebewesen Beute des anderen war. Dann kam die Geschichte des großen Verrats, und die Paradiese versanken. Kain tötete Abel und die Türme der Arroganz und der Lebensfeindschaft wurden gebaut.

Die Erinnerung an den guten Ursprung und an den Verlust der Güte ist zum Glück nicht das einzige Lied, das Menschen zu singen wissen. Gott hat den Menschen andere und neue Lieder ins Herz gegeben. Diese beweinen nicht nur die verlorene Vergangenheit. Sie singen von einer Zukunft, in der das Leben geheilt wird und die Feindschaft ihren Triumph eingebüßt hat. Ein solches großes Lied der Hoffnung ist die Pfingstgeschichte. Die Jünger und Jüngerinnen Jesu hatten sich nach seinem Tod verkrochen. Sie hatten sich eingesperrt, und die Angst hatte ihre Hoffnung erstickt. Dann kam das Brausen des Geistes, der keine geschlossenen Türen verträgt. Die Frauen und Männer in der Nachfolge Jesu hatten ein neues Gesicht und einen neuen Mut. Sie fingen an zu bekennen, worauf sie hofften, sie predigten den Menschen aus aller Herren Länder. Der Verfasser der Pfingstgeschichte kann sich nicht genug tun, sie aufzuzählen: Parther, Meder, Elamiter sind da, Menschen aus Ägypten und aus Asien. Ihre Sprachen waren verschieden, und das Natürliche wäre gewesen, sich nicht zu verstehen. Aber sie verstanden. Jeder hörte in seiner Muttersprache, was die Apostel und Apostelinnen bekannten. Nein, es war keine Einheitssprache, kein religiöses Esperanto, das da gesprochen wurde. Die Sprachen blieben verschieden, und jeder verstand. Und auch hier ist verstehen nicht nur ein äußerer Vorgang. Es ist die große Versöhnung, die nach der Geschichte des Turmbaus verloren gegangen war. Ein Beispiel jenes Verstehens findet sich einige Verse nach der Pfingstgeschichte. Von denen, die die Nachricht gehört haben und zum Glauben gekommen waren, heißt es: »Alle aber, die gläubig geworden waren, blieben beieinander und hatten alle Dinge gemeinsam. Sie verkauften Güter und Habe und teilten sie aus unter alle, je nachdem es einer nötig hatte.« (2,44.45) Die Einheit der jungen Gemeinde bestand nicht aus blassen Glaubenssätzen allein. Die große Versöhnung wurde handgreiflich: sie teilten untereinander, wie jeder es nötig hatte. Versöhnung wurde zur Gerechtigkeit, Verstehen wurde zum Teilen. Es mag sein, dass es in der frühen Kirche nie so war, wie es in der Pfingstgeschichte erzählt wird. Aber die Geschichte liefert einen nie mehr zu widerrufenden Maßstab für Versöhnung und die Überwindung von Feindschaft und Unverständnis: die Gerechtigkeit. Die Geschichte ist die Vision dessen, was sein wird und sein soll. Es kann kein Verstehen mehr geben, ohne dass man die Not des anderen und sein Bedürfnis versteht, seine Schmerzen und seinen Hunger. Verstehen heißt anteilnehmen. Das große Unverständnis nach dem Turmbau bedeutete Feindschaft und Fremde unter den Menschen. Das neue pfingstliche Verstehen heißt Gerechtigkeit derer, über die der Geist gekommen ist. Das ist etwas anderes als eine formale Toleranz der Parther den Medern und der Leute aus Asien denen aus Ägypten gegenüber. Toleranz heißt nicht nur lassen, es heißt auch nicht im Stich lassen.

Die Pfingstgeschichte ist keine Erzählung schöngefärbter Harmonie. Sie enthält merkwürdige Elemente der Unruhe. Es ist eine aufrührerische Geschichte. Jetzt sei die Zeit der »letzten Tage«, die der Prophet Joel versprochen hatte, heißt es in den Versen 17 und 18: »Eure Söhne und eure Töchter werden weissagen. Die Jünglinge sollen Gesichte sehen, und eure Alten werden Träume haben. Auf meine Knechte und meine Mägde will ich in jenen Tagen von meinem Geist ausgießen, und sie sollen weissagen.« Von den Alten werden normalerweise keine Träume mehr erwartet, sie sollen in ihrer resignierten Ruhe bleiben. Die, die sonst keine Stimme haben in der Gesellschaft, die »Mägde« und die »Töchter«, sie sollen weissagen. Es kann keine Versöhnung und keine Überwindung der Feindschaft geben ohne die Gleichheit der Menschen. Dem Pfingstgeist ist es nicht genug, dass die Träume von Männern zwischen 30 und 80 Jahren verwaltet werden. Er traut denen, denen sonst nichts zugetraut wird und die normalerweise nicht in den Synoden und Gremien unserer Kirchen zu finden sind: den Jungen, den alten Abgeschriebenen, den Unansehnlichen und den niedrigen Mägden, den Putzfrauen, um es moderner zu sagen. Welcher heiter-freche und zärtliche Gedanke! Niemand wird vergessen und niemand wird ausgeschlossen, gerade die Unbeachteten werden beachtet. Aber diese Geschichten sind auch wie Hefe, die etwas zum Gären bringt. Noch ist es nicht oder jedenfalls nicht genügend so, dass die Wahrheit und die Weisheit derer ernst genommen werden, die unten sind. Noch ist es nicht so, dass wir unser Brot und unsere Habe teilen, wie es in der Pfingstgeschichte gerühmt wird. Aber wir haben schon eine Geschichte, die davon erzählt. Die Christen haben mit solchen aufrührerischen Geschichten immer eine Leiche im Keller. Die Geschichten können lange vergessen, verschwiegen oder falsch ausgelegt werden. Aber wir haben sie. Und gelegentlich kommt ein Franz von Assisi oder eine Hildegard von Bingen, die die alten Geschichten ausgraben und vorleben. Die Arbeit an der Versöhnung und die Idee, die Feindschaft zu überwinden, kommen nicht mit puren Argumenten aus. Die Idee wird vorgetanzt, sie wird farbig und einleuchtend in solchen großen Erzählungen wie der aufsässigen Pfingstgeschichte. Unser eigenes Gewissen wird gereinigt durch solche Erzählungen. Wir lernen an ihnen wünschen, dass Versöhnung mehr ist als Feindschaft. Wir lernen schön zu finden, dass das Kleine nicht klein und das Große nicht groß bleiben soll. Unsere Geschichten sind wie Brote, von denen sich das Gewissen ernährt. Ja, man könnte ungestörter leben ohne diese Erzählungen. Aber das Leben wäre auch dumpfer ohne sie.

Ein letzter Gedanke! Wir haben über die Aufhebung der Feindschaft und über die Versöhnung mit dem Fremden gesprochen; Versöhnung mit dem fremden Glaubensentwurf und mit der fremden Lebensweise. Wie aber steht es im eigenen christlichen Haus? Eine groteske Situation: Christen, die die Pfingstgeschichte lesen und die die großen Texte des Friedens haben, verweigern sich gegenseitig das Mahl. Kann es ein tieferes Zeichen von Unversöhntheit geben als nicht miteinander zu essen; nicht miteinander am gleichen Tisch zu sitzen? Der Pfingstkreis schüttet Gräben zu, und ausgerechnet diesen einen Graben zwischen Katholiken und Protestanten sollte er vergessen haben? Gewiss ist die Hoffnung auf die Gemeinsamkeit gewachsen. Den meisten Christen leuchtet diese diktierte Trennung nicht mehr ein. Es leuchtet ihnen nicht mehr ein, dass sie sich in die Fragen des 16. Jahrhunderts verstricken lassen. Sie setzen sich einfach an den gemeinsamen Tisch. Es ist wichtig, dass Gruppen schon vorspielen, was vielen noch nicht spielbar scheint. So geschieht es auf Kirchentagen, so geschieht es schon in vielen Gemeinden. Recht so! Der Geist wächst von unten nach oben, und er darf nicht nur von oben erwartet werden. Es gehört auch zur Erwachsenheit von Gemeinden, dass sie sich nicht in falsche Fragen verstricken lassen. Je mehr wir die richtigen und lebenswichtigen Fragen lernen, um so mehr werden die falschen verblassen. Ein Beispiel: Im Politischen Nachtgebet in Köln vor vielen Jahren haben Katholiken und Protestanten gemeinsam gesellschaftliches Unrecht und die Wege des Rechts bedacht. Sie haben über den Hunger in der Welt gesprochen, über die Behandlung von Ausländern, über Gefängnisse und über die Lage der Kinder in unserer Gesellschaft. Am Anfang haben sie zusammen gearbeitet. Sie hatten aber noch das Gefühl, in den Konfessionen getrennt zu sein. Wenn sie an den Sonntagen gemeinsam zu den Gottesdiensten gingen, haben sich die Katholiken gefragt, ob sie auch noch in die Messe müssten, wenn sie im evangelischen Gottesdienst waren. Entsprechend haben sich dies die Protestanten gefragt. Diese Frage wurde nie gelöst, sie verblasste; sie verschwand einfach, wo diese Menschen auf die wichtigeren Fragen gestoßen sind. Wichtige Sachen lassen Nebensachen verblassen. So wird die Frage des gemeinsamen Abendmahls gewiss nicht von Theologen gelöst werden. Sie wird verschwinden, wo Menschen erwachsen werden und auf die Fragen stoßen, die die Welt wirklich bewegen. Es ist Pflicht der Gemeinden, sich nicht in zu winzige Fragen verstricken zu lassen. Der heilige Geist macht erwachsen. Er nimmt den Menschen die Furcht, wie er sie den Jüngerinnen und Jüngern genommen hat. Sie haben die Türen ihres selbsterrichteten Gefängnisses aufgestoßen und haben zueinander gefunden. So heißt das Ende der Pfingstgeschichte: »Sie waren täglich einmütig beieinander im Tempel und brachen das Brot hier und dort in den Häusern und hielten die Mahlzeiten mit Freude und mit lauterem Herzen!« Vielleicht erwischt der Pfingstgeist die Kirche bald, dass die Christen es wagen, das Brot zu brechen »hier und dort« und dass ihr »lauteres Herz« die Angst und den Kleinmut vergisst.

Mein Lieblingstext: Römer 8

In verschiedenen Stadien des Lebens liebäugelt man mit verschiedenen biblischen Texten. Manchmal staunt man, wie lange man die Schönheit eines Textes übersehen hat, und manchmal wundert man sich darüber, was man eigentlich an einem Text gefunden hat, den man zu anderen Zeiten so gerne mochte. Ich habe einmal die radikalen Texte geliebt, in denen Jesus befiehlt: Lass die Toten ihre Toten begraben! Heute finde ich solche Verliebtheit in pure Radikalität eher grässlich, vor allem wenn ich sehe, was sie in unserer Geschichte angerichtet haben. Als ich jünger, stärker und selbstbewusster war, habe ich die prophetischen Texte geliebt. Ich habe die traditions- und kultkritischen Texte geliebt. Ich liebe sie noch heute. Aber seit ich alt bin, flirte ich heftig mit allen Texten, die etwas von der Gnade verstehen. Mein Hauptzeuge ist das schwierige 8. Kapitel des Römerbriefes. Paulus unterscheidet zwei Lebenszugänge. Der eine ist das Leben »nach dem Fleisch«. Nach dem Fleisch leben oder fleischlich gesinnt sein, wie der Apostel sagt, ist der Tod und ist Feindschaft gegen Gott. Nach dem Fleisch leben, das haben wir oft moralisch oder gar sexualfeindlich verstanden. Das hat damit nichts zu tun, obwohl die Sprache des Apostels eine solche Auslegung nahelegt. Nach dem Fleisch leben ist der Versuch, sich selber zu genügen; sich selber Lebensmeister zu sein und sich selber zu retten, etwa durch die eigene Frömmigkeit; durch die richtigen Glaubenssätze; durch die Einhaltung bestimmter Gesetze; durch die richtige Kirchenzugehörigkeit. Der Versuch, sich in sich selber zu bergen und Garant seiner selbst zu sein, führt in Zwänge und in den Tod, sagt Paulus.

Es gibt einen anderen Lebenszugang. »Leben im Geist« nennt ihn Paulus. Ihr habt Gottes Geist in euch, sagt er. Christus lebt in euch, der euch lebendig macht. Wer so lebt, hat das Zentrum seiner Lebensrettung nicht in sich selber. Er lebt außerhalb seiner selber. Er lebt im Geist, und der Geist lebt in ihm. Er ist nicht durch seine eigene Errungenschaft Kind Gottes. Sondern »der Geist gibt Zeugnis unserem Geist, dass wir Kinder Gottes sind« (Vers 16). Wir sind befreit von dem Zwang, uns selber zu bezeugen. Wir müssen uns nicht selber Vater und Mutter sein und uns selber erstellen. Wir sind nicht nur die Fragmente, die wir sind – mit aller Kläglichkeit, Halbheit, Dümmlichkeit. Wir sind die, als die wir angesehen werden. Wir sind die, denen der Geist bezeugt, dass sie Kinder Gottes sind. Dieses Zeugnis kann man sich nicht selbst ausstellen. Nicht einmal unsere Gebete müssen uns aus eigener Kraft gelingen. Im Vers 26 heißt es: »Der Geist hilft unserer Schwachheit auf. Wir wissen nicht, was wir beten sollen, wie sich's gebührt. Aber der Geist selber vertritt uns mit unaussprechlichem Seufzen.« Mit dem »unaussprechlichen Seufzen« des Geistes haben wir immer mehr Sprache, als wir von uns aus haben können. Welche Lebensheiterkeit stammt aus diesen Sätzen. Ich bin befreit davon, unaufhörlich hinter meiner eigenen Ganzheit und Souveränität herzujagen. Ich muss mich nicht selbst erobern und mich selber fabrizieren. Denn ich bin ja schon, weil ich angesehen bin vom Blick der Güte. Es ist mir erlaubt, ein bedürftiges Wesen zu sein. Ich muss mich nicht nur mit den eigenen Augen ansehen, die nicht mehr feststellen als die eigene Dürftigkeit. Ich bin angesehen von den Augen Gottes. Unter diesem Blick der Güte Gottes gibt es keine Lebensverdammer mehr. Wir sind nicht gezwungen, nur wir selber zu sein. Wir sind die, als die wir angesehen werden. Des fremden Blickes zu bedürfen ist kein Mangel. Unsere Bedürftigkeit ist unsere Würde. Von der Gnade eines anderen zu leben, macht unsere Schönheit aus. Im Hohen Lied, dem großen Liebeslied im Alten Testament, spricht die Braut: »Ich bin geworden in seinen Augen wie eine, die Frieden findet!« Das ist nicht der Friede, der mit den eigenen Waffen erkämpft und mit der eigenen Stärke errungen wurde. Es ist der zugesprochene Friede; der Lebensfrieden, in dem die Liebe uns birgt weit über unsere Stärken hinaus. Das gilt nicht nur vor Gott, es gilt auch vor Menschen, dass man ist, weil man angesehen ist. Wie man sich vor Gott nicht erkaufen kann, so kann man es auch nicht vor Menschen. Die wesentlichen Sachverhalte sind nicht käuflich und nicht verkäuflich, nicht die Liebe, nicht die Freundschaft, nicht die Vergebung. Wir sind bedürftige Wesen, nicht nur vor Gott, sondern auch vor den Menschen. Wir brauchen ihren Blick, der uns schön findet; der uns birgt; der uns Freundschaft schenkt; der uns vergibt. Die große Lebensschönheit: wir müssen nicht mit unserer eigenen Kargheit auskommen. Wir leben von der Gnade, der Gnade Gottes und der Gnade der Menschen.

Der Glaube an die Rettung des Lebens im fremden Blick der Güte hat eine beinahe anarchistische Kehrseite. Er bezweifelt alle Mächte, Einrichtungen, Personen, Lehren, die sich als substantiell notwendig ausgeben oder aufspielen. Dieser Glaube an die Geborgenheit des Lebens im Blick führt zu einem fröhlichen Unglauben, zu einer vergnügten Skepsis gegen alles, was sich so gravitätisch und unumstößlich gibt. Der Glaube an die Gnade Gottes hat eine zersetzende Kraft. Er zersetzt alle Mächte und Geister, die diese Güte ersetzen oder ergänzen wollen. Ich nehme zwei Beispiele für Mächte, die sich als unerlässlich aufspielen, das erste: die Auffassung, nur *eine* Form der Sexualität könnte die natur- und gottgewollte sein. In dieser Auffassung wird die Heterosexualität substantialisiert zu einer eisernen Notwendigkeit, sie wird zum Götzen. Götzen verlangen Opfer. Wie viele Opfer in der Geschichte der Kirche und der Gesellschaft hat diese Sexualitätsauffassung gefordert?

Mein zweites Beispiel falscher Unumstößlichkeit: die Annahme, nur Männer könnten Priester werden und Frauen entsprächen nicht im selben Maße der Ebenbildlichkeit Christi. Hier wird das Geschlecht zum Götzen. Die Frauen wissen, welche Opfer diesem Götzen zu bringen waren. Der Glaube, dass wir gerettet und geborgen sind im Geiste Christi, entlarvt die Vergötzung eines Geschlechts oder einer Form der Sexualität. Eben dieser Glaube führt Paulus dazu, im Brief an die Galater zu schreiben: »Hier ist nicht

Jude noch Grieche, hier ist nicht Sklave noch Freier, hier ist nicht Mann noch Frau. Denn ihr seid alle einer in Christus Jesus.«

Wie viele Götzen haben wir in unserer Geschichte ausgestellt? Die Götzen Rasse, Blut, Volk, Geschlecht, Nation, die freie Marktwirtschaft und viele andere. Der Glaube an die Gnade stellt uns vor einen Abgrund von Freiheit. Aber es ist nicht leicht, die Freiheit auszuhalten, die der Geist uns zumutet. Darum bauen wir uns und anderen die neuen Gefängnisse, die uns einen trügerischen Schutz geben. Wir verunstalten unsere eigenen Lebensregionen mit den Mauern der selbstgewählten Gefangenschaft. Wir haben in unseren Kirchen hauptsächlich gelernt zu fragen, wo wir den Gehorsam verweigern. Vielleicht wird uns Gott auch einmal fragen, wo wir die Freiheit verweigert haben, zu der er uns befreit hat. Wiederum Paulus im Galaterbrief: »Zur Freiheit hat uns Christus befreit. So steht nun fest und lasst euch nicht wieder das Joch der Knechtschaft auflegen!« Auch so kann man den Glauben an die Gnade verraten, dass man sich mit Gesetzen und Leistungen umgibt, an deren Halt man mehr glaubt als an die Kraft der Güte Gottes. Die einzige Begrenzung dieser Freiheit sind die Augen der Menschen, die uns ansehen und die unsere eigene Güte brauchen.

Wir könnten es lernen, nicht nur zu glauben, zu welcher Freiheit uns die Gnade Gottes führt. Wir könnten es lernen, diese Freiheit zu lieben und schön zu finden. Etwas schön zu finden, ist noch besser, als an etwas zu glauben.

Die Bedürftigkeit ist unser Schatz

Der Geist gibt Zeugnis unserm Geist, dass wir Gottes Kinder sind. Römer 8,16

Paulus unterscheidet im 8. Kapitel des Römerbriefes zwei völlig unterschiedene Weisen des Lebensgewinnes, die eine nennt er das Leben aus dem Geist, die andere das Leben aus dem Fleisch. Was »aus dem Fleisch leben« bedeutet, ist abzulesen an der Titelfigur des Romanes »Stiller« von Max Frisch. Stiller besteht auf einer Lebensganzheit, die von ihm selber produziert ist. Er will sich selber einleuchten. Sein Leben ist der große Fluchtversuch aus einer Existenz, die sich selber nicht genug ist. Er vertraut sich keinen anderen Augen an als den eigenen, er nimmt kein anderes Urteil an als das, das er über sich selber fällt, und so beginnt der Roman mit der großen Geste der Verleugnung seiner selbst: »Ich bin nicht Stiller!« Der später angeklagte Stiller notiert in sein Tagebuch: »Immer wieder muss ich feststellen, dass ich mich mit meinem Staatsanwalt, meinem Ankläger, besser unterhalte als mit meinem sogenannten Verteidiger.« Dem Blick, der uns anklagt und unter dem wir erbarmungslos uns selber deutlich werden, ist leichter zu glauben als dem Blick der Güte, der uns birgt. Die Schauspielerin Hanna Schygulla sagte in einem Interview: »Ich schaue nicht mehr so viel in den Spiegel; denn die Augen, mit denen man sich selber anschaut, sind nicht die Augen, in denen man am besten aufgehoben ist.« Max Frisch sagt von seinem Stiller: »Er ist nicht bereit, nicht imstande, geliebt zu werden als der Mensch, der er ist, und daher vernachlässigt er unwillkürlich jede Frau, die ihn wahrhaft liebt, denn nähme er ihre Liebe wirklich ernst, so wäre er ja genötigt, infolgedessen sich selbst anzunehmen – davon ist er weit entfernt.« Jener Stiller, der seiner Sucht, sich durch sich selbst zu rechtfertigen, seinem »Leben im Fleisch« nicht entkommt, erschöpft sich auf den Fluchten nach seinem eigenen höheren und akzeptablen Wesen.

Hellsichtig ist er wohl, und er weiß, dass sein Gefängnis aus seiner Hoffnung besteht, doch irgendwann unbedürftig zu sein und sich selber zu genügen. Er weiß, dass sein Hoffnungsgefängnis aus der Sehnsucht besteht, sich selber einzuleuchten und von anderen geliebt zu werden, weil er liebenswürdig ist. Er sagt: »Ich bin nicht hoffnungslos genug, oder wie die Gläubigen sagen würden, nicht ergeben genug. Ich höre sie sagen: Ergib dich und du bist frei, dein Gefängnis ist gesprengt, sobald du bereit bist, daraus hervorzugehen als ein nichtiger und ohnmächtiger Mensch.«

Die »Gläubigen«, die Stiller hört, legen ihm den anderen Weg nahe. Sie raten ihm davon ab, sich selber zu gebären und sein eigener Lebenszeuge zu sein. Sie raten ihm davon ab, sich in den eigenen Augen zu bergen. Sie sagen ihm, dass man sich nicht selbst bezeugen kann: »Der Geist gibt Zeugnis unserm Geist, dass wir Kinder Gottes sind.« Die Bedürftigkeit, die Stiller so scheut, ist unser Schatz, nicht unser Ungenügen. Auf sie antwortet die Güte des Geistes Gottes mit ihrem Zeugnis, das uns ins Leben zieht. Wir sind, weil wir bezeugt sind, nicht weil wir uns selber zum Sein ermächtigt hätten. Wir müssten verzweifeln, wenn wir nur die wären, die wir sind. Wir sind die, die angesehen sind vom Blick der Güte. Hungrig zu sein nach jenem Blick, der uns bezeugt, ist eine große Lebenskunst. Es ist schwer, sich trösten zu lassen; es ist schwer, von der Sucht zu lassen, sein eigener Meister und Souverän zu sein; es ist schwer, sich zu ergeben. Aber nichts macht das Leben heiterer und gibt ihm mehr Spiel als jenes Zeugnis des Geistes, das uns davon befreit, verbissene Selbstzahler im Leben zu sein. Wir zechen auf Kosten der Liebe; wir zechen auf Kosten jenes Geistes Christi, der uns ruft, ehe wir uns namhaft gemacht haben. Wenn mir einmal meine Bibel verloren ginge, dann würde ich besonders jenem Satz nachweinen: »Der Geist gibt Zeugnis unserm Geist, dass wir Gottes Kinder sind.«

Error in der Erotik

Wisst ihr nicht, dass euer Leib ein Tempel des heiligen Geistes ist, der in euch ist und den ihr von Gott habt, und dass ihr nicht euch selbst gehört? 1. Korinther 6,19

Vor einiger Zeit fand ich in einem ICE eine kleine Schrift einer ominösen christlichen Gruppe zur Frage der Sexualität. »Wisst ihr nicht, dass euer Leib ein Tempel des heiligen Geistes ist?« war sie überschrieben. Zu meiner Belustigung war Erotik immer wie Errotik geschrieben. Erotik als Error! Auch das ist eine Deutung des paulinischen Satzes vom Tempel als Sitz des Geistes Gottes, der im Christentum seine Tradition hat. Wo Sexualität, Erotik und Glück grundsätzlich unter Verdacht stehen, da sollen sie möglichst von dem Geistestempel des Leibes fern gehalten werden. Sexualität wird dann zur Konzession; sie wird der Schwäche des Menschen eingeräumt, aber sie ist nicht die große Gabe Gottes. Die Bemerkung des Paulus über die Ehe deutet auf ein solches Verständnis hin: Es ist besser zu heiraten als in Begierde zu brennen (7,9). Das ist nicht gerade ein Hymnus auf eheliches Glück. Das Glück als Konzession! In einem älteren Religionsbuch lese ich: »Vor Gott aber kann der Mensch mit einer gewissen bescheidenen Heiterkeit auch das ganz Irdische treiben: der ›Prediger‹ ermuntert geradezu zum bescheidenen Genießen.« Für das »Treiben« der Menschen sind offensichtlich sehr enge Grenzen vorgesehen.

Paulus ist in seinen Widersprüchen ein wundervoller Theologe. Sein Misstrauen gegen Sexualität ist unverkennbar. Aber er macht sein Misstrauen nicht zum Prinzip. Das lese ich in dem bemerkenswerten Satz: »Alles ist mir erlaubt, aber nicht alles dient zum Guten. Alles ist mir erlaubt, aber es soll mich nichts gefangen nehmen.« (6,12) Paulus denkt die radikale Freiheit eines Christenmenschen: Wir sind gerettet im Blick der Güte Gottes. Nichts anderes mehr kann Rettungsqualität haben, weder die Beschneidung noch andere religiösen Gesetze noch eine bestimmte Form der Sexualität. Der Geist gibt Zeugnis unserem Geist, dass wir Kinder Gottes sind. Wir bezeugen uns nicht selbst, nicht durch religiöse Praktiken, nicht durch spezielle Formen der Sexualität. All dies kann zum Götzen werden, wo sie zu absoluten Notwendigkeiten werden.

Zwei andere Prinzipien der Freiheit, nicht der Beschränkung, formuliert Paulus, das erste meint die Freiheit der anderen: Wem dient meine Praxis? Jedes Handeln ist Handeln im Dienst der Freiheit. Wo die Freiheit der anderen eingeschränkt wird durch meine Handlung, wo diese nicht dient, da ist sie falsch und gottlos. Das andere Regulativ meint die Freiheit des Handelnden selber: Nimmt ihn seine eigene Handlung gefangen? Schnürt ihn die Verfolgung seines eigenen sexuellen Glücks so ein, dass sie zum Zwang und damit das Glück zum Unglück wird? Wer könnte bestreiten, dass in unseren Gesellschaften Sexualität längst zum Zwang geworden ist? Nein, nicht die oben erwähnten naiven Sätze aus dem Religionsbuch sind die Gefahr für Würde und Freiheit, sondern die widerliche Zumutung, sich durch die eigene Potenz zu rechtfertigen. Solche Zwänge sind die große Gottvergessenheit. »Wer nur das Glück sucht, sucht nicht Gott« hat Dorothee Sölle in ihrem letzten Vortrag formuliert.

Es sind schöne Sätze, mit denen Paulus das Glück und die Würde der Menschen schützt: Alles ist erlaubt, alles soll dienen, nichts soll einen Menschen gefangen nehmen, niemand gehört sich selbst, der Leib ist ein Tempel des heiligen Geistes.

Wir sind nicht nur, die wir sind

*Es ist offenbar geworden, dass ihr ein Brief Christi seid...,
geschrieben nicht mit Tinte, sondern mit dem Geist des
lebendigen Gottes, nicht auf steinerne Tafeln, sondern auf
die fleischernen Tafeln eurer Herzen.*   2. Korinther 3,3

Ein schwarzer Jugendlicher aus einem New Yorker Ghetto
hat unter der Überschrift »Was bin ich?« einen Brief an seinen Lehrer geschrieben, daraus folgende Sätze:
   Ihr habt mich so erzogen, dass ich meine Brüder und
   Schwestern hasse. Was bin ich?
   Ihr nennt mich Boy, einen dreckigen Strichjungen.
   Was bin ich?
   Ich bin die Summe eurer Sünden. Ich bin die Leiche
   in eurem Keller. Vor allem bin ich,
   wie ihr so unverhohlen sagt: euer NIGGER.
Der Schwarze ist beherrscht von dem Gefühl, nicht er selber zu sein. Die anderen sehen den Würdelosen, den Boy, den Strichjungen in ihn hinein, und so wird er, was sie schon lange gesehen haben: der Nigger. Die feindlichen Blicke halten seine Gedanken und sein Herz besetzt, sie zerstören seine Freiheit.

Wir sind nicht nur die, die wir sind. Wir sind auch die, als die wir angesehen werden, im Guten und im Bösen. Paulus nennt uns über unsere eigene Existenz hinweg einen Brief aus der Ferne, einen Brief Christi, durch den Geist des lebendigen Gottes in unsere Herzen geschrieben. Wir sind besetzt von der Handschrift des Geistes. Es gibt Besetzungen, die unsere Seele auffressen und unsere Lieder zerstören, und es gibt solche, die uns die Seele geben und uns lebendig machen. In einem alten Liebeslied ist von einer solchen Besetzung die Rede:
   Du bist mein, ich bin dein, dess' sollst du gewiss sein.
   Du bist eingeschlossen in meinem Herzen,
   verloren ist das Schlüsselein, du musst auch immer
                       darinne sein.

Die Liebe hat sich in das Herz der Geliebten geschlichen. Sie denken sich nicht mehr nur selber, sie fühlen nicht mehr nur sich, sie leben nicht mehr nur in sich und für sich. Auch dies ist eine Besetzung, aber nicht der Bosheit und der Kälte, sondern der Güte, die die Freiheit ins Leben ruft.

Wir sind nicht nur, die wir sind. Wir sind der Brief Christi, die Buchstaben des Geistes Gottes sind in uns eingeschrieben. Paulus wird nicht müde, die Einwohnung der Güte zu beschreiben, die uns befreit. Der Geist wohnt in uns, sagt er. Christus lebt in uns. Nicht einmal unsere Gebete gelingen uns mit eigener Stimme. Wir haben mehr Sprache, als wir haben, weil der Geist in uns mit »unaussprechlichem Seufzen« betet. Die Liebenden kommen nicht mit sich selber aus. Sie bedürfen der Einwohnung des geliebten Wesens. Die Liebe macht bedürftig.

Es gibt eine andere Bedürftigkeit, die entsteht, wo wir unsere Kärglichkeit wahrnehmen. Wenn es einen Lebensvorteil von alten Menschen gibt, dann die Tatsache, dass sie bedürftig geworden sind. Sie wollen nicht nur aus sich selber bestehen. Sie wollen nicht nur von sich selber bewohnt sein, und sie brauchen mehr als den eigenen Geist. Je mehr Niederlagen wir erfahren, desto weniger wollen wir mit uns allein auskommen. Man hat gelernt, dass man sich nicht durch sich selber rechtfertigen kann; nicht durch die eigene Stärke, Geistesgaben, Arbeiten, Frömmigkeit. Man braucht es, dass in uns die Zeichen des Geistes geritzt sind, die wir nicht selber erfunden und erdacht haben. Man braucht ein Versprechen, das man sich nicht selber gemacht hat und das man sich nicht selber erfüllen kann. Je unbescheidener und größer unsere Wünsche sind, um so mehr dürsten wir nach Gnade; nach dem Blick, der uns reicher findet, als wir sind; nach einer Stimme, die uns Stimme verleiht.

Die Liebe und die Niederlagen machen den Menschen bedürftig. Je geistiger ein Wesen ist, um so bedürftiger ist es. So schändet es uns nicht, dass wir nicht autonom in uns selber stehen. Wir sind ein Brief. Ein Brief ist nicht durch sich selber und für sich selber da. Er hat eine Herkunft, einen Absender. Jeder Mensch ist eine Nachricht Gottes und ein Liebesbrief des Geistes. Das ist der Haupteinwand gegen jeden Zynismus.

Leichen im Keller

Zur Freiheit hat uns Christus befreit. So steht nun fest und lasst euch nicht wieder das Joch der Knechtschaft auflegen!
Galater 5,1

Es gibt Zeiten, die der Schoß besonderer und lange verschwiegener Wahrheiten sind. Eine solche Zeit war das 16. Jahrhundert mit der Reformation. Luther hat das lange Gewusste neu gesagt: Wir sind davon befreit, die Zeugen unserer selbst zu sein. »Der Geist gibt Zeugnis unserem Geist, dass wir Kinder Gottes sind.« (Römer 8,16) Es retten uns weder »Beschneidung noch Unbeschnittensein« noch andere religiösen Korrektheiten. Sie sind unerheblich geworden vor der Freiheit, zu der Christus uns befreit hat. Sie sind unser »Joch der Knechtschaft«, wenn wir auf sie eher setzen als auf den Ruf der Freiheit. Das ist die gerettete Wahrheit der Reformation. Das ist der Inhalt des Gedächtnisses, wenn evangelische Christen den Reformationstag begehen. An diesem Tag erinnert sich die evangelische Kirche an ihren Ursprung. Es gibt dabei eine Gefahr: dass die Erinnerung rein historisch bleibt und mit der Gegenwart nichts mehr zu tun hat, diese nicht ermuntert und nicht korrigiert. Damit sind die beiden Stichworte genannt, mit denen man die Arbeit der Erinnerung bezeichnen kann: Ermuntern und korrigieren. Die Erinnerung an die Anfänge und an die eigenen Ursprünge ermuntern uns. Wir haben Väter und Mütter im Glauben, die einen mutigen Anfang gewagt haben; die den Bruch mit einem veräußerlichten Christentum wagten und die der verdorrten Kirche zu einem neuen Anfang verhalfen. Wir haben eine maßgebliche Zeit, die unserer eigenen Kirchenzeit sagt, was wichtig ist. Wir haben Väter und Mütter, denen einiges schon gelungen ist. Auf ihren Schultern stehen wir, und wir sind nicht gezwungen, die Anfänger von allem zu sein, wir sind Söhne und Töchter. Ein Mensch kann nur dann ohne Panik die Zukunft denken, wenn er sich seiner

Herkunft bewusst ist. Man gibt sich selbst ein Gesicht, wenn man sich an die Gesichter und die Visionen der Väter und Mütter erinnert.

Die Gesichter und die Träume unserer Vorfahren im Glauben ermuntern und korrigieren uns. Sich an ihre Radikalität und ihren Glaubensernst zu erinnern, heißt die Frage an sich selber zu stellen: Kann sich die heutige Kirche vergleichen mit den Absichten in den Zeiten jener großen Anfänge? Unsere Frage am Reformationstag ist nicht nur: Was haben wir geerbt? Sie heißt auch: Was haben wir verraten? Haben die Anliegen der Reformation in der weichgespülten Volkskirche noch einen Platz? Was verschwände eigentlich, wenn diese Kirchen verschwänden? Würde man es bemerken, und würden die Menschen anders leben? Schlechter oder besser? Ist der Geist der Freiheit in diesen Kirchen lebendig, oder ist er kastriert zu reiner Verwaltung und Bürgerlichkeit? Was ist mit einer Kirche, die oft so gleichgültig den Fragen nach Krieg und Frieden, dem Recht der Armen und dem Heil der Schöpfung gegenüber ist? Hat sie verlernt, dass Gerechtigkeit und Gotteserkenntnis nicht voneinander zu trennen sind? Die Erinnerung an die Anfänge und an die Neuanfänge unserer Kirche ist unser Trost und ist das Gericht über uns. Wer eine Tradition und wer solche Erinnerungen hat, kann nie ganz ungestört schlafen. Er hat immer Leichen im Keller, den Geist jener Zeugen der ersten Stunde. Das ist keine Drohung, es ist eine Schönheit. Wir sind nicht zu uns selbst und zu reiner Heutigkeit verdammt; wir ersticken nicht in uns selbst, denn wir haben die alten Lehrer und Lehrerinnen des Glaubens, die alten Tröster und die alten Mahnerinnen.

Nutzlose Schönheiten

Lasst das Wort Christi reichlich unter euch wohnen: lehrt und ermahnt einander in aller Weisheit; mit Psalmen, Lobgesängen und geistlichen Liedern singt Gott dankbar in euren Herzen. Kolosser 3,16.17

»Euer Leben ist verborgen mit Christus in Gott«, sagt Paulus am Anfang des Kapitels, aus dem der Predigttext entnommen ist. Und weiter sagt er: »Einmal wird die Herrlichkeit dieses verborgenen Lebens offenbar werden.« Es gibt schon Stellen, wo sich das Inkognito lüftet und wo ein Vorschein des Glanzes sichtbar wird. Einmal geschieht es im Erbarmen, in der Vergebung, in der Freundlichkeit und Sanftheit des »neuen Menschen«. Dann geschieht es im Danken und im Singen der jungen Gemeinden: »Mit Psalmen, Lobgesängen und geistlichen Liedern singt Gott dankbar in euren Herzen.«

Wir sind nicht Produkte unserer selbst, wir haben uns nicht selbst erschaffen, wir müssen uns nicht selbst verehren und lieben, wir verdanken uns. Die Sucht, sich selber zu genügen und Meister seiner selbst zu sein, Zwang und Verbissenheit sind böse Geschwister, wie Dank, Freiheit und Heiterkeit gute Geschwister sind. Danken ist nicht ganz leicht, weil man den Grund des Dankens nicht immer und manchmal gar nicht am Leben selber ablesen kann. Danken ist eine Form des Glaubens. Im Dank liest man die Welt besser, als sie ist. Man liest die Schönheit in sie hinein. Im Dank liest man sich selber besser als man ist. Man liest sich mit den Augen Gottes, der uns schon gemeint und geborgen hat im Schicksal jenes Christus. Das Danken zu lernen, ist wichtiger als jede Moral. Die Moralen müssen eine Herkunft haben, sonst halten sie sich nicht lange. Ihre beste Mutter ist der Dank. Wer dankt, schlägt nicht. Wer dankt, benutzt nicht. Wer dankt, zerstört nicht.

Manchmal geht der Dank langsam, und er kommt in der Sprache daher, die schon alle kennen und sprechen. Das aber ist nicht seine eigentliche Sprache. Die Muttersprache des Dankes sind die Lieder und ist die Musik. Der Dank tanzt, und darum kommt er mit der gewöhnlichen Sprache nicht aus. Im Lied umtanzt er die Güte, die ihn geboren hat. Die Lieder gehen mit unserem Herzen durch, wie manchmal ein junges Kalb mit dem Hirtenbuben durchgeht. In den Liedern kann unser Mund oft viel mehr, als unser Herz schon kann. Und manchmal schleifen die Lieder das müde Herz hinter sich her, bis es wieder auf den eigenen Beinen stehen kann. Die Lieder und die Musik sind die Vorspiele des ewigen Lebens, so hat es Augustinus gesagt. Wer hat je eine Predigt ein Vorspiel des ewigen Lebens genannt? Wer hat je den Religions- oder Konfirmandenunterricht praeludia vitae aeternae genannt? Und so halte ich denn die Musik und die Lieder für wichtiger als alle Predigten und Lehren. David hat Saul nicht durch Unterweisungen oder therapeutische Ratschläge von seinem Wahnsinn geheilt, sondern mit seinem Saitenspiel. Ich ärgere mich, wenn von Liedern nur die eine oder andere Strophe gesungen wird. Es ist falsch, wenn der musikalische Beginn des Gottesdienstes als Orgelvorspiel bezeichnet wird. Es ist ein Vorspiel des ewigen Lebens, aber nicht das Vorspiel zum Gottesdienst. Die Kirchen sollen sehen, was sie tun, wenn sie im Rahmen des nötigen Sparens die Kirchenmusik kürzen. Dies sollte man gerade am Sonntag Kantate bedenken.

Nein, notwendig und nützlich sind die Lieder und ist die Musik auf den ersten Blick nicht. Vielleicht ist überhaupt das Schönste, was wir im Leben haben, nicht unter die Kategorien der Nützlichkeit zu verrechnen. Die Küsse, die wir tauschen, sind nicht notwendig. Die Gedichte, die wir lesen, sind nicht nützlich, und wenn sie nützlich sind, sind es keine guten Gedichte. Die Blumen, die ich einer geliebten Frau schenke, sind nicht unter Nützlichkeitsgesichtspunkten zu verrechnen. Es sind pure unnütze und unentbehrliche Schönheiten. Es ist Zeit, dass die Kirche in einer Welt des Profitierens und Funktionierens für die nutzlosen Schönheiten eintritt, sie sind am meisten gefährdet.

Heiligt den Herrn Christus in euren Herzen!
1. Petrus 3,15a

Der erste Petrusbrief ist von einem merkwürdigen Fatalismus. Die Hoffnung geht auf das »Ende aller Dinge« (4,7), nicht auf die Veränderung der Welt. Ein Wechsel innerhalb der alten Ordnungen rentiert sich nicht mehr. Darum soll man Königen und Statthaltern untertan sein. Die Sklaven sollen sich ihren Herren unterordnen, »nicht allein den gütigen und freundlichen«. (2,18) Die Frauen sollen den Männern gehorchen und die Jungen den Alten. Die Tugenden der Wehrlosen und Geduckten werden empfohlen: Gehorsam und Ertragen des Übels und des Unrechts. Die Christenschar ist zu klein und zu bedrängt, als dass sie sich nach außen verhalten könnte. Die Welt ist zu verfallen, als dass Christus in ihr geheiligt werden könnte, er kann nur noch in den Herzen der Christen seine Heiligung finden. Man kann sich nur noch in der kleinen Schar der Geschwister verhalten. Ihnen gegenüber soll man barmherzig, demütig und von gleicher Gesinnung sein. So wird es wohl gewesen sein, als die frühen Christen in der paganen Umwelt ein verschwindendes und gedemütigtes Häuflein waren. Viel problematischer ist, dass Luther in diesem 1. Petrusbrief eine Summe des Christentums liest und ihn deshalb allen anderen nicht-paulinischen Briefen voranstellt.

Was wäre eine Kirche, die sich die Moral des 1. Petrusbriefes zu eigen machte und nur diese kennte? Sie wäre Licht unter dem Scheffel, das nur noch nach innen leuchtet. Sie wäre nicht mehr Stadt auf dem Berge, die von allen gesehen wird. Sie würde an Heiligung der Herzen arbeiten, aber nicht mehr an der Heiligung der Welt. Sie wäre nicht mehr die Kirche von Pfingsten. An jenem Tag hat man die Türen und Fenster geöffnet. Die junge Kirche hat sich gezeigt mit der jungen Wahrheit der alten Versprechen: Der Geist nicht mehr nur ausgegossen über Könige, Statthalter, Männer, Herren und Alte, sondern über

Knechte und Mägde, über Söhne und Töchter, über die Jungen und über die Alten, die ihre Träume noch nicht aufgegeben haben. Die Kirche des Petrusbriefes würde niemand schon morgens um neun für betrunken halten. Man würde sie gar nicht wahrnehmen. Sie wäre unkenntlich, und sie würde versinken in der eigenen Unauffälligkeit.

Könnte Selbstverbergung die Gefahr einer kleiner werdenden Kirche in unserem Land werden? Die Christen werden hier nicht verfolgt, aber die Kirchen verlieren ihre Akzeptanz, die sie schon beinahe für natürlich gehalten haben. Darüber könnte ihnen der Stolz abhanden kommen, sich öffentlich zu zeigen. Sie könnten zu kleinen Gruppen von selbstvergewisserten Menschen werden, die nur noch nach innen denken und nicht mehr wahrnehmen als sich selber. Das wäre schlimm für die Gesellschaft wie für die Kirchen selber. Die Gesellschaft würde eine Instanz des Einspruchs verlieren. Die alten Geschichten von der Würde und der Freiheit des Menschen würden verstummen, und die Gesellschaft würde an ihrer eigenen »Offenheit« und Ziellosigkeit verkümmern.

Aber die Kirche würde auch sich selber undeutlich werden. Man lernt, wer man ist, indem man zeigt, wer man ist. So lange Menschen etwas wollen, etwas lieben, Leidenschaften und Interessen haben, so lange stellen sie sich dar und führen sie sich auf. Farbe bekennen, sich zeigen, sich nicht verschweigen, öffentlich werden ist ein Grundbedürfnis. Man wird der, als der man sich zeigt. Man befestigt seine Absichten, indem man sie vorzeigt. Nur die Stadt auf dem Berg bleibt Stadt. Christus heiligen heißt Christus zeigen.

Weine nicht! Er vermag die sieben Siegel zu öffnen
Offenbarung 5,5

Man soll diesen Text aus der Geheimen Offenbarung nicht lesen wie ein Geheimdokument mit verschlüsselten Aussagen, das man entziffern müsste und das seinen Inhalt nur widerwillig hergäbe. Zu viel Unheil ist schon angerichtet worden und wird noch angerichtet, wo Menschen glaubten, endlich die geheime Botschaft der Apokalypse entziffert zu haben. Fragen wir nicht, was die Bilder enthalten, sie enthalten sich, und sie haben ihren Sinn in sich selber, das genügt. Gehen wir in den Bildern spazieren, dann werden wir ihnen am ehesten gerecht. Der Text ist ein Lied, ein großes Gedicht, ein Hymnus auf das Lamm, auf Christus, der das große Amen Gottes zu seiner Welt ist. Lesen wir uns hinein in die großen Bilder; denn wenn *wir* darin nicht zu finden sind, sagen sie uns nichts.

Eine erste Szene: Der auf dem Thron. Er hat die versiegelte Buchrolle, innen und außen ist die Rolle beschrieben. Aber sie ist unlesbar, versiegelt mit sieben Siegeln. Niemand ist da, die Siegel zu lösen und die Schrift zu lesen. Niemand ist würdig und fähig dazu. Die Rolle bleibt eben ein Buch mit sieben Siegeln. Und der Seher weint! Wer kann das Weinen dieses Sehers nicht verstehen? Wer würde nicht gern die Siegel aufbrechen und das Buch der Welt und des eigenen Lebens lesen? Wer würde nicht gerne lesen und verstehen, was in diesem vergehenden Jahr der Welt und dem Leben zugefügt wurde? Wer würde nicht gerne wissen, was der auf dem Thron mit dem großen Krieg zu tun hat, der jetz wieder über die Menschen gekommen ist; mit den Erdbeben, die die Häuser der Menschen zerstören und ihre Kinder begraben. Es genügt nicht, dass der auf dem Thron die geheimnisvolle Weltschrift lesen kann. Die, die da untergehen, wollen es auch wissen, warum ihnen dies zugefügt wird. Erdbeben und Fluten sind Bilder aus jener Johannesapokalypse, aus der unser Bibelabschnitt stammt. Dort ist es die Schuld der Menschen, die das Verderben zur Folge hat. Aber nicht alle großen Katastrophen lassen sich auf die Schuld der Menschen zurückführen. Aber wessen Schuld ist es? Wer hat das so gewollt? Wir wissen es nicht. Die Siegel sind nicht erbrochen. Die Welt kann an so vielen Stellen nicht gelesen und verstanden werden. Nein, es ist nicht alles Schuld der Menschen, wie es uns manchmal allzu religiöse Menschen glauben machen wollen. Der Tod ist der Sünde Sold, heißt es in der Bibel. Unsere Schuld ist groß genug. Aber so viel Sold? So viel für alle, die es nicht verdienen! Es gibt eine Kälte des Weltalls und des Lebens, über die man sich nicht beruhigen kann und die uns den Glauben an die Güte des Lebens, an die Güte dessen, der auf dem Thron sitzt, schwer macht. Kein Wunder, dass viele den Glauben und die Hoffnung verlieren und in Verzweiflung sagen: Der Thron ist leer. Es sitzt niemand auf dem Thron. Der Seher weint, weil die Siegel des großen Weltenbuchs nicht erbrochen sind und weil die Schriften des Lebens unlesbar sind. Und wir weinen mit ihm, wenn wir sehen, was dem Leben angetan wird. »Sage Gott ab und stirb!«, sagt Hiobs Frau, als all das Unglück über sie und ihre Kinder gekommen ist. Und Hiob antwortet: »Wenn wir das Gute von Gott annehmen, warum nicht auch das Böse?« Dieser Satz ist in der Lutherbibel fett gedruckt, wie alle Sätze, die uns Ergebung, Hinnehmen und Demut lehren. Aber welche fettgedruckte Logik ist das, das Böse anzunehmen, nur weil wir Gutes empfangen haben. Der Seher weint, weil das Buch unlesbar ist.

Das ist nicht das Ende des Textes aus der Geheimen Offenbarung. Es tritt einer zum Weinenden und sagt: *»Hör auf zu weinen! Der Löwe aus dem Stamme Juda, der Spross Davids hat gesiegt. Er kann die sieben Siegel der Buchrolle öffnen.«* Der Löwe wird plötzlich zum Lamm, das wie geschlachtet in der Mitte der Ältesten steht. Die Ältesten singen ein neues Lied und sprechen: *»Würdig bist du, die Buchrolle zu nehmen und ihre Siegel zu öffnen. Denn du bist geschlachtet worden und hast* [die Menschen] *für Gott mit deinem Blute erkauft. Du hast sie für unseren Gott zu* *einem Königreich und zu Priestern gemacht, und sie werden als Könige herrschen auf Erden.«*

Der Löwe aus dem Stamm Juda – das Lamm, das geschlachtet wurde! Löwen siegen, Lämmer werden geschlachtet. Die Menschen lieben die Löwen, die Sieger, sie lieben die starken Götter. Zu dem, der hier gleichzeitig Löwe und Lamm genannt wird, hat der Versucher in der Wüste gesagt: Wenn du der Sohn Gottes bist, dann sprich und die Steine werden in Brot verwandelt. Stürze dich von der Zinne des Tempels, und Gott wird nicht zulassen, dass du zerschmettert wirst. Seine Unverwundbarkeit und Unantastbarkeit soll der Ausweis seiner Sohnschaft sein. Unter dem Kreuz haben die Menschen gerufen: Wenn du der Sohn Gottes bist, dann steige herab von deinem Kreuz; dann hilf dir selbst, du hast ja anderen geholfen. Nicht an seiner Gerechtigkeit wollen sie den Sohn der Wahrheit erkennen, sondern an seiner Macht. Steige herab! Gehöre zu den Siegern! Sei stärker als die Starken, dann wollen wir an dich glauben. Es ist mehr die Verzweiflung des Volkes als seine Bosheit. Vielleicht meinen sie dies mit ihrer Anbetung der Sieger: Wenn unser Leben schon kärglich ist, dann wollen wir uns wenigstens am Glanz der Sieger sonnen: An den Geschichten der Reichen, am Glanz der Königshäuser, an den Wegen der Erfolgreichen. Die Märchen von den Gewinnern als Opium für das Volk! Christus aber ist ein Verlierer. Ihn hat das Leben aufs Kreuz gelegt wie alle anderen auch. Das Lamm wurde geschlachtet. Welch ein hartes und unerbittliches Bild: Das Lamm wurde geschlachtet.

Und was soll dies heißen: Das Lamm ist geschlachtet und hat uns mit seinem Blut erkauft. Bei wem kann man etwas für Blut kaufen? Wer nimmt Blut in Zahlung? Wer lässt sich versöhnen mit dem Blut eines Unschuldigen? Kann der Tod dem Leben dienen? Was kann es heißen, dass der Tod des Lammes Erlösung bedeutet? Vielleicht kann man das erklären mit der Geschichte der französischen Jüdin Simone Weil, Philosophin und Sozialistin. 1940 wurde sie von den Nazis verhaftet, verhört und wieder freigelassen. Sie konnte mit ihren Eltern nach New York entkommen. 1941 verlässt sie diese Sicherheit, um bei ihrem leidenden Volk zu sein. Sie geht nach England, da sie nicht nach Frankreich zurück kann. Dort weigert sie sich, mehr zu essen, als den Franzosen auf ihren Lebensmittelkarten zugeteilt war. Sie hatte aber eine Tuberkulose, und sie stirbt von Krankheit und Hunger geschwächt. Auf ihrem Totenschein stand: Versagen des Herzens infolge Unterernährung und Lungentuberkulose. Simone de Beauvoir über sie: Sie hatte ein Herz, das imstande war, für den ganzen Erdkreis zu schlagen. Charles de Gaulle über sie: Sie war verrückt!

Wem hat dieser Tod genutzt? Ist eine Jüdin, ist ein Franzose weniger gestorben wegen ihres Todes? Oder ist das eine Frage aus dem »Geist der Kaufmannschaft«? Da ist ein Mensch, der nicht anders kann, als dort zu sein, wo anderen das Lebensrecht genommen wird. Die Welt ist nicht gesund geworden an ihrem Tod; aber sie wäre kränker ohne die Erinnerung an diese Passion, an diese Torheit der Liebe. Simone Weil hat sich den Tod nicht gewünscht, sondern das Leben. Aber sie fand es unerträglich, nicht dort zu sein, wo ihre Geschwister sind und leiden. Ihr Tod war das Unglück eines radikalen Herzens. Ihre Aufmerksamkeit auf das Leben hat sie umgebracht. Diese mütterliche Frau hat den Gott nachgeahmt, der in seinem Knecht aus Nazareth es unerträglich fand, mehr Brot zu haben als seine Kinder; glücklich zu sein in der Zeit des Unglücks; zu leben in der Zeit des Todes. Christi Tod war das Unglück eines radikalen Herzens.

Nein! Kein Tod ist gut, der dem Menschen gewaltsam aufgepresst wird. Auch nicht der Tod von Simone Weil; auch nicht der Tod dieses Unschuldlammes. Aber gut ist die Güte. Gut ist die Leidenschaft dieses Gottes, der nirgendwo anders sein will als dort, wo das Leben geschändet wird; wo Menschen in ihrer Schwäche ertrinken und wo der Tod sie zeichnet, ehe sie geboren sind. Die Erinnerung an die Passion dieses Gottessohnes, der sich nicht vertreiben ließ aus unseren Toden, ist das Zentrum des Christentums und damit die Erinnerung an die Tode, die er weiterstirbt in den verhungernden Kindern, in den geschändeten Frauen und in allen Niederlagen des Lebens.

Gott hat sein Gesicht verloren in Jesus Christus. Er hat die Gesichtszüge der Menschen angenommen. Schön ist die Höflichkeit Gottes, der nicht aus unserem Leben weicht. Aber reicht das alles? Stirbt keiner mehr, nachdem dieser Messias da ist? Wird keiner mehr erniedrigt und angespieen? Werden den Armen die Schulden erlassen? Sprechen die Verstummten und springen die Lahmen schon wie ein Hirsch? Es ist der alte jüdische Einwand, wenn wir unser Weihnachten feiern und die Geburt dieses Sohnes. Es ist die widerborstige Frage der Hoffnung, die nicht eher zufrieden ist, bis die Schwerter zu Pflugscharen geschmiedet und alle Tränen getrocknet sind. Glauben heißt, mit Widersprüchen leben zu können. Wir beharren auf einem Widerspruch: Ja, Gott hat sein wahres Gesicht gezeigt in diesem Sohn; ja, das Morgenlicht ist angebrochen; ja, es ist der Tag, den Gott gemacht hat; ja, die Tür ist aufgeschlossen zum schönen Paradeis. Sie merken, dass ich das große Ja mit der Stimme der Tradition, der Lieder und der Bibel sage. Denn dieses Ja überfordert den Glauben eines einzelnen. Das Nein des Widerspruchs kann man mit der eigenen Stimme sprechen; denn man braucht es ja nur am Zustand dieser Erde abzulesen: noch immer verhungern Kinder; noch immer werden die Fremden erschlagen und noch immer unterliegen wir dem Lebenshass. Und so muss noch kommen, der gekommen ist. So muss noch siegen, der gesiegt hat. So muss noch erscheinen, was schon ist. Aber wir sind nicht die ewig Wartenden, die ewig Ausschau Haltenden, die Ewig-Morgigen. Wir haben nicht nur Zukunft, wir haben eine Vergangenheit. Die Hoffnung braucht eine Herkunft. Wir haben einen guten Anfang, die wir kommen aus jener Nacht und aus der Freude jener Nachricht der Engel: Er ist da, er ist geboren, die Rose ist aufgeblüht, die die Schönheit der Welt bedeutet.

Und noch einmal die Stimme, die den weinenden Seher

tröstet und zu ihm spricht: »*Hör auf zu weinen! Der Löwe aus dem Stamm Juda, der Spross Davids hat gesiegt. Er kann die sieben Siegel des Buches öffnen.*« Und die Ältesten in dieser Szene singen: »*Würdig bist du, die Buchrolle zu nehmen und ihre Siegel zu öffnen.*« Mit unseren Augen können wir immer noch nicht lesen, was in diesem Lebensbuch steht. Wir können immer noch nicht verstehen, auch nach dem Sieg des Lammes nicht, warum das Recht nicht siegt; warum die Tyrannen nicht gestürzt sind und warum das Leben von vielen so erbärmlich ungelebt bleibt. Der Glaube erklärt uns nichts, aber auch rein gar nichts. Der Glaube ist keine Welterklärung. Aber er lehrt uns singen gegen den Tod. Er lehrt uns das Lied singen, das in der Apokalypse alle Geschöpfe im Himmel, auf der Erde und unter der Erde singen: »*Dem, der auf dem Throne sitzt, und dem Lamm gebührt der Lobpreis und die Ehre und die Herrlichkeit und die Macht von Ewigkeit zu Ewigkeit.*« Das klingt wie Höflingssprache, aber es ist das Lied unserer Freiheit. Gegen den Tod singen wir, dass der Tod nicht die Macht hat, sondern der auf dem Thron. Gegen die Versklavung des Lebens singen wir, dass nicht die Sklaventreiber die Ehre haben, sondern der auf dem Thron. Gegen die Mächtigen singen wir, dass ihre Macht zerbrechen wird und die Macht dem auf dem Thron gehört. Mehr als das Lied haben wir vorläufig nicht. Der Glaube singt es gegen den Tod und die Dunkelheit des Lebens. Und einmal wird offenbar sein, was wir jetzt mühsam glauben müssen. Und wir werden mit den Ältesten niederfallen und anbeten. Und wir werden aufstehen und Gäste Gottes im Lande der Freiheit sein.

Gott, unser Vater,
Du hast dein Antlitz aufgedeckt in Jesus Christus,
   deinem Sohn:
Er aß unser Brot, er weinte unsere Tränen,
   er starb unseren Tod.
Gott, du hast dein Antlitz aufgedeckt in Jesus Christus,
   deinem Sohn:

Er liebte das Recht, er aß mit den Armen, er fror
mit denen, die kein Dach über dem Kopf hatten.
Gott, du deckst dein Antlitz auf in den Brüdern
und Schwestern deines Erstgeborenen:
In Franz von Assisi, in Elisabeth von Thüringen,
in Dietrich Bonhoeffer und in Mahatma Gandhi.
In Hildegard von Bingen und in Katharina von Siena.
Du deckst dein Antlitz auf in uns allen,
die wir den Hungrigen das Brot nicht verweigern
und den Rechtlosen nicht ihr Recht.
Gott, unsere Mutter, du bist das Brot unseres Trostes;
du bist das Brot unserer Hoffnung; du bist das Brot
unserer Träume und Wünsche, dass sie nicht
zu gering werden.
Wir preisen dich in unseren Toten, deren Fülle du bist
und die jetzt nur noch nach deinem Angesicht
hungern. Ihr Lachen und ihr Weinen, ihre Schuld
und ihre Niederlagen fängst du auf in deinem Schoß.
Heilige uns, denn du bist der Heilige Gott!

Und ich sah einen neuen Himmel und eine neue Erde
Offenbarung 21,1

Wann schreit man nach der neuen Erde, der neuen Stadt und nach dem Gott, der alle Tränen abwischen wird? Dann, wenn die gegenwärtige Erde unerträglich geworden ist und wenn die Menschen noch nicht so apathisch sind, dass sie keine Tränen mehr haben. Als man den Sioux-Indianern das Land abnahm und in einem beispiellosen Gemetzel ihre Büffel abschlachtete, da haben sie vom großen Tanz geträumt, der kommen wird. Als der amerikanische Arbeiterführer Joe Hill am Anfang des 20. Jahrhunderts hingerichtet wurde, da haben die Menschen nicht geseufzt und gesagt: »So ist das Leben!« Sie haben ein neues Lied gemacht und gesungen, dass Joe Hill lebt und mit ihnen an einer Welt arbeitet, in der nicht mehr einer die Beute des anderen werden muss. Als die Christen unter Domitian das Opfer vor den Kaiserstatuen verweigerten, der Gottlosigkeit angeklagt und ins Gefängnis geworfen wurden; als ihnen das eigene Land unerträglich geworden war, da beriefen sie sich auf ein Land, in dem der Tod entmachtet ist und das nicht widerhallt von Leid, Geschrei und Schmerz wie die üblichen Länder. Die Geschlagenen fangen an zu träumen, und wahrscheinlich kennen sie allein die Unerlässlichkeit jenes neuen Landes, in dem »das Erste« vergangen ist, in dem Gott alles neu macht und in dem er selber alles in allem ist. Kein Kaiser mehr ist alles, keine Wirtschaftsordnung mehr ist alles, kein System mehr ist alles. Denn Gott ist alles in allem.

Je abgefundener die Menschen leben, je mehr dieses Land schon *ihr* Land ist und je weniger sie dürsten, um so weniger brauchen sie jene andere, versprochene Quelle des lebendigen Wassers. Vielleicht zeigt nichts die tiefe Bürgerlichkeit der Theologie und des Glaubens mehr als die Aufgabe der Hoffnung auf jenes neue und unbeschreibbare Land, in dem der Tod nicht mehr herrschen wird, und auf jenen Gott, der keinen ungetröstet und keine Träne unabgewischt lässt. Man könnte sagen: je mehr Beamtentarif A 14, um so weniger Durst nach dem lebendigen Wasser, das es umsonst gibt. Man kann geradezu die Einkommenslage der Christen und der Theologen daran erkennen, dass sie den großen Schrei nach dem neuen Land kennen oder dass er verstummt ist. Die Armen haben noch nicht so viel Grund, auf jenen Gott zu verzichten, der ihre Feinde vom Thron stürzt und der der Tod ihres Todes ist. Sie rufen: einmal wird es sein! Ich glaube an das ewige Leben! Die Verstummten werden reden! Das A und das O wird Gott sein, und nicht die korrupte Gegenwart, die immer dazu neigt, sich als A und O zu schminken.

Wenn wir Christen in diesem Land auch nicht zu den Hauptschreiern nach dem Land der abgewischten Tränen gehören mögen – gelegentlich gehört jeder von uns dazu! –, so haben wir doch ein Buch, in dem von solchen Schreien erzählt wird und von den Menschen, die sie ausstoßen. Je mehr wir dieses Buch zur Kenntnis nehmen, je mehr wir darin gebildet sind, um so mehr erinnern wir uns, dass das Land der Tränen, des Schmerzes und des Todes nicht unser endgültiges Land sein kann. Die Geschichten von dem anderen Land lehren uns die Gottlosigkeit, deren die Adressaten der Johannesapokalypse angeklagt waren. Sie opferten dem Kaiser nicht. Sie glaubten nicht an die herrschenden Mächte und Gewalten. Sie sprachen dem Land, dass so tränenreich für viele war, das Recht ab, sich als endgültiges Land und als Heimat aufzuspielen. Für wen ist es denn Heimat? Für die Unzahl der armen Kinder? Für die Arbeitslosen? Für die Obdachlosen unserer Städte? Für die Fremden in diesem Land?

Die Christen sind die natürlichen Verbündeten der Heimatlosen. So sehr wir manchmal über unsere Kirchen – d.h. über uns selbst – klagen, so macht mich dies doch stolz: wenn man über Asyl für Fremde spricht, denkt man an Kirchenasyl. Wo sollten sie dieses Asyl sonst finden. Wenn man noch einmal eine Friedensdekade sucht, so sucht man sie bei den Kirchen. Ich denke an das Jahr 1983, wo es solche Dekaden fast an allen Schulen gab. An Universitäten, bei Gewerkschaften hat man sie gefunden. Heute haben solche Träume fast nur noch ein Zuhause in Kirchenräumen, längst nicht in allen, das wissen wir. Aber wir finden sie hauptsächlich bei den Kirchen, und zwar nicht nur bei einigen versprengten und unbedeutenden kirchlichen Gruppen, sondern als Einrichtungen in der Kirche. Alles zu wenig, sagen viele. Sie haben recht. Aber wir sind auch für unseren Mut verantwortlich. Und darum sind wir dafür verantwortlich, wahrzunehmen und zu sehen, was alles in diesem Hause blüht. Die Kunst, wahrzunehmen, was nicht gelingt, ist unerlässlich. Aber es ist die leichtere Kunst.

Schwerer ist es, das schon Gelungene wahrzunehmen und nicht zu verachten. Leute des anderen Landes zu sein, heißt nicht, die Berufsnörgler der Gegenwart zu sein. Es heißt, die Spannung auszuhalten zwischen allem, was schon gelungen ist, und allem, was noch aussteht. Man muss auch im fremden Land Wein trinken können, und man darf zugleich den Durst nicht aufgeben nach dem anderen Land, in dem es Wein für alle gibt, und zwar den besten! (Gerade sehe ich in meinem Text, Vers 6, dass Gott nur lebendiges Wasser verspricht. Ich hoffe aber, dass jenes Wasser köstlicher ist als aller Trollinger und Lemberger zusammen.)

II

Überlegungen

Die Väterlichkeit Gottes

Als ich elf war, starb mein Vater. Ich weiß nicht, ob meine Erinnerung geschönt ist. Aber ich habe ihn als sanften Mann in Erinnerung. Weil ich diesen Vater so früh verloren habe, habe ich zeit meines Lebens Väter gesucht, ich habe ihn gesucht in meinen Lehrern und Pfarrern, manchmal auch in älteren Kollegen. Vielleicht bin ich selber spät erwachsen geworden, weil ich so lange Kind dieses Vaters sein wollte. Erwachsen kann man nur werden, wenn man Väter und Mütter gehabt hat. Ist das eine Binsenweisheit? Hat nicht jeder einen Vater und eine Mutter? Man kann biologische Eltern haben, gar mit ihnen zusammen leben, bei ihnen aufwachsen und sie doch entbehren. Wenn sie einen nicht schützen, nicht wärmen, ihr Gesicht und ihre Andersheit nicht zeigen; wenn sie ihren Kindern ihren Lebensglauben nicht zeigen, dann hat man sie und man hat sie nicht. Ich hatte keinen Vater, und gerade darum habe ich meine Lebenswünsche immer in dieses Bild »Vater« eingetragen. Wer einen bösen, harten und autoritären Vater hatte, dem wird das Vaterbild vergällt sein. Er wird darum auch Gott nur mit Mühe Vater nennen können. Unsere Gottesbilder sind auch immer abhängig von Realitäten, die mit diesen Bildern verbunden sind. Die Gottesbilder sind gefärbt von den höchst irdischen Erfahrungen mit den Namen, mit denen wir Gott nennen. Mein Vater hat mir das Bild Gottes, des Vaters, nicht verstellt. Und so kann ich ihn mit viel Sehnsucht und ohne Zurückhaltung so nennen.

Was meine ich, wenn ich Gott Vater nenne, und welche Wünsche trage ich in das Bild ein? Welche Erwartungen habe ich an die Väter, wenn ich Gott Vater nenne? Ich meine zunächst die Andersheit, die Fremdheit Gottes. Gott ist nicht, wie ich bin. Er hat sein nicht eroberbares Geheimnis, er ist er selbst. Fremdheit muss nicht Feindlichkeit und Unnahbarkeit bedeuten. Wenn er nur wäre wie ich selber, dann könnte ich nicht von ihm lernen. Ich hätte bei ihm nicht mehr Hoffnung, als ich mit mir selber habe. Nein,

Gott ist nicht aus meiner Seele herauszukitzeln, dass er nur mein Ebenbild wäre. Er wohnt im »unzugänglichen Licht«.

So wünsche ich mir auch einen irdischen Vater, der seinen Kindern sein eigenes Gesicht zeigt; der zeigt, wie er glaubt, wie er lebt und worauf er setzt. An seiner Andersheit könnten Kinder ihr eigenes Gesicht lernen. Von Vätern, die nur die Kumpels ihrer Kinder sind und nicht mehr, können sie nicht viel lernen.

Wenn ich Gott Vater nenne, meine ich einen, der mir überlegen ist; nicht überlegen in Macht und Gewalt. Nicht jede Überlegenheit ist herrschaftlich. Ich wünsche mir einen, der mich birgt, wo ich mit den eigenen Kräften und dem eigenen Witz nicht auskomme. Ich wünsche mir einen, den meine Schwäche und meine Fehler nicht irritieren. Ich wünsche mir einen, der in die Knie geht, wo er mich am Boden liegen findet. Diesen Gott wünsche ich mir, und einen solchen irdischen Vater wünsche ich.

Die Überlegenheit Gottes macht mich selber nicht klein. Sie will meine Größe. Er ist sozusagen mein Stellvertreter, wo ich noch nicht kann und bin, was er kann und ist. Er ist nicht mein Ersatzmann, der mich von allem dispensiert. Ich bin vor ihm nicht das nackte Spatzenjunge, das ständig auf die göttliche Fütterung wartet. Er will, dass ich fliegen lerne und dass ich erwachsen werde. So stelle ich mir auch einen irdischen Vater vor. Er hält sein Kind nicht unmündig und abhängig von ihm. Er ist sein Stellvertreter und dankt ab, wo sein Sohn oder seine Tochter selber sprechen und das Leben meistern können.

Dies ist natürlich die Grenze des Vergleichs zwischen Gott und einem irdischen Vater. Irgendwann dankt der irdische Vater endgültig ab, und wenn er ein guter Vater ist, fügt er sich darin. Zum Glück dankt Gott nie ab. Aber er will nicht unser dauernder Stellvertreter sein. Er will unsere Stärke, und er will uns als Partner. Das vergessen wir oft, wenn wir immer nur Gottes Kinder bleiben wollen.

Ein letzter Vergleich: Väter, die nur stark und überlegen sind, sind auf Dauer unerträglich. Gute Väter sind auch bedürftige Wesen. Sie brauchen die Zuneigung und die

Liebe ihrer Kinder. Die Zärtlichkeit der Kinder fördert die Vaterschaft der Väter. Und hier gleichen sich Gott und die irdischen Väter. Gott ist bedürftig, und er braucht unsere Liebe. Ein unbedürftiger Gott, der nur aus Überlegenheit besteht, ist ein unerträglicher Gott. Wir müssen den Gedanken neu lernen, dass Gott um unsere Liebe bettelt, wie es jeder Liebende tut. Nur der Teufel ist sich selbst genug.

Und erlöse uns von dem Bösen

Es gibt das Böse, dessen Autor oder zumindest Koautor man ist und aus dessen Gefangenschaft man sich doch nicht selber befreien kann. Dazu gehört etwa die Schuld, etwas nicht zu wissen und zu bemerken. Von den größten Verbrechen gegen die Juden mögen in der Nazizeit nur wenige gewusst haben. Aber dieses Nicht-Wissen kam auch zustande, indem man sich weigerte, die Ersichtlichkeiten zur Kenntnis zu nehmen. Den Aufruf zum Boykott jüdischer Geschäfte konnten alle lesen. Man konnte lesen, dass Juden ihre Fahrräder, Musikinstrumente und Haustiere verboten waren und dass sie nicht auf öffentlichen Parkbänken sitzen durften. Man hat die antijüdischen Klischees in den christlichen Predigten gehört, und weil man dagegen nicht protestiert hat, hat man sie bald nicht mehr wahrgenommen. »Wir haben nichts gewusst!« haben viele nach dem Krieg gesagt. Ja, es stimmt. Aber da erhebt sich die eigentliche Frage: Warum haben wir nichts gewusst. Es entstand ein Zustand der Verblendung, in dem die Wahrheit verloren war. Es gibt die »geheimen Sünden«, deren Autor wir sind und die doch vor uns selber verborgen sind.

Aber auch die, die nicht im unmittelbaren Sinn Autoren solcher Schuld sind, leben oft unter dem nur schwer erkennbaren Horizont des Bösen. Sie sind darin eingeschlossen, und es ist schwer, sich daraus zu befreien. Den Begriff Erbsünde finde ich immer noch zutreffend für diesen Zustand. Menschen haben einen Zusammenhang von Blindheit, Unwissen und Schuld geerbt, unter dem sie schuldlose Schuldige sind. Sie leben unter einem solchen Ausmaß an Dummheit, dass sie nicht aus ihr heraustreten und sich selber erkennen können. Fast nie kommt das Böse als reine Bosheit. Es kommt unter Masken, hinter denen alle ethischen Wahrheiten verloren gegangen sind. Es kommt mit einer verrückten Logik. Die KZ-Ärzte töteten nicht einfach und wussten sich als Mörder. Töten fassten sie als eine andere Art des Heilens auf. Sie trugen dazu weiße Kittel wie am Krankenbett. Es gibt logisch-systematische Wahnvorstellungen, die eine große Überzeugungskraft haben. Es gibt andere Fälle einer verrückt gewordenen Logik. Ich zähle dazu die Logik der Aufrüstung; den Zwang, sich unverwundbar zu machen; den Glauben daran, dass Stärke und Gewalt die eigentlichen Lebensgarantien sind. Erlöse uns vor unserer eigenen verrückt gewordenen Logik!

Manchmal können nur große Katastrophen aus solchen Zusammenhängen der Schuld retten. Aber oft ist auch die Katastrophe eine schlechte Lehrmeisterin. »Erlöse uns von dem Bösen!« Es ist der Schrei nach Befreiung von sich selber. Es ist der Wunsch, die fatalen Zusammenhänge zu durchbrechen und das Gewissen neu zu lernen. Das Gebet lehrt uns wenigstens den Gedanken, dass wir in Dummheit und Bosheit verwickelt sein könnten, die wir selber noch kaum erkennen; die vielleicht erst unsere Kinder und Enkel erkennen. Dieser Gedanke könnte uns nachdenklich und skeptisch uns selber gegenüber machen. Vielleicht könnte der Gedanke uns Furcht und Zittern lehren vor der zukünftigen Frage unserer Enkel und Kinder: Wo warst du damals, mein Vater? Wo warst du, meine Großmutter?

Gibt es »das Böse«? Manchmal stockt einem der Atem vor besonderen Konzentrationen der Bosheit. Ich denke an die Engländerin, die fünf Kinder ermordet hat. Sie hat die letzten Schreie eines ihrer Opfer auf Tonband aufgenommen und diese den Eltern des Kindes vorgespielt. Ich lese das Gutachten über die Herstellung von Speziallastwagen, in denen zunächst die Opfer der Nazis vergast werden sollten. Ich lese, wie die Ingenieure vom Stückgut sprechen. Damit sind Menschen gemeint. Ich lese, wie sie von der Betriebsdauer sprechen. Damit ist die Zeit des Erstickens dieser Menschen gemeint. Sie haben die Sprache in diesen neutralen Ausdrücken tränenfrei gemacht. Das Böse hat diese Menschen ergriffen. Wie soll man es anders nennen? Wie verständlich der Schrei: »Erlöse uns von dem Bösen!«

Gewöhnlich aber kommt »das Böse« in kleinen Schritten,

es kommt banal und kläglich daher – als Verweigerung, als Feigheit, als Dummheit, als Angst, als Gier, als Selbstverliebtheit, als Fühllosigkeit. Dieses verstehbare Böse kann sich allerdings zu Zeiten bündeln wie die Farben des Spektrums zum weißen Licht des abgründig Bösen. Das Gebet um die Erlösung von der eigenen Bosheit ist das Eingeständnis, dass wir nicht jederzeit Meister unserer Selbst sind und dass wir verfangen sind in Bosheitsgeflechten, aus denen wir uns kaum befreien können.

»Erlöse uns von dem Bösen!« Die Bitte des Vaterunsers ist die Nachbarin der anderen Bitte: »Vergib uns unsere Schuld.« Vom Bösen erlöst zu werden, ist auch die Bitte um die Befreiung von der eigenen verspielten Vergangenheit. Würde und Mut gehören dazu, sich selbst als Schuldigen zu sehen und zu bekennen. Würde: je mehr ich mich selbst als Subjekt verstehe, um so weniger kann ich meine eigene Bosheit als Nebensächlichkeit oder als Panne erklären. Nach dem Krieg hat man sich oft die eigene Subjektivität abgesprochen; man hat sich selber in eine hilfreiche Nichtigkeit hineindefiniert, nur um der eigenen Schuld auszuweichen. Man hat sich als Rädchen im Ganzen definiert; als einen, der nur gehorcht hat und nichts machen konnte. Es ist schwer, die eigene Bosheit zu erkennen und nicht in Panik zu geraten. So erklärt man sich lieber krank, unzurechnungsfähig und zu einem Nichts, als zur eigenen Schuld zu stehen. Es gehört Mut zu dem Geständnis: Ich bin der Mensch! Vielleicht gehört wirklicher Glaube an Gott dazu, zur eigenen Schuld zu stehen und zu wissen, dass das Geständnis einen nicht vernichtet. Man liefert sich aus, und man macht sich treffbar im Geständnis. Man begibt sich in die Hand von anderen, in die Hand von Menschen oder in die Hand Gottes.

Es gibt Dinge, über die man nicht Herr und Meister ist. Man kann sich selber nicht schön finden, bevor uns einer schön gefunden hat. Man kann sich selber nicht lieben, bevor uns einer nicht geliebt hat. Man kann sich selber nicht vergeben, bevor uns einer nicht vergeben hat. Je geistiger ein Wesen ist, desto bedürftiger ist es. Der Liebe und der

Vergebung zu bedürfen, ist nicht unser Makel, sondern unsere Freiheit. »Erlöse uns von dem Bösen!« heißt: »Tue, was ich nicht tun kann! Reiß mich heraus aus meiner verspielten Vergangenheit. Gib mir ein neues Herz und einen neuen Geist!« In unserer kirchlichen Vergangenheit haben wir Wörter wie Sünde, Schuld, Buße und Vergebung lange als Begriffe gebraucht, die den Menschen demütigten und klein machten. So verstößt man sie oft aus dem Sprachgebrauch der Gegenwart. Damit ist nichts getan. Wir müssen die Sprache retten, die zur Würde und zur Größe des Menschen gehört. Wir müssen sie für unsere Schüler und Schülerinnen retten. Unsere Gefahr in der säkularen Schule ist nicht, dass wir wie früher Kinder mit theologischen Begriffen demütigen. Unsere Gefahr ist, dass wir unsere eigene Lehre so »niederschwellig« (Das Unwort der letzten Jahre!) machen, dass alle Anstößigkeit daraus verschwunden ist, damit allerdings auch aller Ernst.

»Erlöse und von dem Bösen!« Vielleicht hat es jener Schwarze gerufen, als er von Terrorbanden gejagt gegen eine Glastür rannte und verblutete. Er wurde nicht erhört. Er starb an seinen Wunden. Ich kann mich nicht damit trösten, dass er auf eine andere und höhere Weise erhört wurde. Ich kann mich nicht mit dem Gedanken trösten, dass Gott irgendwann gut macht, was dem Schwarzen hier angetan wurde. Vergossenes Blut ist nicht wiedergutzumachen. Es schändet die Erde, die es getrunken hat. Es schändet Gott. Gott erhört unsere Gebete nicht. Wir beten um die Vermeidung von Krieg, aber er kommt. Wir bitten, dass das krebskranke Kind vom Tod verschont wird, aber es stirbt. Wir beten darum, dass den Profiteuren das Handwerk gelegt wird, aber das 15jährige Mädchen in Honduras, das für ein paar Dollar 13 Stunden am Tage arbeiten muss, wird von seiner Qual nicht befreit. Die Profiteure haben weder eine schlechte Verdauung noch ein schlechtes Gewissen. Sie hören Mozart und spielen mit ihren Kindern.

Erlöst Gott von dem Bösen? Vielleicht gibt es hier und da Gebetserhörungen, und ich will nichts sagen gegen das, was Menschen als solche interpretieren. Die Frage aber nach den gewöhnlich unerhörten Gebeten wird dadurch nur noch schärfer, die Frage des Psalms: Warum schläfst du, Gott? Ich schreibe dies nicht in theologischem Leichtsinn. Viel lieber würde ich einstimmen in die allgemeine Erklärung, die die Risse wieder kittet: Gott hat trotz allem die Zügel in der Hand und lenkt alles auf seine höhere Weise zum Guten. Ich möchte eine Erklärung, einen Trost, und ich finde keinen. Vielleicht kann man erst ernsthaft anfangen, über das Beten und über die Vaterunserbitte zu sprechen, wenn man die Vertröstungen aufgegeben hat.

Warum bete ich dennoch: Erlöse uns von dem Bösen! Ich widerspreche damit der einfachen Feststellung, die ich getroffen habe: Gott erhört keine Gebete. Die Bergung der Opfer ist mir wichtiger als meine Widerspruchsfreiheit. Ich kann es mir nicht erlauben, auf den alten Schrei zu verzichten: »Erlöse uns vor dem Bösen!« Weil ich die Opfer nicht Opfer sein lassen kann, darum bete ich für sie (und für mich). Darum hoffe ich für sie (und für mich). Darum gehe ich eine Wette ein: nichts fällt endgültig in eisige Abgründe, und keine Träne ist umsonst geweint. Ich wette gegen mich selbst und gegen meine eigene Hoffnungslosigkeit. Ich widerspreche nicht mit der Sprache der Argumente. Ich widerspreche, indem ich bete. Behaupten kann ich nicht, dass keiner verloren geht. Aber beten kann ich: Du lässt keinen verloren gehen. Behaupten kann ich nicht: es wird eine Stadt kommen, aus der die Seufzer geflohen sind. Aber beten kann ich: Du wirst alle Tränen abwischen. Das Gebet ist die Sprache, die aufs Ganze geht.

Es gibt Sachverhalte, die sich nicht durch ihre Erfolge ausweisen können und rechtfertigen lassen. Es sind meistens die köstlichsten – ein Kuss zum Beispiel, eine Umarmung, die Blumen, die ich für meine Geliebte pflücke, die Lieder, die Musik, die mich entzückt. Wollte ich sie durch ihre Effizienz rechtfertigen, so würde ich ihren Geist verfehlen. Zu diesen köstlichen Nutzlosigkeiten gehört das Gebet. Es hat keine Zwecke. Allein schon deswegen ist es mir lieb in einer funktionalistischen Gesellschaft. Es ist allerdings darum auch so schwer, über das Gebet zu reden. Was einen Effekt hat, das kann man leicht einsichtig machen und empfehlen. Das Gebet rechtfertigt sich nicht dadurch, dass es möglicherweise erhört wird, und darum höre ich auch nicht auf zu beten, nur weil ich nicht erhört werde. Im Gebet stürze ich mich mit allen Schmerzen und allem Jubel, mit allen Wünschen und mit meinen Klagen in den Grund der Welt. Ich breite mich vor Gott aus, und ich werde Mensch, indem ich nicht stumm bleibe. Ich will nichts, ich rechtfertige nichts, ich bezwecke nichts, ich beabsichtige nichts, ich bin vor Gott. Man glaubt nicht, indem man Argumente für den Glauben sammelt; man glaubt nicht, indem man Sätze für wahr und richtig hält. Man glaubt, indem man betet. Auch der letzte Schrei der Verzweiflung lebt vom Glauben, dass der Grund der Welt Sprache und Gehör ist. Es kommt nicht darauf an, es für richtig zu halten zu beten; es kommt darauf an, den Akt des Betens als eine Schönheit zu entdecken. Es ist schön, nicht in stummer Verkrümmung zu leben, sondern in Klagen, Seufzern, Schreien Gott zu bedrängen, Gott zu werden. Es ist schön, in Dank und Jubel, den Glanz der Welt sichtbar zu machen und dem Leben vorauszuspringen. Die Kühnheit ist schön, im Angesicht Gottes nichts ungesagt zu lassen.

Die Phantomschmerzen der Kirchen
Die Trennung im gemeinsamen Mahl

Ich bin in einer katholischen Welt groß geworden, in der die Hochschätzung der Eucharistie selbstverständlich war. Man hatte in dieser Welt nicht viel Glaubenswissen. Wenn man etwas wusste, dann das, was mit der Messe zusammenhing: dass es die Wiederholung des Kreuzesopfer sei; dass es eine Stelle besonderer Gnade sei; dass Gott dort so definitiv gegenwärtig sei wie ich in meiner eigenen Haut. Es war übrigens nicht nur ein schönes und warmes Wissen. Wer das Reglement um die Eucharistie verletzte, konnte in panische Angst verfallen: wer das Nüchternheitsgebot verletzte; wer sich im Stande der Todsünde glaubte, oft aus lächerlichem Anlass; wer als Priester nicht wusste, ob er auch korrekt jeden Buchstaben der Abendmahlsworte ausgesprochen hatte. Ich bin froh, dass es im Katholizismus so etwas wie eine eucharistische Abkühlung gegeben hat. Aber diese Kritik ist nicht die Haupterinnerung. Die Hauptsache war dieser Ort der Berührbarkeit des Geheimnisses.

Eine Befreiung aus eucharistischer Überdeterminierung habe ich auch in einem Benediktinerkloster erfahren, wo es natürlich die tägliche Messe gab; anfangs sogar die täglich 40 -50 Messen, die von den einzelnen Priestern gelesen wurden. Aber es gab keine spezielle Sakramentenfrömmigkeit. Es gab keine »Aussetzung«, keine öffentliche Verehrung des Brotes. Nach einem halben Leben im Katholizismus konvertierte ich (aus äußeren Notwendigkeiten, nicht aus inneren), und ich erlebte die ganze Beiläufigkeit des Abendmahls im Protestantismus. In der Rheinischen Kirche war es damals ein Anhängsel des Gottesdienstes, zu dem nur noch wenige Kirchenbesucher blieben. Dieser Teil des Gottesdienstes bestand nur noch aus einigen liturgischen Überschriften, sinnlos zusammengestellt.

Zurückblickend sehe ich mit Erstaunen, dass sich der Stil meiner Frömmigkeit und die Art meiner Bedürfnisse in der evangelischen Kirche verändert hat. Ich habe mir angewöhnt, nicht nur das eucharistische Brot zu essen, sondern auch andere Brote: die Bibel, die protestantischen Choräle, und sie ernähren mich. Es gibt offensichtlich unterschiedliche Frömmigkeitsstile, die nicht gegeneinander auszuspielen sind. Es gibt Dialekte der Frömmigkeit, in denen die Bedeutung des Abendmahls unterschiedlich ist. Die Sakramentenfrömmigkeit des Protestantismus ist undeutlich, vielleicht auch unterentwickelt, vielleicht auch gelegentlich lächerlich in der Praxis. Aber dieser Protestantismus hat andere Begabungen, und er braucht vielleicht weniger diesen Frömmigkeitsstil. Schon allein deswegen brauchen sich diese beiden Kirchen; denn die Begabung der einen dient der Schwäche der anderen. Ich glaube nicht, dass der Protestantismus eine eucharistische Frömmigkeit braucht, wie der Katholizismus sie hat, aber er braucht den Katholizismus in seiner anderen Begabung, so wie dieser den Protestantismus braucht. Vereinigung dieser beiden Kirchen heißt nicht Angleichung bis zur Unkenntlichkeit. Es heißt vielmehr, dass das Charisma der einen der Bedüftigkeit der anderen dient.

Ich möchte von zwei Begabungen des Glaubens sprechen, einer katholischen und einer evangelischen. Die katholische: Die Katholiken glauben, dass das Geheimnis Gottes so Fleisch geworden ist, dass man seine Stelle nennen kann; dass man es berühren kann; dass man eine Lampe – das ewige Licht – anzünden kann, wo es wohnt; dass man es auf die Straße tragen und es in einem Blumenmeer verehren kann, wie es an Fronleichnam geschieht. Dies ist ein anderer Umgang mit dem Sakrament, den ich achte, ohne dass es meine Form sein muss. Ich wünsche aber, dass sich diese katholische Begabung an einer anderen, der evangelischen reibt. Diese Begabung des Glaubens warnt vor den Festlegungen und vor den falschen Eindeutigkeiten. Gott ist in seinem Geheimnis gegenwärtig, aber du kannst ihn nicht fassen noch auf eine Stelle bannen. Du kennst den Namen dieses Geheimnisses nicht. Es ist nie genau an eine Materie, an ein Ritual und an einen Ort zu binden. Hüte dich also vor den falschen Festlegungen! Beide Begabungen des Glaubens haben ihr Recht und ihre Gefahr. Die Gefahr des Katholizismus ist die der ritualistischen Handhabung des Geheimnisses. Die Gefahr des Protestantismus ist die Unkonkretheit. Könnte es sein, dass vor lauter Scheu vor Festlegungen das Geheimnis nur als sagbares besteht, nicht aber als zeigbares? Wo bleibt die Heiligkeit der Dinge – des Raumes, der Zeit, der Orte? Könnte es sein, dass das fruchtbare und unentbehrliche Prinzip der Negation gelegentlich zur furchtbaren Entwichtigung aller Vorläufigkeiten wird? Wir brauchen einander. Wenn wir miteinander das Brot teilen dürften, dann könnten wir einander helfen, und es könnte doch jede Konfession mit ihrer Begabung und mit ihrer Schwäche bestehen bleiben. Wir wollen ja nicht gleich werden, wir wollen eins werden.

»Wenn wir das Brot teilen dürften«, sagte ich. Wer verbietet es eigentlich? Wer glaubt eigentlich wirklich, dass wir so getrennt sind, dass wir das Sakrament miteinander nicht nehmen dürften? Vielleicht erstaunen diese Fragen. Ich möchte einige Beispiele nennen, die sie verständlich machen:

– Vor kurzem habe ich erlebt, wie ein evangelischer Bischof in einer katholischen Messe kommunizierte und dann zusammen mit dem Priester die Kommunion austeilte.
 Was tun sie, und welche Lehren lehren sie?
– Vor einiger Zeit war ich auf einer Tagung. Das evangelische Abendmahl wurde gefeiert, und alle anwesenden katholischen Theologieprofessoren gingen zum Abendmahl.
 Was tun sie, und welche Lehren lehren sie?
– Vor einiger Zeit war ich auf einer katholischen Tagung, auf der auch einige katholische Bischöfe waren. Die Messe wurde gefeiert, und die Bischöfe luden mich ausdrücklich zur Kommunion ein. Ich bin nicht nur evangelisch, sondern aus römischer Sicht auch exkommuniziert.
 Was tun sie, und welche Lehre lehren sie?

– Mein letztes Beispiel: Ein italienischer Bischof lädt eine kleine Gruppe von Wissenschaftlern ein und bespricht mit ihnen moraltheologische Probleme. An einem Morgen hält der Bischof die Messe für seine Gruppe. Ein protestantisches Mitglied fragt ihn, ob auch er kommunizieren dürfe. Der Bischof antwortet: »Wer viel fragt, bekommt viele Antworten.« Und der Professor darf kommunizieren.

Was tut der Bischof, und welche Lehre lehrt er?
Bei meinen ersten Beispielen habe ich keine Namen genannt. Für dieses letzte nenne ich sie:

Der Professor heißt Krystof Morin, er ist ein polnischer Mathematiker. Der Bischof heißt Johannes Paul II., Bischof von Rom und Papst. Ort des Geschehens Castel Gandolfo.

Noch einmal meine Frage: wird das Verbot des gemeinsamen Mahles nicht allmählich eine Lehre ohne Subjekte, die sie tragen und glauben? Ist dieses Verbot nicht ein inhaltsloses Ritual geworden? Unter den Theologen auf beiden Seiten muss man die strikt Verbietenden mit der Lupe suchen; unter den Theologinnen eh'. Eine andere Frage ist allerdings, ob sie alle sagen, was sie denken und glauben.

»Einheit ist immer nur zu haben als Ringen um die Einheit«, sagte die katholische Theologin Theresa Berger auf dem Kirchentag bei einer Diskussion über die Möglichkeit des gemeinsamen Mahles. Das ist ein Satz, der nicht nur zwischen den Konfessionen gilt; er gilt auch in der eigenen Konfession. Frau Berger brachte als Beispiel Pinochet, mit dem sie sich nicht »eucharistisch geeint« fühlt trotz der gemeinsamen Konfession. Ich bringe ein Beispiel aus der evangelischen Kirche: Als in der Nacht vom 9. zum 10. November 1938 die deutschen Synagogen brannten, feierte dies der damalige thüringische evangelische Landesbischof als »gutes Geschenk« zu Luthers Geburtstag am 10. November. Was, um Gottes Willen, sollte mich mit jenem Menschen einen, trotz des vielleicht einheitlichen Glaubensbekenntnisses? Eine Konfession und getrennt im Glauben! Und andersherum: es gibt so viele Menschen, die von uns verschieden in der Konfession sind und mit uns eins im Glauben.

»Einheit ist immer nur zu haben als Ringen um die Einheit!« Der Satz hat seine Wahrheit, und er ist irrig. Die Einheit ist da vor allem Ringen und vor aller Herstellung in unserem Herrn und Bruder, der seine Kirche stärkt und tröstet. Wir alle berufen uns auf Oscar Romero und Martin Luther King. Die Einheit ist da, wenn wir die Geschichten der Tradition hören und die Lieder der Toten singen. Die Einheit ist da, wenn wir in den verschiedenen Dialekten des Glaubens die Bibel lesen. Nein, der Skandal ist nicht, dass die eine Kirche noch nicht da wäre. Der Skandal ist die Behauptung, die Kirchen seien getrennt und darum dürfe man das Abendmahl nicht gemeinsam nehmen. Wir stellen unsere Würdigkeit für den Empfang dieses Brotes nicht selber her. Wir stellen die Einheit, die für das gemeinsame Brot nötig ist, nicht selber her. Es liegt uns etwas vor, das wir nicht selber gemacht haben und das vor all unserem eigenen Ringen liegt. Wir werden als Theologen auch einmal gefragt werden, ob wir Menschen nicht in falsche Fragen verstrickt und sie damit von den richtigen abgelenkt haben.

Ich versuche an einer kleinen Geschichte den eigentlichen Grund für das gemeinsame Mahl zu nennen. Als ich Student war, habe ich einmal mit einem Freund eine Wanderung durch das obere Donautal gemacht. Wir waren lange unterwegs, wir hatten kein Geld mehr, und wir hatten Hunger. Schließlich kamen wir in einen Ort, in dem auf einem Bauernhof eine große Hochzeit gefeiert wurde. Wir witterten unsere Chance und schlichen uns in die Hochzeitsgesellschaft ein. Man hielt uns für ärmliche Vettern der Braut. Wir waren nicht geladen, wir hatten kein hochzeitliches Gewand. Aber wir aßen und tranken und wurden satt. Ganz hat man uns nicht getraut. Aber mit einem Augenzwinkern ließ man uns.

Was hat das mit dem Abendmahl zu tun? Alles! Wir sind nicht die Hersteller unserer Würde für dieses Mahl. Gott zwinkert mit dem linken Auge und sagt: Komm her, du

Lump! Iss und trink und tanze, so viel du willst! Gottes Augenzwinkern stellt unsere Würde her, nicht unsere sittliche Reife, unsere theologische Erkenntnis und nicht unsere Frömmigkeit. Daraus folgt ein Wunsch: schließt niemanden von diesem Mahl aus, der Hunger hat! Schließt unsere kleinen Kinder nicht aus; schließt die schwer geistig Behinderten nicht aus, wie es manchmal geschieht!

Gottes Augenzwinkern stellt unsere Würdigkeit her, und dieses ist die Voraussetzung für das gemeinsame Mahl auch für die, die in den Glaubensformulierungen verschieden sind. Ich vermute einmal, dass der Humor Gottes es ganz gut aufnehmen kann mit unserer sogenannten Getrenntheit im Glauben. Esst nur miteinander!, sagt er. Einmal werden auch eure Bischöfe und Theologen merken, dass es zusammen besser schmeckt, als wenn jeder seine Suppe allein kocht und isst. Mein Wunsch also: lasst nicht zu, dass ihr in falsche Fragen verstrickt werdet, und lasst euch eure Freiheit nicht rauben! Esst und trinkt zusammen, denn das Mahl ist für euch Lumpen bereitet! Es ist das große Vorspiel der endgültigen Einheit.

Das Mahl ist das große Vorspiel der Einheit der Menschen, die im Frieden und in der Gerechtigkeit besteht, und nicht in einigen dürren Glaubenssätzen. Das Mahl erinnert uns an die versprochene Zukunft, in der das Lamm nicht mehr vom Löwen gerissen wird; in der unsere Kinder ohne Schaden am Loch des Otters spielen und in der die Spieße und Schwerter in Winzermesser umgeschmiedet sind. So wünsche ich, dass dieses Mahl nicht die falsche Zukleisterung unserer wirklichen Trennungen ist, sondern Salz in unserer offenen Wunde. Es möge uns erinnern, was aussteht: dass wir den Krieg verlernen; dass wir ein Volk sind, das die Weisungen Gottes gelernt hat; dass die Umherirrenden eingesammelt und die Lahmgeschlagenen einen Neubeginn haben. Ich wünsche, dass wir an diesem Mahl des Friedens weinen lernen über den Krieg.

Ein anderer Wunsch für das Mahl: ich wünsche, dass es dort, wo sich die Geschwister treffen und wo sie miteinander essen, laut und lustig zugeht so wie auf meinem

Bauernhof an der Donau. Ich wünsche, dass man das Brot als Brot erkennen und den Wein als Trunk, und nicht nur als eine Lippenbenetzung, jedenfalls gelegentlich soll es so sein. Christus, der dieses Mahl gestiftet hat, hat man einen Fresser und Säufer genannt. Ich glaube nicht, dass er zufrieden wäre mit einem Mahl, das man als Mahlzeit eher glauben als genießen kann.

Ich habe einen anderen Wunsch an das Mahl, und er ist mit dem eben genannten kaum zu vereinen: Ich wünsche uns Ehrfurcht vor dem Bot und dem Wein. Gott steigt herab: Er verliert sich bis in unsere Speise und unseren Trank. Das Abendmahl wünsche ich auch als eine Stelle der Stille und der großen Verwunderung:

Gott ist gegenwärtig,
lasset uns anbeten,
und in Ehrfurcht vor ihn treten.
Gott ist in der Mitten,
alles in uns schweige
und sich innigst vor ihm beuge.

Im Protestantismus werden selten Orte und Zeiten und Vorgänge geehrt. Alles soll im Geist und in der Wahrheit geschehen. Das ist theologisch richtig. Aber es könnte uns dazu verführen, die Sinnlichkeit der Vorgänge nicht mehr ernst zu nehmen.

Ich wünsche, dass wir beim Abendmahl das Geheimnis ehren. Es soll nicht der Ort narzisstischer Selbstfeier einer Gruppe sein, sondern der Ort der Zuneigung Gottes zum Menschen und des Menschen zu Gott; darum auch der Ort der Zuneigung der Menschen zueinander. Darum der Ort des Essens, des Trinkens, des Tanzens und der Musik so wie auf unserem schwäbischen Bauernhof.

Und noch ein letzter Wunsch: Dieser Weißbrotgottesdienst hier auf dem Kirchentag soll euch nicht dazu verleiten, die Graubrotgottesdienste bei euch zuhause zu verachten. Geht hin! Wenn man lange auf Graubrot kaut, wird es süß. Wenn man es nur selten genießt, schmeckt es bitter.

Auf dem Kirchentag in Stuttgart wurden Vorschläge gemacht für den evangelisch-katholischen Kirchentag im Jahre 2003. Man überlegte ein eucharistisches Fasten oder einen eucharistischen Hungerstreik, wenn das gemeinsame Mahl schon nicht erlaubt sei. Man schlug vor, Milch und Honig, Salz und Brot zu teilen statt Brot und Wein. Ich glaube zwar nicht, dass Salz und Brot zu teilen ein dünneres Mahl ist, als Brot und Wein zu teilen. Aber sollten wir uns wirklich von kirchlichen Behörden eine Wahrheit diktieren lassen, an die wir nicht mehr glauben, und ich sage dazu: an die die meisten Vertreter dieser Behörden nicht mehr glauben? Beispiele habe ich genannt. Es ist Zeit, dass wir Gott gehorchen. Es ist Zeit, dass wir an die Einheit glauben, die in ihm selber ihren Grund hat. Ich sage es auch von uns als Volk Gottes: wir sind dafür verantwortlich, dass wir uns in falschen Fragen nicht selber fesseln; dass wir nicht unsere Kräfte verschwenden und am »Konsens von vorgestern« arbeiten, wie Ernst Lange es nannte. Geht zum Abendmahl, ihr Katholiken! Geht zur Kommunion, ihr Protestanten! Und ihr werdet sehen, dass ihr es tun könnt. Am Ende leuchtet nur das ein, was man wirklich tut.

Zuversicht

Eine Anekdote der Zuversicht aus dem Jahr 1983, dem Höhepunkt der Friedensbewegung: der amerikanische Jesuit und Bürgerrechtler Daniel Berrigan, der seit Jahrzehnten für den Frieden und für soziale Gerechtigkeit arbeitet und wegen dieser Arbeit mehrmals im Gefängnis war, wollte sich nach einem Gefängnisaufenthalt und nach einer längeren Vortragsreise bei Freunden ausruhen. Es kam ein Anruf aus einem Friedenscamp, in dem einige Hundert Jugendliche zusammen waren. Sie wollten ihn hören, und seine Freunde meinten, er müsse dahin und für den Friedensgedanken werben. Er lehnte entschieden ab und zog statt dessen zur Verblüffung dieser Freunde einen Konzertbesuch vor. Er sagte gelassen: »Wenn die Friedenssache an mir allein hängt, dann ist sie sowieso verloren.«

Eine zweite Erinnerung habe ich an diesen Menschen. Sehr früh, schon beim Anfang des Vietnamkrieges, hat Berrigan eine Karfreitagsprozession durch Manhattan organisiert. Menschen trugen ein Kreuz durch die Stadt, sie hielten an Stationen, die eine Bedeutung für diesen Krieg hatten, an einer Bank, an einem Rekrutierungsbüro, an einem Kriegsschiff, das im Hafen lag. Sie beteten dort. Es war eine Art Exorzismus, mit dem sie gegen die Selbstverständlichkeit des Krieges kämpften. Jahrelang hat Berrigan diesen Gang mit einer Handvoll Menschen gemacht, die die Lächerlichkeit der kleinen Schar nicht scheuten. Viel später erst wurde diese Prozession von Tausenden wahrgenommen und besucht.

Wie behält ein Mensch bei einer solchen Arbeit über Jahre die Zuversicht, dass sie einmal Erfolg hat? Wie kommt ein Mensch, der seit vielen Jahren leidenschaftlich für den Frieden arbeitet und seine Existenz dafür aufs Spiel setzt, zu dieser Gelassenheit. Er hat die widersprüchliche Fähigkeit, sich für entbehrlich und sich für unentbehrlich zu halten. Er hält es für unentbehrlich, sein Herz und seine Hände in den Dienst des Rechts und des Friedens zu stellen. Er weiß, dass er mit Gott das Leben wärmen muss. Er weiß, dass dieser Gott seine Hände und seine Arme braucht. Aber er weiß auch, dass er nicht allein ist und dass er den Frieden nicht herbeiprügeln muss. Er ist nicht einsames Subjekt, das einen Weltenkampf kämpfen muss. Er hat Geschwister, auf die er sich berufen kann. Für seine Lebenszuversicht muss er nicht allein stehen. Er kann sie auch seinen Geschwistern, die mit ihm arbeiten, von den Lippen lesen. »Allein bist du klein!« – dieser politische Slogan ist zugleich eine religiöse Wahrheit. Unser Lebensmut hängt auch davon ab, ob Menschen ihn uns mitteilen und ob wir ihn mit Menschen teilen. Daniel Berrigan ist Jesuit und Katholik. Er kommt aus Traditionen, in denen man nie hauptsächlich auf sich allein gesetzt hat. Man lebt in Zusammenhängen, gestützt, getragen, getröstet, korrigiert (und gelegentlich tyrannisiert) von der Kraft von allen. Sich in solche Zusammenhänge zu bergen, heißt, sich selber nicht absolut setzen müssen, weder die eigene Kraft noch die eigene Weltsicht noch die eigenen Niederlagen. Es ist immer mehr da als die eigene Kargheit, als der eigene Witz und die eigenen Untergänge. Zuversichtlich in seinen Absichten und Lebensoptionen kann man nur sein, wenn man sie mit anderen teilt und wenn sie aufgehoben sind im Kreis von vielen.

Es kann keine Zuversicht geben, wenn man nur von sich selber aus denkt und wenn man nur die eigenen Lebenskräfte für das Gelingen einer Sache veranschlagt. Erst wenn man in Zeitläufen denken kann, die das eigene Subjekt übergreifen, behält man den Lebensmut. Nach ihren Niederlagen im Kampf um Gerechtigkeit haben die Bauern in den Bauernkriegen gesungen: »Geschlagen ziehen wir nach Haus, unsere Enkel fechten's besser aus!« Sie behalten ihre Zuversicht darauf, dass es einmal das Recht für alle geben wird, weil sie wissen, dass sie nicht die Ersten und nicht die Letzten sind. Es hat Menschen vor ihnen gegeben, die am Recht gearbeitet haben. Es wird Menschen nach ihnen geben. Wenn man gezwungen ist, einzig und einzigartig zu sein, dann zerschellt unser Mut an den eigenen geringen Kräften. Zuversicht auf das Gelingen des Lebens kann nur der bewahren, der sich langfristig machen kann. Eine Tradition haben und sich auf sie berufen, das heißt sich langfristig machen. Eine Tradition haben, heißt an die Stelle der Toten treten; nicht nur um ihre Lebensarbeit fortzusetzen, sondern auch um sich von ihren Hoffnungen zu ernähren und um an ihrem Lebensmut Anteil zu haben.

Dies nun ist nichts anderes als ein Plädoyer für die Liebe zur Kirche. Kirche – das heißt Geschwister haben und Tote haben. Wir berauben uns der eigenen Kraft und wir verspielen kostbare Schätze, wenn wir bei Kirche und Tradition nur noch negative Assoziationen haben und wenn wir den Begriff Kirche beschränken auf die Kärglichkeit von Kirchenleitungen. Man müsste die Kraft haben, ein Freigeist zu sein, der sich durch Traditionen und durch das Diktat des Ganzen nicht bannen ließe. Und man müsste die Kraft haben, ein hungriger und ein demütiger Freigeist zu sein, der es aufgegeben hat, sich selber zu genügen, und der seine Lebenszuversicht ernährt von den Broten, die ihm die Toten gebacken haben, und von dem Wein, den ihn die lebenden Geschwister trinken lehren. Wir haben keine Zeit mehr, uns darin zu erschöpfen, die Schmutzspuren unserer Vergangenheit und Traditionen zu beklagen. Spätestens unsere Enkel werden uns fragen, ob wir ein Erbe für sie haben oder ob wir uns mit genüsslicher Selbstbeweinung begnügt haben.

Dürfen wir die Tiere segnen?

»Niemals tut man so vollständig und so gut das Böse, als wenn man es mit gutem Gewissen tut.« (Pascal) Was alles haben wir den Tieren mit gutem Gewissen angetan? Wir verweigern ihnen die natürlichsten Rechte; züchten sie gegen ihre eigene Natur, wie wir sie brauchen; vernichten sie, damit wir uns mit ihren Fellen schmücken. Und das alles geschieht fraglos, jedenfalls bisher! Welche heillose Arroganz des Menschen, zu glauben, das Wesen der Schöpfung sei, Beute des Menschen zu sein! Je weniger er an Gott glaubt, desto mehr maßt er sich selber das Recht der Omnipotenz an; das Recht, Sieger, Jäger, Erleger, Vernichter und Benutzer allen nicht-menschlichen Lebens zu sein. Auf Dauer zerstören die Sieger sich selber, wenn sie nichts anderes kennen als Sieger und zu Besiegende; Benutzer und Benutzbares. Wir bringen uns um die Geschwisterlichkeit des Lebens, um den Trost der Natur, wenn wir ihr keinen anderen Sinn zuschreiben, als zu unserer Verfügung zu sein. Vielleicht stehen wir heute, wo wir Hunderttausende von Rindern sinnlos vernichten und vor dem Grauen unserer eigenen Macht erschrecken, an der Schwelle eines neuen Lernens: wir könnten lernen, dass die Tiere nicht nur Verfügungsmaterial sind. Die Menschheit lernt langsam, manchmal nur durch Katastrophen. Vielleicht lehrt uns die gegenwärtige Katastrophe, was wir Tieren nicht antun dürfen. Vielleicht zerstört sie endgültig unser »gutes Gewissen« und unsere moralische Blindheit. Die Menschheit lernt langsam. Sehr langsam hat sie gelernt, dass auch die Menschen sind, die nicht zum eigenen Clan gehören; dass die Männer die Frauen nicht wie Dinge behandeln dürfen; dass Menschen anderer Hautfarben nicht minderwertig sind und gekauft und verkauft werden dürfen. Die Beutemacher und Benutzer haben sich gegen die neuen Lehren, dass der Fremde nicht der Feind sein muss, dass die Frau nicht Beute des Mannes und die Schwarzen nicht Beute der Weißen sind, immer auf eine sogenannte Natur berufen. »Von Natur aus« sind die Schwarzen und die Frauen anders! Meistens ist denen zu misstrauen, deren Argument »die Natur« ist. Vielleicht lernen wir jetzt sehen, wie unsere Interessen uns das »gute Gewissen« verschafft haben. Vielleicht finden wir Gesetze gegen die pure Vernichtung der Schöpfung, und vielleicht finden wir Gesten und eine Sprache des Glaubens, die für die Tiere eintritt.

Gibt es ein theologisches Argument für Gottesdienste für die Tiere und für ihre Segnung? Diese Frage stammt noch aus der alten Zeit, in der der Mensch allen Segen, alle Wichtigkeit und den Blick Gottes für sich allein beanspruchte. Sie stammt noch aus der Zeit der Beutemacher. Eigentlich müssen die sich rechtfertigen, die den Tieren den Segen und den Spruch Gottes verweigern. Mein Argument für die Segnung ist einfach: Ich sehe, wie die Tiere leiden; wie sie ihren Tod wittern; wie die Schweine gehalten werden, dass sie zusammenbrechen, wenn sie aus ihren engen Ställen in den offenen Pferch kommen. Das Leiden der Tiere rechtfertigt den Segen. Mir sind alle theologischen Argumente gegen eine solche Segnung vollkommen gleichgültig gegen das große Unglück der Tiere. Ich frage nicht: haben die Tiere Bewusstsein und eine Seele? Sind sie dem Menschen ähnlich oder verschieden von ihm? Vermutlich sind sie uns ja viel ähnlicher, als wir bisher angenommen haben. Die grundsätzliche Verschiedenheit, die »andere Natur« haben wir behauptet, damit wir sie behandeln und benutzen können. Die Tiere sind gequält, und sie leiden. Das ist Grund genug, über ihnen den Namen Gottes anzurufen.

Im Katholizismus hat es Tiersegnungen immer gegeben. Aus protestantischer Sicht fielen sie unter die »Realbenediktionen«, unter die Segnungen von Dingen wie Glocken, Brot oder Wasser. Tiere sind nicht Menschen, aber sie sind auch keine Dinge. Sie sind Wesen, die Schmerzen und Freude empfinden können; die spielen und die Angst vor dem Tode haben; die Treue und Zuneigung kennen. Vollkommene Menschenähnlichkeit sehen wir vor allem in der

Selbstbewusstheit eines Wesens. Aber was heißt Bewusstheit schon gegen die Angst, die ein Wesen empfinden kann, und gegen die Treue, die es entwickelt! Warum eigentlich wollen wir als Menschenwesen so einzigartig sein? Warum fühlen wir uns bedroht, wenn Wesen uns ähnlich sind? Wir sind endlich. Das zu wissen, ist eher eine Erleichterung als unsere Einengung. Wir sind endlich, wir müssen nicht alles sein. Gott allein ist alles in allem. Der Einzigartigkeitswunsch hat unendliches Leid in die Welt gebracht.

Was bewirkt eigentlich ein Segen? Nichts und alles! Nichts: die Frage nach der Wirkung, der »Rendite« des Segens ist magienahe und stört die große poetische Geste. Die besten Sachen sind »sunder warumbe«, sie beabsichtigen nichts, und sie werden durch die Beabsichtigung verdorben. Alles ist im Segen: er ist die große Aufführung der Sehnsucht der Geschöpfe und der Versprechungen Gottes. Wie man an einen Kuss, der die pure Nähe von zwei Menschen zueinander ist, die Frage nach dem Zweck nicht stellen kann, so verfolgt der Segen keine Zwecke, aber er ist das große Spiel der Ankunft Gottes bei seinen Geschöpfen. Wir zwingen Gottes Nähe nicht herbei durch unsere Gesten und Segensformeln. Aber sie spielt sich auf in den Gesten und Worten des Segens. Der Segen spielt, was ist, und er spielt vor, was endgültig sein wird: Rettung, Heil und Bergung des Lebens. Es gibt zwei Segenstraditionen, die beide ihre Würde haben, die protestantische und die katholische. In der protestantischen Tradition ist der Segen eher der Zuspruch der Rettungstat Christi. Er meint den inneren Menschen und sein Heil. In der katholischen Tradition will der Segen auch das kreatürliche Leben bewahren und sichern. Dieser Segen knüpft an die große Schöpfungsgeste Gottes an, mit der er das Licht der Schöpfung gesegnet hat, das Wasser, die »gefiederten Vögel« und den Walfisch: »Gott segnete sie und sprach: Seid fruchtbar und mehret euch!« (1. Mose 1,22) Da wir ja nicht puritanischer als Gott zu sein brauchen, können wir diesen Gottesspruch über das Wasser, über die Tiere und über die ganze sichtbare Schöpfung wiederholen. Es könnte sein, dass die hauptsächliche (protestantische) Beachtung der Innerlichkeit des Menschen, seiner Rettung und seines Heils zur Vernachlässigung der übrigen Schöpfung wird.

Ich möchte mit einem Satz von Bonaventura einen Geist zitieren, der eher im Katholizismus als im Protestantismus seine Heimat hat: »Alles Geschaffene ist Schatten, ist Echo, ist Bild, Spur, Ebenbild und Aufführung.« Nichts also ist nur, was es ist. Alles hat Anteil an der Heiligkeit Gottes, weil es sein Echo und seine Spur ist. Diese Heiligkeit allen Lebens fordert unsere Ehrfurcht und unsere Ergriffenheit. Vielleicht bewahrt diese Auffassung vom Leben – auch von dem Leben der Tiere – uns davor, sie zu benutzen, als hätten sie kein Geheimnis und als seien sie nur Verfügungsmasse für uns. Als Echo Gottes sind sie zuerst für Gott da und für sich. Die Entzauberung der Welt hat dazu geführt, dass wir uns in grenzenlos imperialer Geste alles unterwerfen. Wer kein Tabu kennt und die Heiligkeit der Schöpfung nicht sieht, wird zu ihrem Zerstörer. Der Satz von der Heiligkeit der Schöpfung hat also seine politische Bedeutung. Er hindert uns daran, reine Verfüger und ungebremste Herren zu sein. Könnte es sein, dass, wo Gott der einzige Unverfügbare ist, alles andere bedenkenlos zu unserer Verfügung steht? Die Tiere zu segnen, ihnen die Güte zuzusagen, könnte der Anfang davon sein, gut zu ihnen zu sein.

Wie mich Norbert Sommer lehrte, was Kirche ist

Für Norbert Sommer und sein Ressort habe ich einige Male gearbeitet. Immer wenn ich in meiner saarländischen Heimat war, habe ich am Sonntagmorgen um 9 Uhr seine mutige und klare Sendung gehört. Einmal aber hatte ich mehr von ihm als die reine Lust des Hörens. Ich hörte einen Kommentar von ihm, ich ließ mir ihn schicken, als ich selber einen Artikel für das Hamburger Abendblatt schreiben musste. Wem fällt schon immer etwas ein, wenn er es braucht? Und so ließ ich mich von seinen Gedanken inspirieren. Nein, das ist zu fein ausgedrückt. Ich schrieb ihn schamlos ab in der Hoffnung, dass die Hamburger Zeitung die saarländische Grenzen nie überschritte. Für meine Frau und mich war dies nichts Ungewöhnliches. Wir haben oft voneinander abgeschrieben. Sie nannte das nicht abschreiben. Sie sagte: »Sei froh, dass ich deine Texte verbessere!« Ich habe Norbert Sommer nicht verbessert, ich habe ihn abgeschrieben.

Was aber hat das mit dem Thema Kirche zu tun? Es ist schnell erklärt: In der Kirche wohnt man in einem Haus, in dem man nie völlig für sich selber stehen muss. Man lebt von den Gedanken, den Lebensklugheiten und den Lebenstexten der Geschwister. In der Kirche ist man immer ein Plagiator. Man muss nicht alles selber wissen, man muss sich nicht nur auf sich selber verlassen, man muss sich nicht auf die eigene Dürftigkeit beschränken. Es gibt da die Sommers, die weiblichen und die männlichen, die kleinen und die großen, die jungen und die alten, die lebenden und die toten, die mir zu mir selber verhelfen. Nicht einmal für meinen eigenen Glauben brauche ich selber zu stehen. In den Zeiten der Kargheit lese ich ihn von den Lippen meiner Geschwister ab: ich spreche ihre Texte, ich singe ihre Lieder, ich bete ihre Glaubensbekenntnisse. Keiner zwingt mich, sie völlig mit meiner eigenen Existenz auszufüllen. Ich bin Gast in fremden Häusern, und ich esse am Glaubenstisch der anderen. Manchmal, wenn einen das Leben beutelt, reicht es ja nur noch dazu, dass man unter den Masken der Geschwister den dürftigen Glauben tanzt. Was sollte daran falsch sein? Nur wer unter dem Zwang steht, sein eigener Lebensmeister zu sein und alleiniger Bäcker aller Lebensbrote, wird dies bedenklich finden. Wenn ich Geschwister habe, die für mich stehen, kann ich das Maul gelassen zu voll nehmen. Ich kann mehr sagen, als ich eigentlich verantworten kann, denn ich sage es zugleich mit ihrer Stimme. Und so kann ich singen: Geboren von der Jungfrau Maria - auferstanden von den Toten - aufgefahren in den Himmel - und das ewige Leben! Das Glaubens-Amen sprechen alle dazu, es ist nicht nur meines.

Ich finde es immer etwas dürftig und magermilchredlich, wenn mir einer mit protestantisch-existentieller Grimmigkeit sagt, er könne hinter diesem oder jenem Satz des Glaubensbekenntnisses nicht mehr stehen; er schweige, wenn er gebetet würde. Dieser Mensch bürdet sich die Last auf, alles selbst zu verantworten und nur so viel zu sagen, wie man sagen kann. Aber das Glaubensbekenntnis und die anderen Texte der Kirche sind ein großer Gesang der Hoffnung, den viele Stimmen tragen und bei dem die einzelnen nie so genau wissen, was sie sagen. Alle zusammen singen sich hinein in das Land der Hoffnung, der gestürzten Tyrannen und der abgewischten Tränen. Was soll da die buchhalterische Frage, ob ich exakt hinter einer Formulierung stehen kann oder nicht! Wir sind Kirche, wir singen zusammen, und das verleiht uns Stimme.

Nun habe ich allerdings den Verdacht, dass der unprotestantisierte Sommer mir längst ins Wort fallen und sagen will: so viel Katholizismus nun auch wieder nicht! Wo bleibt die Ehrlichkeit der Sprache gegenüber? Wo bleibt da unser »Hier stehe ich, ich kann nicht anders!« Da erinnere ich ihn an seinen Katholizismus und daran, dass die Hoffnung und die Liebe große Spieler sind. Sie erschöpfen sich nicht in der eigenen Sprache und in den Sagbarkeiten. Sie spielen sich voraus, und sie behaupten immer Dinge, bei denen die Vernunft nur noch mit offenem Mund dasteht und glotzt.

Norbert Sommer wünsche ich meine eigene skrupellose Kunst abzuschreiben, wenn er es nötig hat; abzuschreiben bei der Hoffnung seiner Geschwister, wenn er es braucht.

Psalmen: Die Lieder aus der Fremde

In der hebräischen Bibel findet sich ein Buch mit 150 Gebeten und Liedern, die wir die Psalmen nennen. Ein Teil von ihnen wurde bei den großen Liturgien im Tempel gesungen und gebetet, andere stammen aus Gebetbüchern, die in jüdischen Laienkreisen verwendet wurden. Psalmen sind auch die Grundgebete der christlichen Kirchen. Es gibt keinen Gottesdienst ohne sie, und viele religiöse Lieder sind Nachdichtungen der Psalmen, so etwa das von Beethoven vertonte Lied »Die Himmel rühmen des Ewigen Ehre«. Die Psalmen sind bis in die Alltagsgebete gedrungen, so etwa der 145. Psalm in das Tischgebet:
Aller Augen warten auf dich, und du gibst ihnen ihre Speise zu seiner Zeit.
Du tust deine Hand auf und erfüllest alles, was da lebt, mit Wohlgefallen.
Viele Sprichwörter und Bilder der Alltagssprache gehen auf Psalmen zurück. Der »Heidenlärm« kommt aus dem 2. Psalm, in dem es heißt: »Warum toben die Heiden und murren die Völker so vergeblich?« – »Zum Spott der Leute werden«, stammt aus dem 22. Psalm: »Ich aber ... bin ein Spott der Leute.«

Die Themen der Psalmen sind sehr verschieden. Es gibt Bußlieder, Klagelieder, Siegeslieder. Es gibt Psalmen, die die Feinde verfluchen; die Gott preisen; die seine Schöpfung loben; die mit Gott hadern und fragen: »Wo bist du, Gott?« Es gibt Gebete aus der Krankheit und aus dem Unglück, und es gibt Gebete, die das Leben feiern und es als gut loben. Die Psalmen haben keine einheitliche Theologie und Lebensschau. Sie sind Stimmen aus den Schmerzen und aus dem Glück von lebendigen Menschen.

Aus der Vielstimmigkeit der Psalmen zitiere ich zunächst eine Stimme des Schmerzes, den 22. Psalm. Er ist wie ein Schrei aus der Lebensnacht:
Mein Gott, mein Gott, warum hast du mich verlassen?
Ich schreie, aber meine Hilfe ist fern.

Ich rufe am Tag, und du antwortest nicht. Ich rufe
in der Nacht, doch finde ich keine Ruhe.
Du aber bist heilig, du thronst über den Lobgesängen
Israels.
Unsere Väter hofften auf dich...
und wurden nicht zuschanden.
Ich aber bin ein Wurm und kein Mensch,
ein Spott der Leute und verachtet vom Volk...
Auf dich bin ich geworfen von Mutterleib an,
du bist mein Gott von meiner Mutter Schoß an...

Die Lebendigkeit dieses Psalms liegt in seinen Widersprüchen. Religiöse Texte sind oft in der Gefahr, alles zu glätten und Gott immer schon Recht zu geben. Dieser Psalm schreit nach dem abwesenden Gott. Der Schrei ist eine Anklage: Warum? Er klagt über den Gott, der nicht hilft. Aber in dem Schrei ist zugleich eine Erinnerung: Unsere Väter und Mütter wurden nicht zuschanden, als sie auf dich hofften. Es gibt also mehr als den einsamen Schrei. Es gibt die vorsichtige Hoffnung, die sich ernährt aus den Erinnerungen an die alten Rettungsgeschichten. Und wieder fällt der Zweifel über ihn: Ich bin ein Wurm und ein Gespött aller Leute. Und dann die unbewiesene Behauptung der Hoffnung: Auf dich bin ich geworfen von Mutterleib an. Eine wundervolle widersprüchliche Sprache, die allen Widersprüchen dieses Menschen Stimme und Zeit lässt – der Verzweiflung, der Einsamkeit und dem Schimmer der Hoffnung.

Groß ist der Text in seinen Bildern: Ich rufe in der Nacht – ich bin ein Wurm – ich bin auf dich geworfen von Mutterleib an. Bilder bergen den Menschen. Sie heilen ihn, wenn er sich in sie stürzt. Die Sprache der Psalmen ist eine Sprache für alle, nicht nur für religiöse Menschen, weil sie die Grundsituationen des Lebens benennt: Das Glück, den Schmerz, den Tod, die Einsamkeit und die Gefährdung, die Lebensrettung und die Hoffnung. Welch ein Reichtum, eine solche Sprache zu haben, die man nicht selber erfinden muss; in die man sich einfach fallen lassen kann, wenn einen das Leben mundtot macht! Und welch eine Verarmung, wenn man keine andere Sprache mehr hat als die eigene!

Auf das leidenschaftliche Klagelied folgt im 23. Psalm ein Lied des Vertrauens:

> Der Herr ist mein Hirte, mir wird nichts mangeln.
> Er weidet mich auf einer grünen Aue und führt mich zum frischen Wasser…
> Und ob ich schon wanderte im finstern Tal,
> fürchte ich kein Unglück. Denn du bist bei mir.
> Dein Stecken und Stab trösten mich.
> Du bereitest vor mir einen Tisch im Angesicht
> meiner Feinde. Du salbst mein Haupt mit Öl
> und schenkst mir voll ein.
> Gutes und Barmherzigkeit werden mir folgen
> mein Leben lang, und ich werde bleiben
> im Hause des Herrn immerdar.

Dieser Psalm ist stimmiger als der große 22. Klagepsalm. Aber die Kraft eines solchen Lieds zeigt sich nicht hauptsächlich da, wo es einem gut geht und wo man die Güte des Lebens am Leben selber ablesen kann, wo man also mit sich selber stimmig ist. Am stärksten ist diese Sprache, wo man sie gegen die eigenen Untergänge spricht. Ich liebe die Texte und die Lieder dieser Tradition auch deswegen, weil sie mich nicht genau ausdrücken. Ein Hoffnungstext wie dieser Psalm spricht schon vom gewonnenen Leben, wo ich noch verloren bin. Er kann schon preisen, wo ich noch weine oder fluche. Mit diesen Texten sind die Beter sich selber voraus, und sie sprechen eine Sprache, die klüger ist als ihr Herz. Und so geraten sie in einen wundervollen Zwiespalt. Sie sind nicht mehr nur die lobesunfähigen und flügellahmen Skeptiker. Sie spielen in diesen Liedern schon die Hoffenden, wo sie zur Hoffnung doch erst unterwegs sind. Sie verbergen sich unter der Maske und in der Sprache ihrer Geschwister. Denn viele haben diese Psalmen vor ihnen gesungen, und sie sind gewaschen von den Hoffnungen und von den Tränen der Toten. Keiner muss nur er selber sein und an der eigenen Glaubenskärglichkeit verhungern. Die Toten verleihen ihre Sprache. Das heißt Tradition, und das heißt Kirche: Einstimmen in einen großen Gesang, der das Leben preist und alles beklagt, was ihm angetan wird.

Die Psalmen sind also stark als Sprache aus der Fremde und aus der Ferne. Aber sie sind auch wie Formulare, in die man seinen eigenen Namen und seine eigene Adresse einträgt.

Der Psalm ist ein Formular, in das man seinen Schmerz, seine Ängste, sein Glück einträgt; seine Sorge um die Welt, um die Kinder und um alles, was man liebt. Und so wird die fremde Sprache zum eigenen Dialekt.

Eingeschrieben im Buch des Lebens

In Fontanes »Stechlin« bringt die alte Domina ihre Verachtung der Engländer auf die Formel, diese *stehen in keinem Buch und haben auch nicht einmal das, was wir Einwohnermeldeamt nennen, so dass man beinah sagen kann, sie sind so gut wie gar nicht da*. Im Buch des Lebens eingeschrieben bedeutet in der alten Buchreligion zunächst des Judentums, dann auch des Christentums, dass man vor Gott existiert, dass man einen Namen hat und dass dieser Name bei ihm unvergessen ist. Name steht für die Ganzheit der Person, er meint nicht nur die äußere Bezeichnung des Menschen. »Freut euch, dass eure Namen im Himmel geschrieben sind!« spricht Jesus im Lukasevangelium. Wer treu bleibt und überwindet, den wird Christus nicht austilgen aus dem Buch des Lebens, »und ich will seinen Namen bekennen vor meinem Vater und vor seinen Engeln« (Apokalypse 3,5). Die Feinde Gottes dagegen sollen ausgetilgt werden aus dem Buch des Lebens, »dass sie nicht geschrieben stehen bei den Gerechten«. Das Buch des Lebens ist das Gedächtnis Gottes. Es ist wichtig, zunächst keinerlei Drohung aus dem Bild des Buches zu lesen. Aufgeschrieben sein, heißt unvergessen sein. Nichts von dem, was wir erleiden oder was wir sind, ist sinnlos; nichts ist umsonst oder vergeblich. Weder unser Leiden noch unser Tun fallen in eisige Abgründe. Sie sind geborgen im Gedächtnis Gottes. Wir sind nicht namenlose und gleichgültige Wesen. Wir haben einen Namen, und dieser ist aufgeschrieben im Gedächtnis Gottes. Ich habe einmal Martin Buber besucht, er war schon ein alter Mann. Beim Abschied sagte er mir: »Ich behalte Sie im Gedächtnis!« Es ist ein Grundwunsch von uns Menschen, erkannt zu werden und unvergessen zu sein. Wir sind nicht nur, weil wir sind. Wir sind, weil wir erkannt werden. Wir sind, weil wir unvergessen sind. Je geistiger ein Wesen ist, um so bedürftiger ist es; um so mehr ist es darauf angewiesen, dass man an es denkt; dass man sein Geschick wahrnimmt. Wir kommen nicht mit uns allein aus. Wir sind, weil wir angesehen werden. Ein wundervolles Liebesgedicht von Gabriela Mistral beginnt mit dem Vers: »Wenn Du mich anblickst, werd' ich schön, schön wie das Riedgras unterm Tau.« Wir sind keine autonome Wesen, und wir müssen nicht mit unserer eigenen kärglichen Existenz auskommen. Wir sind schön und reich, weil uns jemand schön findet. Wir sind, weil uns jemand bemerkt. Wir sind, weil sich jemand an uns erinnert, oder um es in dem großen alten Bild zu sagen: Wir sind, weil wir eingeschrieben sind in das Gedächtnis Gottes; weil wir eingeschrieben sind in das Buch des Lebens. Welch ein Lebenstrost: selbst wenn wir niemanden mehr haben, der sich an uns erinnert; selbst wenn wir allen gleichgültig sind; selbst wenn der Name auf unserem Grabstein schon lange verwittert ist, ist er eingeschrieben im Buch Gottes. Es ist nicht ein Kontobuch, in dem ein erbarmungsloser Buchhalter ungerührt Soll und Haben, Gut und Böse vermerkt. Gott ist ein schlechter Buchhalter. Wenn er sich an uns erinnert, erinnert er sich mit der Leidenschaft einer Mutter, nicht mit der Genauigkeit eines Buchhalters.

Aber steht es nicht im Dies irae der Totenmesse anders? Ist da etwa von einem anderen Gedächtnis und einem anderen Buch geredet? So heißt es dort: »Ein Buch wird hervorgeholt, in dem alles vermerkt ist, was der Welt zum Gericht wird.« Wir haben widersprüchliche Texte in unserer Tradition und in der Bibel, und manchmal steckt der Widerspruch im selben Text und im selben Bild. Der Gedanke des Gerichts ist sicher auch gemeint in dem Bild vom Buch des Lebens. Wir sollten die Bibel nicht zensieren und diesen Gedanken verschweigen. Die Aussagen über die Sünde der Menschen und das Gericht Gottes sind hart, aber es sind Aussagen über die Würde des Menschen. Es ist nicht gleichgültig, was der Mensch tut und was er mit seinem Leben macht. Gott nimmt uns ernst. Er behandelt uns nicht wie Maschinen, bei denen es Pannen geben kann. Er behandelt uns als verantwortungsfähige und handlungsfähige Subjekte. Es gibt die Würde des Schuldigen, die darin besteht, zu seiner Schuld zu stehen und sich als Schuldigen zu bekennen. So sagt uns das Bild vom Buch des Lebens, dass unser Tun nicht gleichgültig ist. Auch unsere Taten sind aufbewahrt im Gedächtnis Gottes. Es ist nicht gleichgültig, ob wir mit Gott die Welt wärmen oder ob wir die große Kälte der Welt vermehren. Welche Aussage der Größe über uns Menschen! Wir können unser Leben verspielen, das Gott uns geschenkt hat. Vielleicht ist die Furcht und das Zittern, von dem die Bibel spricht, doch nicht ganz aus dem Glauben zu entfernen. Gott ist kein zahnloser gemütlicher Onkel.

Und wiederum rette ich mich in einen Widerspruch der Bibel. Es heißt dort auch: »Ich tilge deine Übertretungen um meinetwillen und gedenke deiner Sünden nicht.« (Jesaja 43,25) Gott ist Gedächtnis, aber zum Glück gibt es auch das große Vergessen Gottes. Wir sind wie ein uraltes Pergament. Unsere Schuld ist eingeschrieben in unsere Seele. Und zugleich ist diese Schrift des Unheils überschrieben von der anderen Schrift der Güte Gottes. Er ist nicht der kalte und neutrale Abwäger. Er ist der große Fälscher, der die Lebensschrift unserer Schuld unlesbar macht und sie überschreibt mit dem Liebesbrief seiner Barmherzigkeit. Das nimmt unserer Schuld nicht den Ernst. Aber es gibt den größeren Ernst des Vergessens Gottes. Mit den alten Phantasien vom ewigen Höllenfeuer, die uns so lange gequält haben, haben wir uns selber größer gemacht als Gott. Wir haben die Macht unserer Sünden für größer gehalten als das Gewicht seiner Güte. Es wird Zeit, dass wir größer von Gott denken und größer von jenem Buch, in dem unser Leben aufgeschrieben und bewahrt ist.

Gehhilfen für das schwache Herz

Das Buch »Kaddisch« von Leon Wieseltier (München/Wien 2000) ist eines der Bücher aus den letzten Jahren, von dem ich am meisten gelernt habe. Nach dem Tod seines Vaters entdeckt Wieseltier die Wurzeln seiner jüdischen Religion. Elf Monate spricht er täglich das Kaddisch, das jüdische Trauergebet, und stößt dabei auf den Reichtum des jüdischen Denkens und Betens. Er ist ein demütiger Freigeist, sich selber und der Stimme der Toten verpflichtet. Ich lerne von ihm, und ich widerspreche ihm, beides kann man nur bei guten Büchern.

Die Wirkung des Gebetes
Wieseltier: ›Wirkt‹ beten? Ich kenne die Antwort, da ich gerade ein Experiment abgeschlossen habe. Mein Vater erkrankte. Es wurde für meinen Vater gebetet. Mein Vater starb. Ich habe also ein Resultat. Was immer Beten tun mag, ›wirken‹ tut es nicht. (S. 243)

Ich versuche das Recht dieses rationalistischen, beinahe zynisch klingenden Satzes zu ermitteln. Gegen diesen Satz von der Unwirksamkeit des Gebetes werden die immer wieder behaupteten offensichtlichen Gebetserhörungen angeführt. Die Krückstöcke in den Wallfahrtskapellen, die die Gesundgewordenen zurückgelassen haben, sagen es: Gott hat mich erhört. Das Problem ist: wenn es solche außerordentlichen Zeichen und Erhörungen gibt, dann stellt sich die Frage um so dringlicher, warum Gott im Normalfall nicht erhört; warum er die Züge in die Gaskammern nicht aufgehalten hat und warum er den Mördern das Handwerk nicht legt. Eine Gebetserhörung ist das, was man als solche interpretiert. Ich mache mich widersprüchlich und behaupte, dass solche Interpretationen unerlässlich sind. Sie lehren mich danken, eine der Grundfähigkeiten des menschlichen Herzens. So also kann ich sagen: Danke für diesen Morgen, für den Sonnenschein, für die Freundschaft, die man mir schenkt.

»Wirken tut es nicht«, sagt Wieseltier. Dagegen wenden wir ein, dass wir Gott nicht durchschauen; dass er uns auf höhere und edlere Weise erhört, als wir ahnen. Ja, wir durchschauen Gott nicht, und manchmal ist er fremder als mein größter Feind. Aber auf höhere Weise wollten die Mütter nicht erhört werden, die um die Gesundheit ihrer Kinder flehten, und sie starben. Auf edlere Weise wollten die Menschen auf den Fluchten nicht erhört werden. Sie wollten etwas einfaches: sie wollten das Leben – ihr Menschenrecht.

Könnte es sein, dass wir uns den Zugang zum Beten verstellen, weil wir es hauptsächlich als Mittel verstehen, etwas zu erreichen? Das Gebet ist gerade darum so schwer zu rechtfertigen, weil es nichts nützt. Alles Nützliche leuchtet ein. Das Nicht-Nützende hat es schwer und lässt sich schwer verteidigen. Das Gebet ist das große Spiel, in dem wir uns und unsere Welt vor Gott aufführen. Das Gebet ist ein Akt der Liebe, es ist die Selbstauslieferung an das Geheimnis des Lebens. Im Gebet bestehen wir nicht auf uns selbst, wir sagen uns aus in den Grund der Welt. Es ist der höchste Ort der Passivität, die sich nicht wehrt gegen den Blick Gottes, der uns leben lässt. Das Gebet ist purer Sinn ohne Zwecke. Wer betet, hört auf, etwas für sich selbst vorzubringen – eine Rechtfertigung, eine Entschuldigung, ein Argument, eine Stärke. Das Gebet ist die tiefste Realisation unseres Glaubens an die Gnade. Nein, es nützt nichts, aber es ist der Sinn unseres Lebens.

Die Flucht in die Fremde
Wieseltier: Meine Gebete wurden in wachsendem Maße zur verzweifelten Anstrengung der Subjektivität ... und ich konnte nicht glauben, dass die Intensität meiner Gefühle für die Wahrheit dessen, was ich sagte, auch nur die geringste Bedeutung hatte. ... Ich war der Innerlichkeit überdrüssig. Ich sehnte mich nach der Äußerlichkeit, ihrer Gewissheit und Erhabenheit. Und so kam es, dass mein Gebet für mich schließlich zu einer Äußerungsform wurde, die mich trostlos und erniedrigt zu-

rückließ, und ich gab es auf. Und jetzt bete ich morgens, nachmittags und abends. Die wunderbaren, vertrauten, kraftlosen Worte gehen mir leicht von der Zunge. Was mache ich? (S. 34)

Können Sätze unprotestantischer sein als diese? Es gilt unter uns, was wir bewusst vollziehen. Es gilt, was aus dem Herzen kommt. Unsere innere Existenz, unser Herz soll der Garant unserer Gebete sein. Ich nenne ein vielleicht extremes Beispiel dafür: bei einer Tagung mit Pfarrern bemerkte ich, dass einer der Teilnehmer das Vaterunser bei den Andachten nicht mitsprach. Ich war neugierig und fragte ihn danach. Er erklärte, dieses hehre Gebet spreche er nur, wenn er es aus ganzem Herzen sprechen könne. Dieser Mensch drohte an seiner eigenen Redlichkeit zu verhungern. Wer will leugnen, dass protestantische Innerlichkeit die Rettung aus seelenlosem Geplapper ist! Aber genügt sie? Führt sie nicht zu der Verzweiflung, die Wieseltier beschreibt? Wir brauchen uns nicht durch uns selbst zu rechtfertigen. Auch unsere Gebete sind nicht garantiert durch das Feuer unserer Herzen. Sie sind gut, weil sie erhört werden, nicht weil sie gut sind. Wir sind nicht gezwungen, die Meister unserer eigenen Worte zu sein. Das Seufzen des Geistes (Römer 8,26) ist die Seele unserer Gebete, nicht unsere eigene spirituelle Meisterschaft, und mit der Stimme des Geistes sind unsere Gebete immer besser als sie sind.

Wir sind auch auf andere Weise nicht allein, wir haben die »wunderbaren, vertrauten kraftlosen Worte« der Toten, die uns »leicht von der Zunge« gehen und in die wir uns flüchten, wenn das Herz unfruchtbar ist und keine eigenen Worte gebären kann. Wenn ich das religiöse Gewiehere endloser hausgemachter Gebete in vielen Gottesdiensten höre; wenn ich die Inbrunst der Pfarrer in Gottesdiensten höre, die die Gebete mit sich selbst füllen, dann habe ich Sehnsucht nach den alten Formeln; nach der Nüchternheit der »leicht von der Zunge« gehenden Worte. Natürlich sind die Toten nicht mehr unsere Tanzmeister, wie es früher war. Aber wir können uns in ihre Sprache flüchten. Es kommt mir nicht darauf an, die »wunderbaren, vertrauten kraftlosen Worte« zu füllen mit meiner eigenen Subjektivität. Ich lasse mich eher von den Formeln ziehen. Ich schlüpfe in die Sprache und damit in den Glauben der Toten, das genügt. Man muss nicht Meister seiner selbst sein, auch nicht im Gebet.

Unerträglich sind mir die in Gottesdiensten oft zu hörenden selbstgemachten langen Gebete, die immer nach Rilke klingen. Schön gelockt und parfümiert haben sie die Kunst der Einfachheit und der Kargheit verloren. Sie wollen faszinieren. Man kann an den alten römischen Orationen studieren, was Sprachstärke durch Kargheit ist. Eine Hauptregel sollten die Pfarrer und Pfarrerinnen kennen: Frage dich, was du in deinem Gebet *nicht* sagen musst! Was Wieseltier allgemein über Sprache sagt, gilt im besonderen für das Gebet:

> Es durchkreuzt den Zweck einer Aussage über das, was wahr und was falsch ist, wenn sie faszinieren soll. Faszination ist eine Kapitulation vor dem Charisma, ein bezaubertes Versagen des Denkens. (404)

Weil ich die überlieferten Formeln brauche, darum werde ich immer kritischer dagegen, sie leichtfertig anzutasten. Die unbedachte Veränderung der Segensworte, der Abendmahlsworte, die geschwätzige Erweiterung der Taufformel oder des Kanzelsegens wird mir mehr und mehr unerträglich, nicht weil man nichts ändern darf. Wir sind Freigeister, und uns zwingt keine Formel und kein Buchstabe mehr. Aber wir müssten ehrfürchtige und hungrige Freigeister sein, die wissen, dass sie sich nicht von sich selber ernähren können. Wenn die Toten uns trösten sollen, dann muss man ihnen ihre Rechte lassen, auch das Recht ihrer Sprache. Ich sage es besser mit G. K. Chesterton (1874-1947):

> Wir müssen der tiefsten und der verkanntesten aller Klassen unserer Vorfahren wieder Stimmrecht einräumen: Wir fordern Demokratie für die Toten! Tradition lehnt es ab, der anmaßenden Oligarchie zufällig heute Herumlaufender das Feld zu räumen.

Wider die Erfahrungsversessenheit
Wieseltier: Das Ideal der Epiphanie, der Hunger nach dem, was die Amerikaner »peak-experiences« nennen, all das ist ein bisschen feige, ein Versuch, den Konsequenzen des Lebens in der Zeit zu entgehen. Natürlich kann die Epiphanie eintreten, aber nach der Epiphanie wird der Moment nach der Epiphanie eintreten. Die höchste Erfahrung wird ihren Gipfel erreichen. Und irgendwann kommt dann – in ganz alltäglichem Gewand – eine Erfahrung der eschatologischen Enttäuschung. (S. 78) Es gibt falsche Interessen, die das Schweigen des Gebetes stören, etwa das Interesse an besonderer Erfahrung im Gebet oder der Wunsch, Gottesdienste und Gebete sollten besonders interessant sein. Die Beabsichtigung der Erfahrung stört die Erlebnisfähigkeit des Menschen. Das gilt grundsätzlich, auch für das Gebet. Das regelmäßige, in Treue verrichtete Gebet ist erfahrungsarm, aber es bildet Seele und Geist. Pünktlichkeit im Gebet ist mehr wert als Entrückung. Wiederholung, Langsamkeit, Kargheit, Monotonie sind meditative Elemente, und sie sind nicht gerade die Voraussetzung für »peak-experiences«. Erst Kargheit macht eine Sprache möglich, die aus dem Schweigen kommt und die mehr ist als religiöses Geplapper. Man kann einwenden: ist das anzustreben in unseren Gottesdiensten, wenn eine ganze Kultur narzisstisch-erfahrungsversessen und zu einer Plapperkultur verkommen ist, wenn alle geistigen Räume zu Exzitationsräumen verkommen sind? Aber wenn unsere Gebete und Gottesdienste gut sind, dann sind sie ja auch Räume einer Widerstandskultur und nicht einfach eine Variation dessen, was in der Gesellschaft ohnehin geschieht.

Die Lippen beten, nicht nur die Seele
Nachdem Leon Wieseltier in seinem Kaddisch-Buch die Bräuche der zwangsgetauften Juden in Spanien beschrieben hat, die verlangen, dass man den Angehörigen des Toten Trauben, hartgekochte Eier und einen Krug Wasser schickt, schließt er seinen Bericht mit dem Satz:

In ihrer Speise lag ihr Glaube. Wenn sie ihre Eier kosteten, kosteten sie ihre Metaphysik. (S. 311)

Der Glaube und die Gebetsfähigkeit liegen nicht nur in der Stärke der Herzen. Manchmal sind die Lippen glaubensstärker als das Herz. Es kann sein, dass das Herz den Worten der Lippen nicht nachkommt. Dann ziehen die Lippen das dürre Herz hinter sich her, bis es wieder kräftig ist und auf den eigenen Beinen stehen kann. Wir beten schon mit unseren Beinen, wenn wir in eine Kirche gehen. Wir beten mit unseren Gesten, wenn wir uns knien, verbeugen, an die Brust schlagen, ein Kreuz auf die Stirn unserer Geliebten zeichnen. Wir beten schon, wenn wir eine Regel einhalten und zu bestimmter Zeit und an einem bestimmten Ort uns sammeln. Man soll dem Herzen nicht zu viel aufladen. Es ist endlich. Es braucht die Lippen und die Beine und die Regeln; die besonderen Zeiten und den Rhythmus, die ihm auf die Sprünge helfen. Vielleicht sollte man die Frage der Echtheit unserer Gebete nicht überstrapazieren. Was verlangen wir von unserem Herzen, wenn wir sagen, alles Gute soll aus ihm kommen? Dies ist natürlich kein Plädoyer für seelenlose Worte. Es ist Mitleid mit dem halben Herzen, und vielleicht wird es ja ganzer, wenn die Lippen, die Gesten und die Rhythmen es stützen.

Berufsprobleme der Pfarrer und Pfarrerinnen

Wieseltier: Darum leite ich so gern die Gebete: meine Aufgabe verdrängt meine Zweifel.

Vorbeter sind gut und sie sind schlecht dran. Schlecht sind sie gerade heute dran, wo die Gottesdienstregeln und Geläufigkeiten abnehmen. Je mehr Veränderung, Neuheit, Interessantheit Ziele werden, um so schwerer kann die Pfarrerin beten. Sie muss der Gemeinde immer einen Schritt voraus sein in dem Gedanken: was kommt als nächstes und worauf muss ich jetzt achten? Sie haben es schwer, weil sie nicht in der gelassenen Ruhe des Augenblicks sind. Sie haben es schwer, mit ihrem jeweiligen Tun ganz übereinzustimmen, weil sie immer schon vorausdenken.

Sie haben es aber auch leicht, weil der Glaube der Gemeinde ihren Glauben trägt und ihnen den Mund öffnet für die Worte, die sie sagen müssen. Pfarrer können ja nicht deswegen predigen, öffentlich beten und die großen Gesten des Trostes setzen, weil sie vor Glauben glühen, sondern weil die Gemeinde sie mit ihren Erwartungen, mit ihrer Bedürftigkeit und mit ihrem Glauben trägt. Man muss nicht auf der eigenen Kärglichkeit bestehen. Man stürzt sich in Demut in den Glauben von allen, und so kann man es aushalten in diesem schönen und widersprüchlichen Beruf.

Was fangen die Reformierten mit Heiligen an?

Heilige sind zwielichtige Gestalten. Am besten, man fragt zuerst, wer sie heilig gesprochen hat. Sehr schnell wurde von Rom Josémaría Escrivá, der Gründer von Opus Dei, jener ultrakonservativen katholischen Gruppe, heilig gesprochen. Seine unbedingte Ergebenheit dem Papst gegenüber, seine asketische Weltauffassung und der von ihm geforderte totale Gehorsam passten ins päpstliche Weltbild. Eine Heiligsprechung ist immer mit Interessen und Optionen verbunden. Von den Gläubigen in El Salvador, nicht aber von Rom, wurde Oscar Romero heilig gesprochen. Er war jener Bischof, der die Armen verteidigte und sich gegen die Mörderbande der damaligen Militärjunta gewandt hat und während einer Messe umgebracht wurde. Die Menschen dort und in anderen Teilen der Welt, z. B. im Romero-Haus in Luzern, erinnern sich seiner Geschichte und seiner Leiden. In jenem Romero-Haus in Luzern wird nicht nur in inhaltsloser Leere ein Name bewahrt. Eine Geschichte wird zum Gewissen. Die Gruppe der Männer und Frauen, die dort arbeiten, sagen sich, wer sie sind und was ihre Optionen sind, indem sie sich einen Namen und eine Geschichte zulegen, die Geschichte jenes ermordeten Bischofs aus El Salvador. Und die Erinnerung an jenen Toten bildet ihr Gewissen. Mit solchen Erinnerungen lernt man wünschen, dass die Armen Brot haben, dass die Tyrannen gestürzt werden und dass das Recht siegt. Das Romero-Haus ist nicht zufällig ein Ort mit den vorrangigen Themen Recht und Gerechtigkeit in der globalen Welt. Sie haben einen Lehrer, jenen Oscar Romero. Wer keine Erinnerung hat, bleibt in der reinen Heutigkeit verfangen. Die Erinnerung an Oscar Romero, an Bonhoeffer, an Martin Luther King sind wie Briefe aus der Ferne, die einem helfen, die Gegenwart zu erkennen und zu sehen, was sie hat und was ihr fehlt. Das sind Heilige, Briefe aus der Ferne, und wer sie lesen kann, braucht nicht mit seinem Mut, mit seinen Lebensvisionen und mit seiner Hoffnung anzufangen.

Eine große Lebenserleichterung: wir sind nicht die Ersten. Wir stehen auf den Schultern von Menschen, die vor uns gehofft, gelitten und gekämpft haben. Wir sind die Erben der Toten. Vermutlich kann man nur ein Gefühl für eine gelingende Zukunft haben, wenn man solche Herkünfte hat, solche Figuren, an denen der Geist Gottes ersichtlich wird. Es können vermutlich nur die an ihre Kinder und Enkel denken und für sie sorgen, die Vorfahren in der Hoffnung und im Mut haben. Nur sie können singen wie die Bauern nach ihren Niederlagen in den Bauernkriegen des 16. Jahrhunderts: »Geschlagen ziehen wir nach Haus, unsere Enkel fechten's besser aus!« Heilige, ob wir sie so nennen oder nicht, sind Menschen, deren Lebenszeugnis wichtig und zur Norm für unser eigenes Gewissen geworden ist.

Und die Reformierten? Brauchen sie diese Figuren des Mutes nicht und kommt etwa jeder mit seinem eigenen Gewissen aus? Auch sie haben ihre Heiligen. Ich war gerade in einer reformierten Bildungsstätte, zu der eine schöne alte Kirche gehört. In der Kirche stehen einige Heiligenfiguren, denen in der Reformation die Köpfe abgeschlagen wurden. Lange verstaubten sie auf dem Dachboden der Kirche, in den letzten Jahren hat man sie verschämt hervorgeholt, und nun sind die kopflosen Heiligen wieder zu sehen. Die Zimmer in jenem Tagungshaus hatten nicht Nummern, sondern Namen. Es gab das Bonhoefferzimmer, das Lutherzimmer (das besondere Zimmer für Referenten!), das Wichernzimmer und das Bullingerzimmer (mir fällt bei dieser Aufzählung auf, dass bei Reformierten – anders als bei Katholiken – ihr verpflichtendes Gedächtnis vor allem an Männerfiguren gebunden ist). Ich finde also in jener reformierten Welt beides, den Aufstand gegen die Figuren, die oft genug eher im Ungeist als im Geist einweisen, und das Gedächtnis der Väter und Mütter, das die Toten ehrt und die Lebenden tröstet und verpflichtet. Ja, die Reformierten haben ihre »Heiligen«, Gottseidank! So müssen sie nicht an sich selber verhungern. Und sie kennen – und behalten hoffentlich! – die Kunst, der Vergangenheit und ihren Grundfiguren zu misstrauen und ihnen gelegentlich die Köpfe abzuschlagen. Die Bilderskepsis ist das Charisma jener reformierten Tradition, und so soll es bleiben. Jedes Charisma hat aber auch seine eigene Grenze und Komik. Und dieses ist bei vielen Reformierten ersichtlich, etwa wenn sie den Gedanken der Heiligen ablehnen, ohne ihn wirklich gedacht zu haben. Was die Reformierten ehrt, ist der Geist der Aufklärung, der autoritär-juristische Verfahren ablehnt, in denen Kirchenleitungen nach einigen festgestellten Wundern dem Kirchenvolk einen Heiligen vor die Nase setzen. Die Kirche wird ihre Heiligen schon finden, wie sie Oscar Romero und Bonhoeffer gefunden hat. Die Gläubigen sprechen heilig, indem sie sich der Zeuginnen und Zeugen des Glaubens erinnern und ihre Geschichte als Trost und als Maßstab in ihr Gewissen nehmen. Bei Bonhoeffer übrigens hat es lange gedauert, bis die lutherischen Kirchen sich seines Zeugnisses erinnerten. Einige haben ihn entschieden abgelehnt, weil er sich gegen die »von Gott gesetzte Obrigkeit«, die Nazis, aufgelehnt hat. Der Streit um die Heiligen ist immer auch Streit um Geist und Ungeist.

Die Katholiken sagen, dass die Heiligen vor Gott für uns eintreten. Bei diesem Gedanken wittern die Reformierten am ehesten Unrat. Wenn man ihn interpretiert und ihn nicht in seiner kruden Wörtlichkeit nimmt, ist er sehr schön. Er sagt, dass wir alle von einem Grund leben, den wir nicht selbst gelegt haben. Das Leben jener Toten ist in einen Wurzelgrund gesunken, von dem wir alle leben. Der Katholizismus weiß besser, was Gemeinschaft der Heiligen bedeutet. Nein, wir brauchen keine Heilige als Mittler zwischen Gott und Mensch. Ja, wir leben von mehr Broten, als wir selbst gebacken haben. Wir sind nicht nur wir selber. Wir sind ernährt von dem Lebensgelingen, dem Mut und der Entschiedenheit unserer Väter und Mütter im Glauben. Unsere Wurzeln reichen tief bis in ihr Leben und bis in ihren Tod. Wem dieser Gedanke zu mystisch ist, der könnte ihn wenigstens schön finden, und das ist schon katholisch genug. Etwas schön finden ist wichtiger, als etwas für richtig zu halten.

Entschuldigung!
Eine Bitte, die Versöhnung schafft

Eine kleine Szene mit meiner fast vierjährigen Enkeltochter: Sie hatte ein Glas zerbrochen, und ich habe ihr geraten, sich bei ihrer Mutter zu entschuldigen. »Sie hat es ja nicht gesehen«, antwortete das Kind. Es ist eine Vorstellung von Moral, die jenem Alter entspricht: Die Schuld ist das Vergehen, das von anderen wahrgenommen wird. Nicht also das Gewissen und die innere Stimme sagen mir, was Schuld ist, und quälen mich, sondern die Augen der Zuschauer und der Entdecker der falschen Tat machen den Sachverhalt zur Schuld. Wenn ich mir die politischen Entschuldigungen anhöre – die Entschuldigungen im Zusammenhang mit der Spendenaffäre in Deutschland oder die Entschuldigungen Haiders bei seiner unsäglichen Verharmlosung der Nazis –, dann habe ich den Eindruck, dass die Moralauffassung jener Politiker nicht unterschieden ist von der meines vierjährigen Enkelkindes. So lange es niemand sieht, quält sie kein Gewissen, und die Schuld besteht eigentlich darin, ertappt zu werden und unter die Augen der Öffentlichkeit zu geraten. Schuld ist das Gefühl, so dumm gewesen zu sein, sich erwischen zu lassen. Was bei dem Kind natürlich ist, ist bei jenen Politikern blanker Zynismus und Untergrabung der öffentlichen Moral.

Der Missbrauch der Entschuldigung soll aber die eigentliche Größe des Vorgangs nicht verdecken. Was geschieht, wenn ein Mensch sein Fehlverhalten erkennt; wenn er erkennt, dass er jemanden geschadet oder ihn gekränkt hat? Es liegt nahe, dass er seine eigene Schuld leugnet, und man kann dies auf verschiedene Weise tun. Man kann sie herunterspielen, man kann sie leugnen, man kann die Umstände dafür verantwortlich machen. Man kann in der Leugnung der Schuld soweit gehen, dass man sich selber die Freiheit und das Subjektsein abspricht.

Ich betrachte den anderen Fall: dass jemand seine Schuld einsieht und in der Entschuldigung dazu steht. Es ist eine Frage seiner Würde, sich nicht zu erniedrigen und in Formeln zu flüchten, in denen man sich die Freiheit abspricht: ich konnte nichts dafür, ich habe nichts gewusst, ich habe nur mitgemacht. Es ist eine Frage der Würde zu sagen: ich bin der Mensch! Und es ist eine Form der Stärke, sich selber in seiner Schuld zu zeigen. Das heißt ja, sich entschuldigen: sich in seiner Schuld zeigen und öffentlich werden. Ein solcher Mensch hat eine merkwürdige wehrlose Würde. Er geht das hohe Risiko ein, die Verzeihung nicht zu erlangen und vor aller Augen schutzlos und ungeborgen zu bleiben. Wer sich entschuldigt, besteht nicht auf sich selber, auf seiner eigenen Ganzheit und Integrität. Er hat es aufgegeben, sich selber zu rechtfertigen und zu schützen, er zeigt sich in seiner Gebrechlichkeit. Welcher Glaube an die Güte des Seins gehört dazu, dies zu wagen und darauf zu vertrauen, dass man nicht vernichtet wird, wenn man die Dunkelheit der eigenen Seele zeigt. Man glaubt nicht hauptsächlich mit Lehrsätzen an Gott. Man glaubt an Gott mit solchen Gesten, in denen man über alle Sätze hinaus sagt, dass der Grund des Seins die Güte ist, die niemanden in eisige Abgründe fallen lässt, auch wenn er sich in Schuld verstrickt hat. An die Gnade glauben, heißt im tiefsten Sinn, aufgeben sich selber zu rechtfertigen; aufhören auf seiner eigenen Ganzheit zu bestehen; sich richten lassen können. Wie lebensstark muss ein Mensch sein, dem dies gelingt!

Ich betrachte den Menschen, dem geschadet ist und der das Fehlverhalten entschuldigen soll. Die Bitte um Entschuldigung macht auch ihn wehrlos. Wehrlosigkeit macht wehrlos, und so ist auch er gehemmt, seinen Ärger und seine Rachegelüste zu verfolgen. Nichts ermöglicht den gebrochenen Frieden so wie das Eingeständnis der Schuld. Der Vergebende hat mit dem Schuldigen gemein, dass er nicht auf sich selber besteht. Er macht seine Verletzung, seine Wut und seine Rachegefühle nicht zum Maßstab seines Verhaltens. Er unterbricht sich, und er lässt sich von dem Fehler des anderen nicht tyrannisieren und in seinem Verhalten bestimmen. Es gehört zum Vergeben die gleiche

Souveränität und menschliche Stärke wie zur Bitte um Vergebung.

Die Bitte um Entschuldigung und die Vergebung sind nicht die Wiederherstellung alter Zustände. Sie schaffen etwas Neues, das vor dem Konflikt und vor der Verwundung nicht zu denken und nicht zu haben war. Sie schaffen eine neue Zukunft und retten nicht nur die Vergangenheit. Allerdings braucht sowohl die Bitte um Vergebung wie die Vergebung Zeit. Wunden heilen langsam, und langsam erst kommt der Mensch dazu, seine Schuld einzusehen und zu ihr zu stehen. Beides ist Arbeit, beides geht langsam. Auch der Zorn und die Wut brauchen ihre Zeit. Auch sie sind menschliche Fähigkeiten. Es sind die Sprachen des Rechts, und wo das Recht verletzt wird, können sie Stimme verlangen. So ist von dem, der schuldig geworden ist, Geduld verlangt. Die Geduld, die er aufbringen muss, ist vielleicht die schwerste Buße, die er zu leisten hat. Die Bitte um Vergebung und die Vergebung geschehen nicht in einem Moment, und dann wäre der neue Zustand endgültig erreicht. Menschen wachsen, bleiben stehen, fallen zurück in den Zorn oder in die Attitüde der Selbstrechtfertigung und wachsen erneut. Nichts, was wirklich wichtig ist in unserem Leben, ist »instant« und im Nu zu haben. Alles, was wichtig ist, braucht Zeit. Was gut geht, geht langsam. Es gehört zur menschlichen Reife, damit zu rechnen und auch das Angeld der Reue und der Vergebung zu schätzen.

Ich habe bisher von personalen Verhältnissen gesprochen, d.h. dass ein einzelner Schuldiger und ein Vergebender miteinander zu tun haben. Hat die Bitte um Entschuldigung Sinn vor der Öffentlichkeit und bei politischen Verfehlungen, für die ein einzelner Vergebender nicht mehr zuständig ist? Die Frage stellte sich natürlich dringend nach der Nazizeit, aber auch bei den gegenwärtigen Verfehlungen vor der politischen Öffentlichkeit. Wer vergibt einem SS-Mann? Vor wem soll der Rassist in Südafrika bekennen? Gibt es Instrumente der öffentlichen Reinigung in der politischen Gegenwart? Aus der Geschichte kennen wir solche Instrumente: das Schuldkapitel in den Klöstern, in dem die Mönche öffentlich bekannten, worin sie sich gegen die Gemeinschaft verfehlt hatten; das Bekenntnis und der öffentliche Ausschluss der Sünder am Aschermittwoch und ihre Wiedereingliederung am Gründonnerstag; die öffentlichen Selbstanklagen innerhalb des Kommunismus. Alle diese Instrumente waren oft missbraucht, und trotzdem hielt sich darin der Gedanke, dass die Verfehlung gegen die Öffentlichkeit nicht einfach heimlich gebeichtet und vergeben werden kann. Sie muss öffentlich bekannt und öffentlich vergeben werden. Aber wir haben dazu keine Rituale und Instrumente. Das liegt sicher auch daran, dass die Idee der Öffentlichkeit zerfällt. Es zählt und interessiert hauptsächlich das Private. Zwar gibt es immer mehr Fernsehshows, in denen Menschen ihre Schuld bekennen. Aber die Zuschauer sind nicht wirklich die Öffentlichkeit, sie glotzen mit schamloser Neugier die Bekennenden an. Sie sind Voyeure, nicht aber eine Öffentlichkeit, die richtet und vergibt; die also das Recht wiederherstellt.

Vielleicht gibt es in der Welt nur den einzigen Fall einer solchen Öffentlichkeit, es ist die Wahrheits- und Versöhnungskommission nach dem Sturz des Rassismus in Südafrika. Die Kommission setzt sich zusammen aus Vertretern der verschiedenen gesellschaftlichen Gruppierungen, vor allem der Kirchen. Menschen, die sich während des Systems der Apartheid schuldig gemacht haben, können freiwillig vor dieser Kommission erscheinen oder von ihr zitiert werden. Sie können dort ihre Verbrechen oder ihr Fehlverhalten während der Zeit des Rassismus bekennen. Sie erzählen, auf welche Art sie schuldig geworden sind, und sie bleiben straffrei, sofern sie nicht gemordet haben. Die Gesellschaft wird geheilt in der heilsamen Erinnerung, im Gedächtnis und im Bekenntnis der Schuld. Unsere Strafsysteme schließen die Übeltäter meistens aus, werfen sie ins Gefängnis und isolieren sie. Wie erfolglos die Isolation als Strafe ist, wissen inzwischen alle. Das südafrikanische Modell ist einer der seltenen Fälle, wo das Ziel der Strafe die Integration des Täters ist, nicht sein Ausschluss und seine Unsichtbarmachung. Die verschwiegene

Schuld lähmt die Gesellschaft. Aber auch die Vernichtung des Schuldigen ist eine illusionäre Lösung. Was wäre es für ein Vorteil gewesen, wir hätten nach dem Krieg für alle, die sich in der Nazizeit schuldig gemacht haben, eine solche Einrichtung gehabt. Die heilende Erinnerung, das Bekenntnis und die öffentliche Vergebung hätten die bleierne Zeit verhindert, die dann kam; die Zeit des Leugnens, des Verdrängens, der Beschönigung oder des stumpfen Schweigens. Sicher, dies wäre kein Instrument und keine Lösung gewesen für den Umgang mit den Eichmannns und mit den anderen großen Mördern, aber für den Umgang mit ihnen gibt es wohl keine Lösung.

Schuld und Vergebung sind dort möglich, wo man Gnade denken kann. Es ist ein Grundgedanke der christlichen Tradition, dass der Mensch nicht definiert ist durch die Summe seiner Schuld. In beinahe anarchistischen Geschichten erzählt dies die Bibel; etwa dass das Interesse eines Hirten nicht bei den 99 Schafen ist, die auf dem Weg geblieben sind, sondern bei dem einen, das sich verirrt hat; etwa dass das eigentliche Interesse eines Vaters bei einem Sohn ist, der verloren war, mehr als bei dem anderen, nie verlorenen Sohn; etwa dass eine Frau in unmäßige Freude gerät über den verlorenen und wiedergefundenen Groschen, obwohl sie doch eine große Menge Silbergeld zur Verfügung hat. Provokativ wird erzählt, dass der eigentliche Ort Jesu die Gemeinschaft mit den Sündern, den Zöllnern, den Fressern und Säufern, den Ehebrechern und Schwachen einer Gesellschaft war. Dies alles sind Gefängnisöffnungsgeschichten. Entscheidend bleibt, dass Gnade nicht ein Begriff paternalistischer Willkür ist, die gewährt werden kann oder nicht. Um es paradox zu formulieren: der Mensch hat ein Recht auf Gnade, und dies nicht auf Grund seines Wohlverhaltens, sondern weil der Mensch ein Mensch ist. Dieser Gedanke schließt jede endgültige Determination des Menschen aus, jede Unumkehrbarkeit, jede Lebenslänglichkeit und natürlich den endgültigen Fall: die Todesstrafe. Man muss nicht Christ sein, um diesen Gedanken zu denken; aber glauben muss man schon, glauben an die Güte des Lebens und an seine Unverrechenbarkeit. Ob eine Gesellschaft völlig mit diesem Begriff leben kann, weiß ich nicht. Aber sicher ist, dass sie zurückfällt in eine barbarische Horde, wo der Gnadenbegriff nicht ihr ständiges Regulativ bleibt; wo sie nicht ihre Gerichte, ihre Urteile, ihre Gefängnisse und ihre Strafmechanismen von diesem Gedanken in Frage stellen lässt.

Fremde Tage

Ein Tag des Schreckens
Meine klare Erinnerung setzt mit einem Schock ein. Der erste Satz, an den ich mich in aller Deutlichkeit erinnere, heißt: »Klara, steh auf, es ist Krieg!« Ich bin 1933 geboren. Am 1. September 1939 klopfte jemand an unsere Fensterläden und weckte mit jenem Satz meine Mutter. Wir standen in Eile auf, nahmen das geringe Gepäck, das schon vorbereitet war. Unser saarländisches Dorf lag an der französischen Grenze in der Schusslinie des Westwalls, und so waren wir, als der Krieg drohte, auf eine Evakuierung gefasst. Vor diesem 1. September habe ich natürlich die eine oder andere Erinnerung. Ich erinnere mich an die Geburt meiner Schwester, als ich drei Jahre alt war. Ich erinnere mich an die Sprengung einer Brücke, als ich etwa zwei war. Aber der 1. September 1939 war der Tag, von dem an es die Kontinuität der Erinnerung gab. Ich sehe, wie meine Mutter mit uns drei Kindern zum großen Dorfplatz ging, wo Busse standen, die uns wegbrachten. Ich sehe den Pfarrer mit der Monstranz, die er aus der Kirche geholt hatte, auf die Busse zugehen. Ich erinnere mich an die erste Nacht, die wir auf Stroh in einem Schulhaus zubrachten. Ich erinnere mich an die Namen von Mitschülern und der Lehrerin aus dem Ort in Sachsen-Anhalt, wo wir schließlich landeten. Der Schrecken hat die Vorhänge der Unbewusstheit weggerissen und mich in eine frühe Erwachsenheit gestürzt. Wir waren nicht Herr über jenen Tag. Er kam wie ein Blitz, und er ist tief eingegraben in das Gedächtnis. Er hat mich älter gemacht, als ich war. Zum ersten Mal hat er mir gezeigt, wie bedroht und wie abgründig das Leben sein kann. In der Familie haben wir später oft über diesen Tag gesprochen. Die Erinnerung fälscht meistens die Realität solcher Zeiten. Dieser Tag aber ist die Zeit eines genauen und gemeinsamen Gedächtnisses. Obwohl uns dieser Tag überfallen hat und man annehmen könnte, man würde seine Erinnerung meiden, haben wir oft von

ihm gesprochen. Die Erinnerung an den Schrecken lehrt uns, dass man entrinnen kann und dass es eine Rettung aus den Untergängen gibt. In der Familienerinnerung kramt man ja oft die Zeiten der Gefährdung hervor. Man vergewissert sich, dass man nicht untergeht trotz aller Bedrohung, weil man damals nicht untergegangen ist. Das Gedächtnis an das Entrinnen stärkt die Hoffnung auf das Entrinnen. Jungen Menschen gehen solche Familienerzählungen, die die Älteren unermüdlich auftischen, meistens auf die Nerven. Sie kennen die Geschichten vom Anfang bis zum Ende. Sie haben keinen Informationswert, aber einen Hoffnungswert. Jede »Flucht aus Ägypten«, an die man sich erinnert, sagt einem, dass auch alle anderen Fluchten vor dem Schrecken gut ausgehen. Die Alten haben den Jungen wohl weniger die Weisheit als die Niederlagen voraus. Darum brauchen sie solche Entrinnensgeschichten.

Ein Tag der Schuld
Wer kennt nicht im eigenen Leben die Tage des Verrats, nein, nicht allgemein »die Tage«, sondern eben den einen Tag, an dem man einen Freund verraten, eine Liebe missachtet hat, einem Menschen eine tiefe Lebenswunde beigebracht hat, einer Aufgabe feige ausgewichen ist, den Schmerz eines Menschen übersehen hat. Ich meine nicht die allgemeine Schwäche des Menschen, sondern den einen bestimmten Tag der Schuld, der uns quält und an den wir uns nicht gern erinnern. Es gibt Dinge, die wir nicht wiedergutmachen können. Die Chance ist vertan, sie kommt nicht wieder. Es ist nicht leicht, solchen Zeiten ins Gesicht zu sehen. Es ist nicht leicht, sich zur eigenen Schuld zu bekennen. Es ist nicht leicht, die Zerstörungen zuzugeben, die man angerichtet hat. Vielleicht ist Zerstörung sogar ein zu großes und zu erhabenes Wort. Es ist nicht leicht, das Gedächtnis an die eigene Kläglichkeit, Feigheit, Schwächlichkeit zuzulassen. Wir lehnen es ab zu sein, die wir sind. So ergehen wir uns leicht in Selbstentschuldigungen, die uns die eigene Würde nehmen.

Man muss wohl an Gott glauben, um der eigenen Schuld ins Gesicht sehen zu können. Der Glaube an Gott sagt mir, dass ich selber nicht allmächtig bin, nicht einmal allmächtig in meiner Schuld. Es gibt neben der Flucht vor der Schulderkenntnis den Größenwahn des Schuldgefühls: man kommt nicht darüber hinweg, dass man ist, der man ist. Man hält sich die eigene Schuld jederzeit vor, und man kann sich selber nicht entlassen in die Hand dessen, der uns entlassen will. Die eine Unfähigkeit ist, sich selber ins Gesicht zu sehen; die andere ist die Unfähigkeit, sich vergeben zu lassen. Es gibt einen negativen und selbstquälerischen Egoismus, in dem Menschen an der Größe der eigenen Schuld kleben und unfähig sind, über sich selbst hinwegzukommen. Es ist eine sich fromm gebende Gottlosigkeit, an sich und an die eigene Schuld mehr zu glauben als an den Gott, der spricht: Und wären deine Sünden rot wie Scharlach, sie sollen weiß werden wie Schnee. An Gott glauben, heißt zu wissen, dass wir selber nicht die Garanten unserer eigenen Ganzheit, Unversehrtheit und Gerechtigkeit sein müssen. Er ist größer als unser Herz. Er ist auch größer als unsere Sünde. Man müsste die Kraft haben, den Blick auf den »verlorenen Tag«, auf die Zeit unserer Schuld zu wagen und sich nicht in der Selbstverteidigung zu verausgaben. Und man müsste die Kraft haben, sich durch die Erinnerung an die Schuld nicht bannen zu lassen. Gott bannt uns nicht, und wir haben kein Recht, dem Urteil Gottes zu widersprechen. Vielleicht brauchen wir das alte Wort Demut wieder. Demut heißt, nichts mehr zu eigenen Gunsten anzuführen. Demut heißt, nichts mehr gegen das Urteil Gottes anzuführen, der uns freispricht. Diese Demut sollten wir nicht nur als einzelne lernen. Die Kirchen sollte sie lernen. So oft wissen die Theologen mehr zu sagen über die Schuld des Menschen – meistens übrigens abstrakt und allgemein, als sie über den Freispruch und die Freiheit Gottes zu sagen wissen, die er uns zumutet.

Ein verblassender Tag
Ich bin evangelisch, war aber früher katholisch und Priester. Der Tag meiner Priesterweihe war mir natürlich wichtig, nicht zu wichtig, denn auch in meinen katholischen Zeiten fand ich den Kult um die priesterliche Person unangemessen. Aber der Tag der Weihe war in der Lebensgegend, in der ich damals zuhause war, wichtig; wichtig wie der Namenstag meiner Mutter und wie der Todestag des heiligen Franziskus, der immer mein besonderer Lehrer war. Es war ein Erinnerungstag, der mir sagte, dass ich in der Reihe von vielen Menschen stehe, die ein solches Amt haben oder hatten, in der Reihe von Lebenden und Toten. Erinnerungen an solche Tage sagen uns, dass wir nicht allein sind; dass wir nicht anfangen und dass wir nicht vollenden müssen, denn wir sind mit vielen zusammen. Darum ist das Gedächtnis solcher oder ähnlicher Tage schön und trostreich. Ich bin später evangelisch geworden, es war eher ein praktischer als ein existentieller Schritt. Weil ich nicht an den Mythos von der Getrenntheit der Kirchen glaube, halte ich Konversionen eigentlich für überflüssig, wenn sie nicht aus praktischen Gründen geschehen. Mit der Konversion bin ich in eine andere Erinnerungslandschaft gekommen. Zwar gibt es auch im Protestantismus das silberne oder goldene Ordinationsjubiläum, aber es hat wenig Bedeutung. In dieser protestantischen Landschaft ist dann auch der Tag meiner Priesterweihe verblasst. Ich weiß heute nicht einmal mehr das Datum. Es ist schön, es zu wissen und sich zu erinnern, und es ist keine Schande, es in einer Landschaft von anderen Wichtigkeiten zu vergessen. So kommt und vergeht das Gedächtnis. Manchmal erinnert man sich mit Heiterkeit, manchmal mit Wehmut, welche Bedeutung ein Tag hatte. Aber der Tag ist verblasst, und andere Daten sind an seine Stelle getreten. Es ist schön, dass der Mensch etwas anderes werden kann, als er ist. Es ist schön, wenn uns Lebenswege zugemutet werden und wenn eine Station des Lebens nicht alles ist. »Werdet Vorübergehende!« heißt ein Satz aus dem Thomasevangelium, das nicht in unserem

Kanon heiliger Schriften aufgenommen ist. Wir sind unterwegs. Das heißt, es ist uns mehr an Reichtum versprochen, als wir jetzt schon haben, und wir sind nicht eingesperrt in das Gefängnis gegenwärtiger Erkenntnis und Identität. Das heißt nicht, dass alte Identitäten und vergangene Lebensstationen falsch oder weniger wichtig waren. Wir sind nur weitergegangen, andere Tage haben ihre Wichtigkeit gewonnen. Unsere Sehnsucht treibt uns weiter, die Sehnsucht, einmal in die Heimat zu kommen, in der man endgültig bleiben kann. Wir sind hier nicht ganz zuhause, darum müssen wir weiter, bis wir in das Land kommen, in der keine Tage mehr sind, weil sich alle Zeit erfüllt hat.

Respekt vor dem anderen

Ich habe meine Enkelkinder gefragt, vor wem sie Respekt hätten. Der Älteste – fünfzehn –: »Vor meinem Vater.« Die Zweite – elf, sie ist verliebt ins Tanzen –: »Vor meiner Ballettlehrerin.« Der Dritte – sechs –: »Vor meiner Lehrerin und vor meinem großen Bruder.«

Dann habe ich gefragt, warum sie vor diesen Menschen Respekt hätten, und es kam heraus: Es sind Menschen, die etwas können; die für etwas stehen; denen man vertrauen kann; zu denen man aber in einer gewissen Distanz steht, und der Kleinste fügte hinzu: »Man hat auch etwas Angst vor ihnen!« Als ich dann der Mutter dieser Kinder von der Unterhaltung erzählte, sagte sie empört: »Vor mir und den Großeltern scheint die Bande wohl keinen Respekt zu haben.« In der Tat gleicht unser Verhältnis zu diesen Enkelkindern eher dem einer kumpelhaften Balgerei. Es ist schön, liebevoll und unmittelbar. Aber schön ist auch, dass die Kinder noch ein anderes Verhältnis zu Menschen kennen; dass sie Menschen kennen, die ihnen voraus sind im Alter, in der Erfahrung, vielleicht auch in den Lebensniederlagen; Menschen, die sie verehren und die für sie Bilder eines möglichen Lebens sind, früher hätte man gesagt: die Vorbilder für sie sind. Es ist schwer, wenn die Menschen ihre eigenen Meister sein müssen und keine anderen Lebensbilder haben als die, die sie selber entwerfen. Es ist schwer, wenn junge Menschen in den Erwachsenen nur Kumpels finden, die süchtig nach der Nähe zur Jugend sind und die Distanzen nicht vertragen. Eine der Schwierigkeiten, alt zu werden, ist, dass man selber immer weniger auf Ältere trifft; immer weniger Menschen, die einem im Leben voraus sind und die einen das Leben lehren.

Die Antworten meiner Enkelkinder sprechen von einem Respekt, der begründet ist in den Eigenschaften der respektablen Person; des Vaters, der älter und vertrauenswürdig ist; der Lehrerin, die man achtet und etwas fürchtet; des älteren Bruders, der einen beschützt und zu dem man aufschauen kann. Es ist ein Respekt, der von unten nach ober erwiesen wird: vom Unerfahrenen zum Erfahrenen, vom Jüngeren zum Älteren. Ich will von zwei anderen Arten des Respekts reden, die nicht so ohne weiteres naheliegen: der Respekt vor dem intimen Anderen und der Respekt vor dem Feind.

Der intime Andere, damit meine ich die Menschen, mit denen man täglich umgeht; die Hausgenossen, mit denen man vertraut ist und die man liebt: die eigene Frau oder der eigene Mann, die Kinder und die Freunde, mit denen man alltäglich umgeht. Genügt es denn nicht, dass ich diese liebe und ihnen nahe bin? Wozu Respekt, und was könnte hier Respekt bedeuten? Gerade wenn man sich liebt, glaubt man keine Grenzen zu brauchen, und man tendiert dazu, immer stärker symbiotisch ineinanderzufließen. Was Dein ist, ist auch Mein, sagt man, oder: wir haben keine Geheimnisse voreinander. Respekt vor einem Menschen haben, heißt zugeben, dass auch der Nahe ein anderer ist; dass er sein Geheimnis hat und dies bewahren darf; dass er nicht erobert werden und in blanker Offenheit vor einem liegen soll. Und so wird, wer Respekt kennt, nicht in die Freundschaften des anderen eindringen, wenn er nicht eingeladen wird; er wird seine Post und sein Tagebuch nicht lesen, auch nicht das der Kinder; er wird nicht alles vom anderen wissen wollen. Er respektiert Grenzen. Langfristige Lebensverhältnisse brauchen Distanz. Nicht nur Intimität und Nähe sind hohe Güter, ebenso wichtig sind Grenzen, die man respektiert und nicht überschreitet.

Der Respekt in intimen Verhältnissen zeigt sich in der Form. Es gibt auf Dauer keine Intimität ohne Struktur, Form und Ritual. Zunächst liebe ich Respektrituale, weil sie schön sind. Ich habe ein altes Ehepaar vor Augen, das schon lange zusammenlebt. Mich bewegt die Höflichkeit der alten Leute zueinander; ihr Bitte und Danke, wenn sie sich bei Tisch etwas reichen; wie der Mann der Frau in den Mantel hilft, ihr den Stuhl zurechtrückt und sich nicht eher setzt, bevor sie Platz genommen hat. Ebenso schön ist die

Höflichkeit der Eltern gegen ihre Kinder und der Lehrer gegen ihre Schüler. Es ist schon wahr: jede Liebe hat etwas Anarchistisches und durchbricht Formen. Es ist aber auch wahr, dass die Langfristigkeit und die Alltäglichkeit der Zuneigung durch Formen geschützt werden. Es zählt nicht nur die innere Überzeugung, die Herzensnähe und die Unmittelbarkeit der Verhältnisse. Die Innerlichkeit der Menschen, ihre Zuneigung und Nähe zueinander wird blass, wenn sie nicht ihr Spiel der Höflichkeit und der Achtung findet. Das Herz muss seine Poesie in der Figur und in der Form finden. Der Mensch ist nicht nur Innerlichkeit, er ist auch Leib. Der Leib aber muss in den Formen das Spiel der Zuneigung und der Zugehörigkeit mitspielen.

Die Form wird gerade in den Ambivalenzen der Nähe und in ihrer langfristigen Gewöhnlichkeit wichtig. Wenn die Zuneigung bedroht ist und in Zeiten, da Menschen es schwer miteinander haben, ist die Form oft klüger als das Herz; ist die Höflichkeit wahrer und hoffnungsvoller als die innere Augenblicklichkeit des Menschen. Schlimm ist es, wenn man in Zeiten der Dürre nicht mehr hat als die eigene Unmittelbarkeit; wenn man nicht an Formen gearbeitet hat, die Menschen hinüberretten in das Land der Versöhnung. In der Form ist man sich selber voraus, und man spielt schon den Versöhnten, der man morgen vielleicht erst sein wird. Die Formen sind wie Masken des Gelingens, die dieses vorspielen, wo es noch nicht ist. Jeder weiß natürlich, dass Formen die pure Verlogenheit sein können, die nichts mehr vorspielen, sondern nur noch vorgaukeln, was nicht da ist. Aber es gibt eine andere Täuschung, das ist das Zutrauen zum Augenblick und die Heiligsprechung der Unmittelbarkeit. Die augenblicklichen Stimmungen und Gefühle sind zwiespältig. Der Mensch ist mehr als sein Augenblick. Er ist auch sein Gestern, als seine Liebe noch groß war. Er ist auch sein Morgen, wo sie vielleicht wieder wachsen wird. Daran erinnert ihn die Form der Höflichkeit und des Respekts. Sie sind nicht nur Äußerlichkeiten, sie sind die in die Geste geflossene Langfristigkeit des Menschen. Ohne sie werden unsere Beziehungen und unsere

Wahrnehmungen zusammenhanglos und zufällig. Ich zitiere einige Sätze der Sozialanthropologin Mary Douglas:

> Symbolische Schranken und Grenzziehungen sind das, was die Erfahrungen des Menschen ordnet. ... In Wirklichkeit ist es gerade dieses Streben nach dauernder unstrukturierter Intimität in den sozialen Beziehungen, das so etwas wie ein »wortloses Einverständnis« unmöglich macht; denn nur rituelle Verhaltensstrukturen können eine wortlose Kommunikation ermöglichen, die nicht total inkohärent ist. (M. Douglas: Ritual, Tabu und Körpersymbolik, 1981, S. 75f.)

Die Form holt uns ans Tageslicht, und wir werden gerettet vor dem Zwielicht des reinen Augenblicks.

Kann man vor Feinden Respekt haben, und was ist dazu notwendig? Zunächst einmal: es gibt Feindschaften in unserem Leben. Es ist ein Trug zu meinen, es stände jederzeit in unserer Kraft, ihnen zu entkommen. Es gibt sie in der Ehe, es gibt sie zwischen Eltern und Kindern, zwischen Nachbarn und Kollegen. Und wenn sie besteht, braucht sie ihre Zeit. Wunden heilen langsam, und langsam nur kommen Menschen dazu, ihre Schuld voreinander einzusehen und zu ihr zu stehen. Auch der Zorn und die Wut brauchen ihre Zeit, denn auch sie sind menschliche Fähigkeiten. Wenn man sich auch noch nicht versöhnen kann, so kann man doch in den meisten Fällen Respekt voreinander haben. Man braucht den Feind nicht zu lieben, man kann es auch nicht. Dies zu wissen, ist eine Entlastung. Aber Respekt könnte man haben. Das christliche Gebot der Feindesliebe kann ja nichts Unmögliches bedeuten. Es kann nicht bedeuten, dass man in seinen Gefühlen dem nahe ist, der einen gekränkt und verletzt hat oder den man selber verletzt hat. Wir sind keineswegs immer Herr im eigenen inneren Haus, auch nicht Herr über die Nähe oder die Entfernung, die wir zu Menschen haben. Aber wir brauchen in der Kälte und in der Feindschaft den Respekt voreinander nicht aufzugeben, so viel Herr ist man schon über sich selber, jedenfalls meistens.

Während einer Demonstration wurde Martin Luther

King in Chicago von einem Stein getroffen. Er war zunächst voller Wut auf den jungen Mann, der den Stein geworfen hatte. Dann ging er auf ihn zu und sprach mit ihm; fragte ihn, woher er käme, wo er arbeitete und was ihn bedrückte. Er spielte das gewohnte und allen verständliche Spiel »wie du mir, so ich dir« nicht mit. Und dies ist eine Form des Respektes – des Respektes des schwarzen Bürgerrechtlers zunächst vor sich selber. Er erlaubte sich das große Nein zum Rachespielchen. Er gestattete sich die Würde, sich nicht unter die Spielregeln zu beugen und dem Racheautomatismus zu verfallen. Er erlaubte sich die Ordnungswidrigkeit der anderen Antwort auf die Feindschaft als der erwarteten. So starb die Feindschaft, der die Nahrung der Rache vorenthalten wurde.

Dies ist ein großes Beispiel des Lebensgewinnes. Oft entmutigen die großen Beispiele aus heroischen Situationen uns kleine Leute. Nehmen wir als anderen Fall die zwei Menschen, deren Ehe zu zerbrechen droht und die in der Gefahr sind, in der gemeinsamen Kälte zu erstarren. Was sollen sie tun, und wie können sie den Respekt vor sich selber und vor einander bewahren? Ich komme zunächst wieder auf die Form, die uns hilft in der Intimität der Liebe wie in der Intimität des Hasses. Die Form rettet uns vor uns selber, sie unterbricht die Geläufigkeiten, in die man sich hineingesteigert hat. Das Verhalten von einander feindlich Gesinnten gleicht oft einer Schlittenfahrt auf ausgefahrener Bahn. Die Menschen können nicht mehr steuern, ihr Verhalten läuft ab, wie der Schlitten seine Bahn immer wieder fährt. Die Form könnte, wenn die Feindschaft nicht zu groß ist, die Glattheit, in der Menschen ihren eigenen Abläufen verfallen sind, verhindern. Die Form schafft Distanz, Distanz auch zu dem eigenen Hass.

Wichtiger noch als in den Situationen der Nähe ist hier die Form der Höflichkeit und der Achtung. Entscheidend scheint mir im Zustand der Lebenskälte zu sein, ob man zumindest Momente einer Gesprächskultur retten kann. Die eine Gefahr ist, dass man völlig in Stummheit erstarrt und dass alle Sprache vereist ist. Die andere Gefahr ist, dass man in einen kommunikativen Dauerclinch verfällt und sich jederzeit auf der Zunge hat. Mit der Sprache des Dauerclinchs kann man nichts mehr regeln und keine Welt mehr gewinnen. Man wiederholt sich nur selber und befestigt das Unglück in der Wiederholung. Die Sprache besteht nur noch aus Abläufen, und sie gleicht durchdrehenden und heißlaufenden Rädern. Wenn der Hass noch nicht zu tief ist, könnte man Regeln und Formen finden, die dies verhindern. Man könnte für das Gespräch Abmachungen treffen, etwa wann, wo und wie lange man miteinander spricht und damit der Gefahr der Stummheit und der Gefahr der Dauerberedung entkommen. Jeder muss sich darauf verlassen können, dass die Abmachungen eingehalten werden. Der verlässliche Gegner ist schon ein halber Freund. Wie in der Liebe so muss man auch in der Feindschaft Distanz halten können. Vielleicht werden die Verhältnisse dann nicht ohne weiteres gerettet, aber sie werden menschlicher, und man muss den Respekt vor sich selber und vor dem anderen über der Feindschaft nicht verlieren.

Zur Überwindung der Feindschaft gehört der Mut, sie nicht zu verleugnen. Es gibt derzeit einen Souveränitätszwang, der mir problematisch scheint. Ich denke an ein junges Paar, das sich getrennt, sich aber in der Trennung geschworen hat, die Freundschaft zueinander nicht zu verlieren. So besuchen sie sich sehr bald, in die Freundschaft werden die neuen Partner einbezogen, die bald auf der Bildfläche erscheinen. Es wird gar ein religiöses Trennungsritual gefeiert, das die beiden miteinander und mit ihrer Vergangenheit versöhnen soll. Der Anspruch eines solchen Paares ist groß, vielleicht zu groß? Wenn sich früher ein verlobtes Paar getrennt hat, hat man sich in einer großen und manchmal etwas lächerlichen Geste die Geschenke zurückgeschickt, man hat die Freunde sortiert und sich nicht mehr gegrüßt. Nicht nur die Menschen wurden geschieden, man hat auch die Welten, in denen diese Menschen lebten, geschieden. Man war konsequent bis zur Komik. Könnte es auch eine Verneinung der realen

Getrenntheit bis zur Komik geben? Alles, was wichtig ist im Leben, braucht Zeit, nicht nur die Liebe, auch die Feindschaft. Distanz zu halten, ist manchmal gnädiger, menschlicher als die zwanghafte Verleugnung der Situation. Vielleicht stammen solche Zwänge aus der Unfähigkeit, sich Niederlagen und Scheitern einzugestehen. Wo man jederzeit selber Garant der Lebensganzheit und des Lebenssinnes sein muss, da müssen selbst die großen Einbrüche noch in Gelassenheit hingenommen werden. Aber die Welten werden falsch und unerträglich. Erst wo man weiß, dass man nicht selber Grund des Lebens sein muss, kann man sich die eigene Gebrochenheit, die Irrtümer und die Schuld eingestehen. Erst das Eingeständnis der eigenen Endlichkeit und Zerbrechlichkeit macht uns zu geschwisterlichen Menschen; Menschen, denen es in Geduld gelingt, so miteinander umzugehen, dass keiner den anderen verachtet. Dass mir ein anderer nicht als verächtlich erscheint, das heißt Respekt vor ihm haben.

Die Wurzeln der Toleranz

Es gibt die Geschichte der Intoleranz in allen Religionen, auch im Christentum. Sie zu beschreiben, ist leicht. Sie soll nicht unterschlagen werden, wenn wir unsere eigene Geschichte betrachten, aber sie zu zitieren, genügt nicht. Man kann nicht leben, wenn man immer nur die Geschichte des Verfalls zitiert. Ich frage nach der biblischen Tradition, die uns zur Toleranz dem Fremden gegenüber ermutigt und stoße auf eine wundervolle Stelle im Römerbrief: »Der Geist gibt Zeugnis unserem Geist, dass wir Kinder Gottes sind.« Was aber hat dies mit Toleranz zu tun? Das Wort kommt nicht vor, aber es ist der Grund der Sache. Der Geist bezeugt uns, und wir sind nicht gezwungen, unsere eigenen Lebenszeugen zu sein. Wir müssen uns nicht selber erjagen, nicht selber rechtfertigen. Wir sind vor dem Gott der Gnade, weil wir von ihm angesehen sind, nicht weil wir ansehnlich sind. Wir brauchen uns nicht selber zu gebären, weil wir von ihm geboren sind. Nicht unsere Weisheit, nicht die richtigen religiösen Sätze, nicht unsere eigenen Künste rechtfertigen uns vor dem Blick dieses Gottes. Wir sind die, als die wir vom Geist bezeugt sind, wir sind Kinder Gottes.

Der Versuch, sein eigener Lebensmeister zu sein, sich selber zu erjagen und sich durch sich selber zu rechtfertigen; der Zwang, sich selber zu gebären und sich in der eigenen Hand zu bergen, führt in die Verzweiflung und in den Kältetod. Das, wovon wir eigentlich leben, können wir nicht herstellen – nicht die Liebe, nicht die Freundschaft, nicht die Vergebung, nicht die eigene Ganzheit und Unversehrtheit. Man kann sich nicht selbst beabsichtigen, ohne sich zu verfehlen. Man kann sich nicht selbst bezeugen, ohne der Verurteilung zu verfallen. »Der Geist selbst gibt Zeugnis unserem Geist, dass wir Kinder Gottes sind.« Dies nennen wir mit dem alten und schönsten Wort unserer Tradition Gnade.

Was aber hat dies mit Toleranz zu tun? Dies: Gewaltlosigkeit ist die Form, in der sich der Verzicht auf die Selbstbegründung zeigt. Auf sich selber setzen und unter dem Zwang stehen, sich selber zu bezeugen, enthält hohe Anteile an Aggressivität und Gewalt. Ich denke z. B. an die nationalen Identitätszwänge. Nationalistische Selbstdarstellung ist durchweg mit kriegerischen Bildern verbunden. Ich denke an die Straßennamen unserer Städte, sie haben oft mit Kampf, Sieg und Gewalt zu tun. Ich denke an die Tannenbergplätze, die Sedanstraßen; an alle die Straßen und Plätze, die mit Generälen und Feldherrn zu tun haben. Wir sagen uns, wer wir sind, indem wir aufzählen, welche Schlachten wir geschlagen und welche Siege wir errungen haben. Ich denke an die unerlässliche Anwesenheit des Militärischen bei der symbolischen Selbstdarstellung eines Staates: das Begräbnis mit militärischen Ehren, der Empfang eines Staatsbesuches mit militärischem Zeremoniell, der Neujahrsempfang einer Stadt, den in unbefragter Selbstverständlichkeit Kirche und Militär schmücken.

Wer bezeugt ist, braucht sich nicht selber zu bezeugen. Er hat es nicht nötig, ständig seine Muskeln und seine Stärke zu zeigen. Er ist nicht zum Siegen und nicht zur Überheblichkeit verurteilt. Wir müssen uns nicht selber benennen, denn wir sind genannt, ehe wir uns einen Namen gemacht haben. Wir können in Gelassenheit Fragment sein, denn unsere Ganzheit liegt im Blick Gottes, nicht in uns selbst. Wir müssen nicht alles wissen, in uns muss nicht alle Wahrheit zu finden sein. Wir sind Fragment, als einzelne und als Kirche. An unserem Wesen muss die Welt nicht genesen, und wir können uns die Freiheit nehmen, uns nicht absolut zu setzen – eine Lebenserleichterung für uns selber, denn wir sind von der Last der Einzigartigkeit befreit; ein Lebensraum für andere Wahrheiten, andere Lebensentwürfe und andere Sprachen der Hoffnung. Man kann sich in Ruhe sagen: ich bin einer unter vielen, mein Land ist eines unter vielen, mein Glaube ist einer unter vielen. Gott ist alles, das genügt. Wir sind endliche Wesen, und so brauchen wir andere Lebensentwürfe, andere Hautfarben und andere Religionen nicht zu unseren Opfern zu machen. Sie sind unsere Geschwister – Menschen wie wir und Menschen anders als wir.

Das Bewusstsein der eigenen Endlichkeit als Freiheitsbewusstsein, die Gelassenheit und die Gewaltlosigkeit dem anderen Leben gegenüber stammen aus der Gewissheit, dass man selber nicht ein Nichts ist; dass die Güte einen ins Leben gerufen und beim Namen genannt hat. Toleranz gelingt nur da, wo man sich seiner selber halbwegs gewiss ist. Man muss wissen, welches die eigenen Traditionen sind, woher man kommt und was die eigenen Lebensoptionen sind. Es gibt eine hinfällige Toleranz, die nichts anderes ist als Selbstschwäche. Es ist eine Haltung, aus der heraus man alles, aber auch alles, sein lässt, weil man sich selbst verschwommen ist und weil man nicht glaubt, dass die Wahrheit erkennbar ist. Eine starke Toleranz setzt voraus, dass man sich selber kenntlich und gewiss ist. Zur Toleranz, die ein Gespräch mit anderen möglich macht, gehören Partner, die wissen, wer sie sind und wer sie nicht sind; die ihre Eigentümlichkeiten und ihre Grenzen kennen. Der symbiotische Wunsch, alle Grenzen niederzureißen, ineinanderzufließen unter Verleugnung aller Unterschiede, zerstört die Dialogfähigkeit. Ein Dialog mit einem Buddhisten, der als solcher nicht erkennbar wäre, würde mich nicht interessieren, und ich könnte ihm nicht einmal glauben. Man muss jemand sein, um sich zu jemandem verhalten zu können. Auch das freundlichste Un-Wesen ist in der Gefahr, ein Unwesen zu werden für die anderen.

Der Geist gibt Zeugnis unserem Geist, dass wir Söhne und Töchter Gottes sind. Wir sind, denn wir sind bezeugt. Wir sind nicht alles, denn alles ist nur Gott. Aber wir sind, und wir sind ein lebendiger Teil von allem. Aus dieser Gewissheit heraus müssten wir streiten können; denn die Auseinandersetzung und der Streit der Geschwister gehört zur Toleranz. Toleranz heißt nicht die geglückte Selbstauflösung in ein blasses Allgemeines. Wir sollen nicht in eine nicht mehr unterscheidbare Allgemeinheit von Gesinnung, Lebens- und Glaubensweisen verschwimmen, sondern jedem soll zu seiner geläuterten Eigentümlichkeit verholfen werden. Toleranz heißt nicht nur, dass ich geduldet bin mit meiner Wahrheit, sondern dass ich nicht im Stich gelassen werde von der Wahrheit der anderen. Ich bin Fragment, ich weiß etwas, aber nicht alles. Das heißt, dass ich die Korrektur und die Ergänzung durch die fremde Wahrheit brauche, wie die anderen die Korrektur durch meine Wahrheit brauchen. Toleranz ist dialogisch, sie sucht den anderen mit der anderen Wahrheit auf, sie lernt und lehrt, sie streitet. Die Wahrheit entsteht im Gespräch der Geschwister. Die Einheit mag das Ziel der Toleranz sein, aber es kann keine Einheit unter Ausschluss der Wahrheit geben. Die Verzweiflung an der Erkennbarkeit der Wahrheit und der richtigen Lebenswege kann man nicht Toleranz nennen. Wir sind wahrheitsfähig und wir sind irrtumsfähig; die anderen sind wahrheitsfähig und sie sind irrtumsfähig. Das muss man wissen, um miteinander reden und streiten zu können.

Die Toleranz verlangt übrigens nicht von mir, dass ich die Eigenart der anderen liebe, ihre Lebensweisen, ihre Lieder, ihren Glauben. Der Mensch ist endlich, auch in seiner Kraft zu lieben. Es wäre eine Überforderung, von sich zu verlangen, nun plötzlich die türkische Musik zu lieben, die asiatische Küche, die Tänze der Indianer und die Spiritualität des buddhistischen Zen-Meisters. Ich kann mir gestehen, dass mir sogar das eine oder andere auf die Nerven geht. Noch mehr auf die Nerven allerdings gehen die, die ihr Eigenes nicht kennen und immer auf der Flucht in das Fremde sind. Das Fremde kann zu unserem Reichtum werden, es kann auch unser Schmerz sein. Die Hauptsache ist, wir haben die Kraft, den Fremden ihre Fremdheit zuzugestehen und sie zu achten. Mehr ist nicht verlangt, und das ist schon schwer genug.

Wo man ins Gespräch kommt, d.h. wo die Wahrheiten und Irrtümer aufeinander stoßen, da gibt es Auseinandersetzungen und möglicherweise auch Streit. Der Streit ist ein Mittel, die Wahrheit zu gewinnen, wo Menschen ihn austragen, die wissen, wer sie sind und die strikt auf Gewalt verzichten. Wir leiden nicht nur an der Intoleranz, wir leiden auch an Harmoniediktaten und an Einigkeitssüchten, die die Wahrheit vernachlässigen. Der Streit verträgt das Licht der Öffentlichkeit, wo auf Gewalt verzichtet wird. Die Hauptfragen des Lebens sind nicht die nach satzhaften dogmatischen Richtigkeiten. Die Hauptfragen sind diese: Wer schlägt, und wer wird geschlagen und wer sieht zu, wie einer schlägt? Wer profitiert, wer ist Opfer und wer schweigt, wo einer Opfer wird? Über diese Fragen müsste man sich eigentlich verständigen können quer durch die Konfessionen, die Religionen, die Kulturen und Nationalitäten. Die Ökumene in diesen Fragen ist mehr wert als die Einheit in Glaubenssätzen, und seien sie noch so richtig.

Überlieferungen und Brüche

Die Welt meiner Kindheit kannte das Wort Tradition nicht, weil man nichts anderes hatte als diese. Die Toten hatten uns gelehrt, wie man das Leben meistert. Sie hatten uns gelehrt, wie man Kinder erzieht, Tote beerdigt, trauert, liebt, betet, Wurst macht und Sauerkraut einlegt. Es war Sitte und Selbstverständlichkeit, auf sie zu hören. Vielleicht ist das sogar richtig in Zeiten, die sich wenig ändern und in denen die Alten auf Grund ihres Alters, der langen Lebensbeobachtung und der Erfahrungen die Weisen sind.

Die Welten sind zusammengebrochen, in denen die Toten die Lebensmeister waren. Die Biographie von fast jedem von uns kennt Brüche, die früher kaum denkbar waren – Bruch mit herkömmlicher Religiosität, Brüche mit Partnern, Brüche mit alten Heimaten, Brüche in Berufen und Lebensvorstellungen. Wir sind unseren Eltern und Großeltern eher unähnlich als ähnlich. Ich bin über 70 Jahre alt. Meine Generation musste nicht nur lernen. Sie musste auch verlernen. Sie musste alte Sexualitätsvorstellungen verlernen, alte Muster des Verhaltens in der Erziehung, in der Partnerschaft, in der Religion. Wir sind die, die sich abgewandt haben von den Traditionen oder denen sie unter der Hand zerronnen sind. Aber wir Alten kennen die Traditionen noch. Wir kennen die alten Geschichten der Bibel, die Kirchenlieder, die Sprichwörter, die Bräuche. Es ist für viele von uns nur ein schwaches, ein nostalgisches Wissen, dessen Praxis undeutlich ist. Viele meiner Generation sind froh, dass sie diesen alten Welten und ihrer Gewalt entronnen sind. Einigen von uns ist das Verhältnis zu den Überlieferungen nur noch schwer möglich, gerade weil sie sie kennen und weil sie unter ihnen gelitten haben. Für sie hat der Bruch seine fatale Endgültigkeit.

Es gibt andere meiner Generation, die der Versöhnung fähig sind; die der Bruch gelehrt hat, den eigentlichen Sinn einer Tradition zu sehen, sie so zu interpretieren, dass ihre Freiheit und Subjektivität nicht eingeschränkt wird.

Sie sind Freigeister mit einer langen Erinnerung geworden. Dies sind sie geworden durch den Bruch und nach dem Bruch. Und so ist meine These: Brüche müssen nicht unbedingt Traditionen auflösen. Sie können einen neuen und intimen Zugang zu ihnen finden. Für viele ist der Bruch eine Voraussetzung eines neuen freiheitlichen Verhältnisses zu Überlieferungen. Meine Generation, die Generation der Großväter und Großmütter also, kann vielleicht nach ihren eigenen Niederlagen, Brüchen und Verletzungen auf etwas hinweisen, was sie selber halb verloren hat. Diese Alten könnten vielleicht ihren Enkelkinder mehr erzählen, überliefern, als sie es mit ihren eigenen Kindern gekonnt haben. Ich sehe in unserer eigenen Familie, dass wir den Enkeln mehr erzählen und mit ihnen öfter in der Bibel lesen, als wir es mit den eigenen Kindern gekonnt und gemacht haben. Das liegt vielleicht auch daran, dass wir keine Gewalt über die Enkelkinder haben und keine pädagogischen Absichten für sie. Die gewaltfrei und absichtslos dargebotene Überlieferung kann man am ehesten annehmen.

Wir Alten wissen, wovon wir uns getrennt haben und was wir vielleicht wieder neu lieben gelernt haben in einsamen Welten. Spätestens die Generation der Enkel, in den säkularen Großstädten schon die Generation der Kinder, kann sich kaum von einer Tradition trennen, weil sie solche kaum kennen und erlebt haben. Ich erinnere mich an eine Szene aus einem Seminar. Es waren dort einige Freikirchler, die sich über die Rigidität ihrer Herkunft lautstark beklagten. Die meisten der Studierenden kamen aus Hamburg, aus einer säkularen und traditionsfreien Stadt. Eine Studentin sagte beinahe neidisch: »Ihr habt es gut. Ihr könnt wenigstens noch von irgendwo weggehen.« Ein Freund, in einer katholisch-engen Landschaft erzogen, schickte mir neulich ein Manuskript, in dem er mit seinen eigenen Traditionen abrechnete und die Freiheit des Subjekts gegen sie einklagte. Der Verleger, dem er dieses Manuskript anbot, winkte ab: »Das sind die Fronten von gestern, die Feinde sind da schon lange abgezogen!« Die Ratgeberecken in Buchhandlungen zeigen, wie selbstverständliches Lebenswissen verlorengegangen ist. Darum muss man neu lernen, wie Kinder zu erziehen sind, wie Partner sich zueinander verhalten sollen, wie man trauert und wie man liebt.

Was kann man in Landschaften vermuten, in denen allgemeine und langfristige Vorschläge des Denkens, der Lebensvisionen und des Verhaltens (so möchte ich einmal Traditionen nennen) nicht mehr oder nur sehr blass vorhanden sind? Was ist zu erwarten von Lebenskontexten, aus denen Menschen sich nicht einmal mehr entfernen können, weil sie konturlos sind? Menschen werden auf sich selbst geschleudert. Sie werden unerträgliche Gäste ihrer selbst, weil sie sich nicht mehr verfremden können in Vorlagen, seien es Bräuche, Verhaltensmaximen, Geschichten oder Sprichwörter. Menschen werden gezwungen, Autoren ihrer selbst zu sein, ihres Verhaltens, Denkens und ihres Glaubens. Was wir vor 50 Jahren als Befreiung ersehnt haben, ist zu einer neuen Fessel geworden, zur Gefangenschaft der Subjekte in sich selbst.

Was kann man erwarten in dieser Situation? Ich glaube, dass wir es nicht lange aushalten in der Einsamkeit mit uns selbst, und das ist schon keine Glaubenssache mehr. Man sieht an vielen Stellen, wie Menschen versuchen, sich selbst zu entkommen. Ein problematischer Weg sind die neuen Fundamentalismen, in denen sich Menschen neu in alte Besinnungslosigkeiten stürzen, indem sie ihr Denken, ihre Gewissen und ihre eigenen Optionen verraten, um ja nicht mehr auf diese unerträgliche Weise nur man selber zu sein. Sie wollen mehr werden, als sie sind. Sie wollen sich verbünden, sie wollen einen Ort der Hingabe. Jeder dieser Wünsche ist verständlich und gut. Nur die fundamentalistische Lösung ist gefährlich. Es könnte aber sein, dass wir in Zukunft massiv in Kirche und Gesellschaft mit solchen Lösungen zu tun bekommen.

Man sieht aber auch andere und hoffnungsvollere Wege. Man sieht an allen Orten sich junge Menschen Traditionen zuwenden, die sie nie gekannt haben. Fast könnte man sagen, je fremder sie sind, um so mehr Vertrauen bringt man ihnen entgegen. Junge Menschen studieren das tibetanische Totenbuch, sie gehen in indianische Schwitzhütten, sie haben ihren Guru, sie üben Zen oder Tai Chi. Andere fahren nach Taizé, gehen in Klöster als Mönche auf Zeit und wenden sich neu ihnen kaum bekannten christlichen Traditionen zu. Fast könnte man sagen, je fremder die Tradition, um so leichter wird sie angenommen. Traditionslosigkeit weckt offensichtlich den Hunger nach Traditionen. Vorläufig wird es vielleicht eher ein Flanieren durch religiöse und spirituelle Landschaften sein. Ich kritisiere dies nicht, wohl sehe ich die Grenze eines solchen Verhaltens. Eine Überlieferung haben heißt auch, sich ihr zu beugen, nicht in blinder Ergebung, eher in der Demut eines Freigeistes, der sich bindet, weil er nicht überall zuhause sein kann und weil einen auf Dauer das herrische Flanieren nicht satt macht.

Wir können uns auf Dauer nicht erschöpfen in der Absage an alle Überlieferungen, weil wir selber, wenn wir generative Menschen sind, etwas überliefern müssen. Ein Mensch ist ein Wesen, das seinen Nachkommen etwas vermacht. Er sorgt dafür, dass seine Kinder nicht die Ersten sein müssen, sondern dass sie sich in einer Kette von Generationen wissen dürfen, und das heißt, etwas von dem wissen, was die Alten gewusst haben; die Lebensvorschläge kennen, die sie uns machen; die Hoffnungen und Geschichten kennen, die sie getröstet und erbaut haben. Wir sind es unseren Kindern schuldig, dass wir etwas wissen. Wir schulden ihnen, Lehrer und Lehrerinnen zu sein. Wie aber macht man das, wenn man selber in zeitgenössischer Gebrochenheit lebt; wenn man nicht genau weiß, wozu man gehört und was die Haupterzählungen des eigenen Lebens sind? Ich glaube, dass man nicht hauptsächlich deshalb etwas weitergeben kann, weil man etwas fest und sicher weiß und hat, sondern weil andere etwas brauchen. Eine Geschichte soll dies deutlich machen. Vor einiger Zeit traf ich eine ehemalige Theologiestudentin, die kurz vor dem Examen ihr Studium abgebrochen hatte und mit pathetischer Geste Kirche und Christentum verlassen hatte.

Sie erzählte mir dies und das, auch dass sie drei Kinder habe. Dann sagte sie: »Du wirst es nicht glauben, aber ich bete mit den Kindern. Ich weiß nicht recht, ob ich selber glaube, aber meine Kinder brauchen doch mehr als Kleidung und Nahrung.« Mich überzeugt die Demut dieser Frau, die sich in ihrem Verhalten den Kindern gegenüber nicht selber und die eigene Kargheit zum absoluten Maßstab machte. Sie gab, wovon sie kaum hatte, und im Blick auf die Kinder wurde sie sprachfähig und konnte mehr sagen, als ihr eigenes Herz ihr zu sagen erlaubte. Sie hat nicht narzisstisch nur mit sich selbst geliebäugelt, sondern sie hat auf ihre Kinder gesehen, und so konnte sie geben, was sie kaum hatte. Die Frage: Haben wir selber etwas, was wir unsere Kinder lehren können? ist nicht zu beantworten, weil es eine Frage vor dem Handeln ist. Wenn wir anfangen, unsere Kinder beten zu lehren, ihnen biblische Geschichten zu erzählen, sie Lieder zu lehren, dann werden wir merken, ob wir dies können. Wenn wir nicht gebannt sind durch unsere eigene Gebrochenheit und wenn wir Humor mit ihr und mit uns haben, dann finden wir schon Brot, das wir den Nachkommen mitgeben.

Für die Kirchen, für ihre Akademien, den Religions- und Konfirmandenunterricht, für ihre Rede in den Medien ergibt sich in diesen undeutlichen Zeiten die strenge Pflicht zur Deutlichkeit. Kirche soll sich nicht durch alles Mögliche interessant machen; sie soll keinen Kurs über »Paddeln und Instinkternährung« anbieten, wie ich es im Programm einer evangelischen Akademie lese. Sie soll ihre Hauptgeschichten erzählen und sich nicht in Allotria erschöpfen. Vielleicht zwingt sie die finanzielle Knappheit zu Kontur und Eigentlichkeit. Ich meine damit nicht, dass diese Kirche sich im innerreligiösen Geklapper erschöpfen soll. Sie soll Zeitgenossin sein und die Fragen und Ängste einer Zeit in ihre Räume und ihre Rede lassen. Die Hauptfrage aber ist, ob ihre Rede aus dem Grundgespräch mit jener alten Tradition kommt. Die für die Kirche Redenden, ob auf der Kanzel, im Religionsunterricht, im Fernsehen oder in den Morgenandachten, haben kein Recht dazu, sich in der eigenen Ratlosigkeit zu erschöpfen. Sie sind verpflichtet, eine Lehre zu haben.

Traditionen, Erinnerungen, grundlegende Erzählungen halten sich nur schwer, wenn sie keinen anderen Ort haben als das Herz und den Mund der einsamen Subjekte. Sie sind an kommunitäre Gebilde gebunden, an das Dorf, an Gemeinschaften, an Gruppen. Es ist nicht nur das traditionelle Wissen verblasst, die Welten sind untergegangen, in denen sich solches Wissen halten konnte. Die Kirche ist eine der wenigen Orte, an denen eine Kultur der Überlieferung möglich ist. Überlieferungen halten sich, indem sie in Gruppen kursieren. Die Kirche ist eine solche kostbare Gruppe, fast die einzige noch in unserer Gesellschaft, und darum sind dort solche Freigeister mit Überlieferungen zu erwarten.

Verzicht als Gewinn

In den Fesseln der groben Natur
In meiner frühen Lebenszeit noch hat die grobe Natur die meisten Menschen von morgens bis abends beherrscht. Sie haben viele Stunden am Tag gearbeitet, sie haben sich kaum gegen Nässe und Kälte schützen können. Im Winter hatte man natürlich Frostbeulen und aufgerissene Hände. Man musste täglich lange Wege gehen, man hat unendlich lange gekocht. Die Lebensmittel waren gefährdet, weil es im Sommer kaum Kühlsysteme gab. Die Menschen konnten sich nur schwer gegen Krankheiten schützen, die Alten waren zahnlos und gebückt, die Kindersterblichkeit war hoch. Nicht einmal die Flüsse waren sauber, es waren die großen Kloaken der Städte und Dörfer. Nein, es war keine schöne Welt. Kein Wunder, dass viele Kirchenlieder und Gebete so düster waren! Kein Wunder, dass man nach dem Tod in einer anderen Welt vor allem Ruhe erwartete! Todesanzeigen aus jenen Zeiten formulieren meistens, dass die Toten in die ewige Ruhe eingegangen sind, sie sagen, dass die Toten im Frieden und in Gott ruhen.

Die äußere Lebenshärte hat die innere Starre der Menschen verursacht. Sie waren gebannt in die eigene Rolle. Es gab wenig Spiel, und es war genau festgelegt, wie sich der Mann, die Frau, die Kinder, der Klerus, die Laien, die Herren und die Knechte zu verhalten hatten. Der Mann hatte hart zu sein, die Frau ergeben, und die Kinder hatten zu gehorchen. Es war schwer, auszubrechen aus konventionellem Denken. Man war konservativ, weil man der Zukunft misstraute. Sogar das Vertrauen zu Gott war nicht selbstverständlich, das zeigt die hohe Bedeutung des Opfer- und Sühnegedankens in der Frömmigkeit der Menschen. Man musste Gott versöhnen mit allerlei Dingen, die man sich selber vorenthielt und die man freiwillig abgab. Wir beurteilen jene Zeiten meistens nur moralisch und sehen nicht, wie die Härte der Existenz die Lebenszuversicht und die Hoffnung der Menschen in Zweifel gezogen hat.

Diese Welt war nicht nur die unserer Eltern und Großeltern. Sie reichte bis in meine eigene Kindheit und Jugend.

Die neue Freiheit
Dann kam es in kürzester Zeit anders, zumindest in unserer westlichen Welt. Man hat genug zu essen, man kann sich gegen Kälte und Hitze schützen. Maschinen erleichtern in früher unvorstellbarerweise unser Leben. Wir sind beweglich und entkommen der lähmenden Langsamkeit. Die Kinder sterben nicht rasch weg wie damals. Die Menschen werden etwa um ein Drittel älter als noch vor 150 Jahren. Sie arbeiten entschieden weniger, und entsprechend größer ist die Freizeit. Die Alten gehen gerade, haben Zähne, beten weniger und machen dafür Butterfahrten. Entfernungen spielen kaum noch eine Rolle, jedenfalls nicht in dieser reichen Welt. Auch die inneren Zustände der Menschen sind freier. Die Schulen und die Kirchen sind weniger autoritär. Das Verhältnis von Eltern und Kindern, von Alten und Jungen, von Männern und Frauen ist spielerischer geworden. Die Religion ist weniger düster als in früheren harten Zeiten, sogar das Gottesbild hat sich verändert. Das liegt nicht daran, dass wir um so vieles klüger sind als die Alten. Es liegt daran, dass die Bedingungen unseres Lebens selber freundlicher und weniger hart geworden sind. Nein, man kann nicht zurück wollen in die Zeiten äußerer und innerer Härte.

Zerstörung durch Grenzenlosigkeit
Aber es gibt eine andere Gefahr und eine neue Bedrohung der Freiheit, die die Folge einer grenzenlosen Lebensgier ist. Ich habe das Dorf vor Augen, in dem ich selber groß geworden bin. Es hatte vor 70 Jahren etwa 3 000 Einwohner. Diese Zahl ist etwa gleich geblieben, aber die bebaute Fläche des Dorfes ist dreimal so groß. Was bedeutet diese Zersiedlung und Zerstörung des Lebensraumes für die Zukunft unserer Enkel? Vor 70 Jahren gab es kaum ein Auto. Heute kann man sich kaum eine Familie ohne Auto vorstellen. Vor 70 Jahren war meistens nur die Küche ge-

heizt, heute fast jeder Raum des Hauses. Vor 70 Jahren kannte man keinen Urlaub und keine Sommerreisen. Heute gibt es nur wenige Familien ohne regelmäßigen Urlaub mit weiten Reisen. Vor 70 Jahren gab es eine Art Kargheitsautonomie. Die Leute haben die meisten Dinge selber verfertigt. Sie haben ihr gebrauchtes Geschirr nicht weggeworfen, sie haben es repariert. Sie konnten Strümpfe stricken, Würste machen, Lebensmittel konservieren ohne große technische Hilfsmittel. Sie waren weithin autark in der Gesundheitsfürsorge. Sie wussten, welche Tees gegen welche Krankheiten gut waren. Sie konnten sich das Leben nicht kaufen, wie wir es in einem noch reichen Land können. Sie mussten es sich erarbeiten. Einerseits haben wir an Freiheit gewonnen, andererseits ist das Leben durch unsere Weise, damit umzugehen, gefährdet wie nie. Drei Gefahren sind nicht mehr zu übersehen:

Die Natur lässt nicht mit sich umgehen, wie wir mit ihr umgehen. Sie schlägt zurück. Man muss schon völlig ideologisch verblendet sein, wenn man den Zusammenhang zwischen dem Abschmelzen der Polarkappen, der Versteppung weiter Landschaften, den großen Überschwemmungen der letzten Jahre und unserer Art zu leben leugnen will.

Wir gefährden die Lebensmöglichkeiten unserer Nachkommen. Mensch ist man dort, wo man sich an seine Vorfahren erinnert und wo man für seine Enkelkinder sorgt. Wo man sich derart über die Kreisläufe der Natur erhebt und ihr Gott und Herr sein will statt ihr Teil, da zerstört man nicht nur sich selber, sondern frisst die Zukunft der eigenen Nachkommen auf. Es gibt Tiere, die ihren eigenen Wurf auffressen, wenn sie nicht ihrer Art entsprechend gehalten werden. Könnte es sein, dass wir ihnen ähnlich werden?

Wir selber werden unserer eigenen Welt entfremdet, wenn wir uns als ihr gottgleicher Herr aufspielen. In dem Dorf meiner Heimat, das ich erwähnt habe, verschwinden seine alten Eigentümlichkeiten. Der Dialekt verschwindet mehr und mehr. Man spricht dort, wie man überall spricht.

Die Eigentümlichkeiten des Verhaltens verblassen. Die Erzählungen und die Erinnerungen verblassen. Die eigentümliche Küche verschwindet. Wenn man im Nu überall sein kann und überall ist; wenn man im Nu alles Verfügbare haben kann, dann verschwindet die Eigentümlichkeit der Welt. Es entstehen gleichförmige Welten, McDonald-Welten, in denen Menschen überall das gleiche essen, denken, lieben; sich auf gleiche Weise innerlich und äußerlich ausstatten. Jeder Jugendliche also braucht Nike-Turnschuhe, und jeder Erwachsene muss einmal auf Mallorca gewesen sein. Menschen entheimaten sich, sie werden ubiquitär und allgegenwärtig. Damit aber verlieren sie ihr Hier und Jetzt, ihren Ort und ihre Erlebniszeit. Die neue Blitzartigkeit und Verfügungsgewalt bedeutet den Verlust des irdischen Raums, eben der Heimat. Die irdischen Räume werden zerstört. Alles wird gleich, alles wird gleichgültig. Wer aber sind wir, wenn wir alle Erdenschwere verloren haben? Wo gehören wir hin? Was lieben wir und wem sind wir verpflichtet?

Verzicht als Gewinn

Was können wir tun, um unser eigenes Leben und das unserer Nachkommen zu retten? Wir können nicht zurück wollen in jene alte und harte Zeit, in der die Menschen Sklaven einer kalten Natur waren; in der sie die Natur nachgeahmt haben und auch gegeneinander hart waren. Wir können uns aber auch nicht weiter wie bisher als die Götter und die Moloche dieser Erde aufspielen. Vielleicht müssen wir einem alten Wort neue Ehre geben, dem Wort Askese. Es ist hier nicht eine Opferaskese gemeint, die dem Menschen befiehlt, das Beste von seinem Leben einem hungrigen Gott zu geben. Mit dem Begriff Askese war immer der Gedanke der Freiheit verbunden. Der freiwillige Verzicht sollte die Menschen davor bewahren, Sklave der Welt zu werden: Sklave des Geldes, des Essens und Trinkens, seiner Sexualität. Zugegeben, das alte asketische Denken war prinzipiell misstrauisch gegen die Freude am Leben. Es gibt aber eine Askese, die der Freiheit und der

Lust am Leben dient. Diese Askese lehrt uns, neue Fragen zu stellen: Welchen Ort muss ich nicht sehen, damit ich andere Orte mit offenen Augen sehen kann? Welches Buch muss ich nicht lesen, damit ich andere Bücher mit wachem Geist lesen kann? Was muss ich nicht haben, damit meine Lust an den Dingen wächst, die ich habe? Welchen Lebenskuchen muss ich nicht essen, damit meine Lust am Lebensbrot wächst? Eine solche Askese wäre darauf aus, die Sinnenhaftigkeit des Lebens zu erhöhen. Man muss Askese und Sinnlichkeit zusammendenken. Sinn und Sinnlichkeit hängen nicht nur im Wortstamm zusammen. Es gibt keinen Lebenssinn ohne die Erfahrung der Sinnlichkeit des Lebens.

Das Plädoyer für eine neue Moral, in der der Mensch seine eigene Begrenzung annimmt und anerkennt, richtet sich an einzelne. Aber als einzelne sind wir hilflos, und wir können uns nur schwer zu etwas entschließen, das nicht von vielen gewollt und getragen wird. Wir müssen wollen, dass die vernünftigen Begrenzungen unseres Lebens Gesetz werden. Wir müssen also wollen, dass das Flugbenzin teurer wird, dass wir nicht in sinnloser Mobilität verkommen. Wir müssen wollen, dass sinnlose Überflüssigkeiten nur noch schwer erschwinglich werden. »Überflüssige Dinge machen das Leben überflüssig«, sagt Pasolini in einem geheimnisvollen Satz. Es muss Gesetze gegen die Verschleuderung des Lebens geben. Man muss Parteien wählen, die lebensfreundlich sind. Mehr und besser noch: man muss Gruppen fördern, die der Vergeudung des Lebens widerstehen. (Die Psychologen sagen uns zwar, man dürfe nicht so »man muss« sagen, wie wir es hier tun. Aber es ist keine Zeit mehr zu verlieren, und darum ist das unfreundliche »muss« nicht zu umgehen.)

Noch einmal: Welche Chancen des Erfolgs gibt es? Werden einzelne und kleine Gruppen nicht überrollt oder bleiben sie nicht kleine Sonderwelten, ohne Einfluss auf eine Kultur, in der Grenzenlosigkeit alles ist? Das ist die Frage nach dem Erfolg. Aber Erfolg ist nicht die einzige Kategorie, an der ein Verhalten zu messen ist. Man muss gelegentlich widerstehen, obwohl der Widerstand überrollt werden und wirkungslos sein kann. Man ist es der eigenen Würde schuldig, nicht weiter mitzumachen an der Zerstörung der Welt unserer Kinder, selbst wenn die Weigerung erfolglos bleibt. Was aber dann? Manchmal lernen die Menschen nur durch die Katastrophen. Manchmal nicht einmal durch sie. Wie gelassen sprechen wir von Klimakatastrophen, von der Erwärmung der Erde, vom Zuendegehen der natürlichen Ressourcen, von der Verödung der Landschaften! Vielleicht werden unsere Urenkel einmal die Lust an der »totalen Mobilmachung« (Ernst Jünger 1931) verfluchen. Dies klingt pessimistisch, und ich bin pessimistisch. Aber unser Hauptfehler ist nicht der Pessimismus, sondern die Naivität, und vielleicht fängt die Bekehrung der Gesellschaft an mit der Fähigkeit, sich zu entsetzen über das, was unserer Zukunft blüht.

Der Gegner der Fastnacht

Wie soll ich mir den Gegner der Fastnacht denken? Am besten, ich stelle mir einen linken, intellektuellen, protestantischen Hamburger vor. Er ist Hamburger, er hält nicht viel davon, wildfremde Menschen zu berühren, ihnen um den Hals zu fallen oder sie gar zu küssen. Noch hat er ja keinen Sack Salz mit dem Wildfremden gegessen. Außerdem, im Thalia-Theater küsst oder berührt er seine Nachbarn ja auch nicht. Er hält auf Abstand, er ist schon beinahe Brite, nur mit etwas weniger Humor und mit mehr Stock im Rücken.

Er ist ein Intellektueller, die kindlichen Scherze des Volkes sind nicht seine Sache. Wohl könnte er aus sicherer Distanz eine volkskundliche Abhandlung über Fastnacht in Geschichte und Gegenwart schreiben. Er könnte verstehen und schreiben, wie das Volk, das der Argumente und der Sprache nicht mächtig ist, von Zeit zu Zeit eine solche Triebabfuhr braucht. Aus sicherer Distanz würde er den Orgiasmus billigen, vielleicht sogar den Orgasmus. Er selber hat Sprache und Argumente, so braucht er keinen Orgasmus. Vielleicht gibt es auch bei ihm eine Sehnsucht nach Tollheit, aber er ist kontrolliert, und nur heimlich, wenn er allein ist, erlaubt er sich 10 Minuten »Mainz, wie es lacht und singt« zu sehen. Es ist ein doppeltes Vergnügen, er vergnügt sich an seiner Überlegenheit über die einfältigen Witze und heimlich, verborgen vor sich selbst und den anderen vergnügt er sich an den Witzen selber, aber nicht lange, denn der Hamburger fürchtet den Mainzer in sich selber.

Er ist ein Linker. Er wird nach der Funktion der Fastnacht im Progress der Aufklärung und der Volksbefreiung fragen. Je nach linker Stimmungslage wird er Köln und seine Fastnacht wahrnehmen als die anarchistische Kraft des Volkes, Militär und Obrigkeit zu parodieren und zu verhöhnen. Und so neigt er sogar dazu, eine Solidaritätsreise nach Köln zu machen und pflichtbewusst im »Fedelszug«

mitzumarschieren. Bei genauerem Zusehen ist er aber nicht mehr so sicher. Denn er merkt, wie ernst die Kölner ihre Verhöhnung nehmen, ernster beinahe als Opus Dei das Pontifikalamt von Kardinal Meissner nimmt. Irritiert bemerkt er auch, wie fest die Anarchie in staatstragenden Händen ist. Und somit kommt unser Hamburger Linker zu einem anderen Schluss: Fastnacht ist nichts anderes als repressive Entsublimierung. Hier tobt sich das geknechtete Volk aus und schmiedet damit die Ketten nur fester, die es an den erbärmlichen Alltag fesseln. Der linke Hamburger ist stolz auf das Wort, das er gefunden hat: repressive Entsublimierung. Er glaubt noch an die Wörter, selbst wenn ihr Inhalt unterwegs verloren gegangen ist. Er hält sie hoch, in den Wörtern liegt die Revolution. Und hier ist er ganz mit den Protestanten einig, für die das Wort gleich nach Gottvater kommt, manchmal sogar vor ihm.

Der Protestant und die Fastnacht! Er könnte es mit einem Wort abtun: katholisch! Katholisch heißt für den Hamburger Protestanten voraufgeklärt, Argumenten nicht zugänglich, triebhaft. Katholiken müssen sich immer ausleben. Man wird neun Monate nach Aschermittwoch sehen, was dabei herauskommt. Die Katholiken haben die strengste Moral und die meisten unehelichen Kinder. Der Hamburger Protestant liebt alles, was mäßig ist: das Maßvolle, das Gleichmäßige, das Mittelmäßige. Er hasst das Unmäßige, und so ist er der Feind der Fastnacht. Der Hamburger ist ein geborener Protestant und der Protestant ein geborener Hamburger. Er liebt das Nützliche, wie es Protestanten immer getan haben, die Arbeit, den Fleiß, den Erfolg. Wie kann sich da der arme Kölner Narr verteidigen! Der Protestant weiß, dass es auch in Köln Menschen gibt, die innere Hamburger sind und die die Stadt in den Karnevalstagen fliehen wie die Hugenotten einst vor ihren Verfolgern aus Frankreich geflohen sind. Und so bereitet er Auffanglager für Kölner Karnevalsflüchtlinge vor, die nachts heimlich über die Rheinbrücken entkommen.

Nun habe ich Sorge, was die Regie sagt, wenn ich diesen Text im Funkhaus in Hamburg spreche. Am besten, ich gestehe gleich: Ich bin ein linker, intellektueller, protestantischer Hamburger. Da die Hamburger zurückhaltend sind, wird mir nicht viel passieren. Aber die linke Augenbraue wird die Aufnahmeleiterin schon heben, und das ist so viel wie in Köln eine ganze Schlägerei.

Der Tod der Großmutter

Drei der Enkelkinder waren nicht da, als ihre Großmutter starb; sie wohnen in Bolivien. Sie waren traurig, aber ihre Welt hat sich wenig verändert durch diesen Tod, und ihre Trauer war eher abstrakt, weil sie die weinenden Menschen nicht sehen konnten, nicht den Sarg und nicht das Meer von Blumen. Sie hatten es schwerer mit ihrer Trauer, weil sie weniger Möglichkeiten hatten, sie zu gestalten. Aber eine kluge Gestalt haben sie dieser Trauer doch gegeben, sie haben aufgeschrieben, was ihnen die Großmutter bedeutete und woran sie sich besonders erinnerten. Die Zwölfjährige schrieb: »Wenn ich an die Oma denke, fallen mir immer Märchen ein. Sie hat sie auf der Treppenstufe erzählt. Dabei hat immer eine Kerze gebrannt.« Der Neunjährige schrieb: »Ich fand es schön, dass wir morgens und abends immer in der Bärenhöhle lagen. Die Bärenhöhle war das Bett von Oma. Da hat sie uns Geschichten erzählt.« Kinder gestalten schreibend ihre Erinnerung und ihre Trauer. Schreiben heißt nicht nur, etwas aufschreiben. Es heißt dem Leben eine Gestalt geben – der Trauer, dem Glück, der Öde oder der Freude. Die Trauer gestalten, heißt ihr die zerstörerische Unbestimmtheit nehmen. Die Trauer wird nicht geringer, indem man sie gestaltet, aber sie wird menschlicher, und sie kann die Seele weniger auffressen. Für das siebenjährige Enkelkind, das hier in Deutschland und in der Nähe des großelterlichen Hauses lebt, hatte der Tod eine andere Bedeutung. Die Trauer war tiefer, weil die Großmutter eine intensivere Wirklichkeit in ihrem Leben war. Sie war oft bei ihr, sie ging mit ihr spazieren, sie hörte ständig die großmütterlichen Märchen und Bibelgeschichten. Die Großmutter war für sie Alltag, die Bolivianer erlebten sie nur in Ferienzeiten. Der Schmerz ist größer, wo sich mit einem Tod auch der Alltag verändert. Die Siebenjährige hat die öffentliche Gestalt der Trauer erlebt, den Gottesdienst und die Beerdigung. Sie hatte auch private Rituale der Trauer. Sie hat bei der Beerdigung ihren Lieblingsbären in das Grab geworfen. Sie hat den Psalm auswendig gelernt, den die Großmutter am Abend vor ihrem Tod gebetet hat. Auch das sind Figuren, in denen das Kind seiner Trauer ein Gesicht gegeben hat; ein Gesicht gegeben im Sinne des Wortes, die Trauer wurde sichtbar in den Gestalten, die die Kinder gefunden hatten – im Schreiben der Texte, im Auswendiglernen des Psalms und in der Hergabe des Lieblingsbären. Sichtbar wurde auch das Kind für die anderen, die zusahen, wie das Kind sich von seinem Bären trennte. Man wird auch der, als der man sich zeigt. Man gibt sich selbst ein Gesicht, wenn man sich vor anderen als traurig oder als glücklich zeigt. Der Mensch ist kein in sich verschlossenes und begrabenes Individuum. Für alles, was ihm wichtig ist, muss er sich Zeugen suchen; Zeugen für sein Glück wie bei einer Hochzeit, Zeugen für seinen Schmerz wie im Fall eines Todes. Diese Lebensweisheit ist uns in einer hochindividualisierten Gesellschaft fast ganz abhanden gekommen. Es gilt: »Wie's da drinnen aussieht, geht keinen was an!«

In der Nähe des Grabes lehren wir unsere Enkel die Vergänglichkeit. Wenn wir als Großeltern gebrechlich werden, dann lernen die Kinder, dass das Leben endlich ist. Sie sehen, wie unser Gehör und unsere Augen schlechter werden; wie wir dieses und jenes nicht mehr essen dürfen; dass wir vergesslich werden, dass wir unseren ersten Schlaganfall haben und schließlich, dass wir sterben. Welche illusorische Welt wäre es, wenn unsere Enkel nur die Welt der Jungen, Starken, Berufstätigen, Lebenstüchtigen und Schönen erlebten. Unsere Hinfälligkeit ist die letzte Lehre, die wir den Enkeln geben. Ich erinnere mich an den Tod meiner Schwiegermutter. Sie wusste, dass sie starb, und sie wollte es. Am Tag vorher hat sie sich mit einer großen Geste von einem Enkel, unserer jüngsten Tochter, verabschiedet. »Es ist schön, dass du gekommen bist. Ich werde jetzt sterben«, sagte sie zu dem Kind. »Ich wünsche Dir ein gutes Leben.« Die Sterbende umarmte und küsste das Kind mit schwacher Kraft. Welch ein Erbe für diesen jungen Menschen! Welch ein Erbe für unsere Enkel, wenn wir selber mit einem Segen und in Würde abdanken können!

Wo suchen wir unsere Toten?

Ich will nicht rasch kommen mit tröstlichen Gedanken für die, denen ein Mensch gestorben ist. Der Tod ist eine große Unverschämtheit und ein erbarmungsloser Zerstörer. Er zerstört den Leib. Er schneidet die Fäden durch, die Menschen miteinander verbunden haben. Nie mehr wird die Geliebte meine Hand halten. Nie mehr werden wir zusammen die Zauberflöte hören, nie mehr werden wir miteinander Wein trinken. Dieses irdische Leben mit seiner Köstlichkeit ist abgeschnitten und ruiniert. Warum das so sein muss, weiß ich nicht. Es soll mir keiner sagen, der Tod sei der Sünde Sold. Das wäre zu viel bezahlt für das bisschen Sünde. Ich will keine billigen Tröster und keinen billigen Trost. Als meine Frau gestorben war und als es viele Gedächtnisfeiern für sie gab, haben mir manchmal Menschen gesagt: »Wir haben ganz deutlich gespürt, dass Dorothee unter uns war.« Ich gestehe, ich habe bisher nur ihre Abwesenheit gespürt. Es gibt also die einen billigen Tröster, die sofort und umweglos mit religiösen Lösungspatenten kommen.

Es gibt andere billige Jakobs, die puren Aufklärer. Sie sagen, dass der Tod nicht so fürchterlich sei; dass alles seine Zeit habe; dass es zwar kein persönliches Fortleben gäbe, aber dass alles Leben eingunge in den allgemeinen Kreislauf der Natur und dass man da ganz gut aufgehoben sei. Über sie kann ich nur mit Gottfried Keller spotten: »Seinen (des liberalen Pfarrers) Schilderungen konnte dann die unvermählt gebliebene Greisin entnehmen, dass wir in unseren Kindern und Enkeln fortleben; der Arme im Geist getröstete sich der unsterblichen Fortwirkung seiner Gedanken und Werke... Der Mühselige und Beladene endlich durfte auf ein durchgreifendes Ausruhen von aller Beschwerde hoffen.«

Die erste Antwort ist mir zu rasch und zu versöhnlerisch, die zweite zu bescheiden. Was also? Gibt es eine andere Lösung? Ich weiß nicht, ob es eine Lösung ist, aber ich beharre auf einem Versprechen. Einmal wird der Tod nicht mehr sein, ist versprochen. Einmal werden Schmerzen und Seufzer geflohen sein, ist versprochen. Einmal werden die Toten leben, ist versprochen. Einmal wird Gott alles in allem sein, ist versprochen. Weil ich niemanden aufgeben will, wiederhole ich diese alten Behauptungen. Weil ich die Opfer nicht Opfer sein lassen kann, sage ich, dass der Tod entmachtet ist – jetzt schon. Weil die Liebe sich vom Geliebten nicht trennen lässt, singe ich mit dem Lied: «Trutz, Tod, komm her, ich fürcht dich nit!» Doch, ich fürchte den Tod, den Tod derer, die ich liebe. Und zugleich mache ich mich widersprüchlich und singe das alte Lied vom Tod des Todes. Ich glaube, ich würde das Lied von der Überwindung des Todes singen, auch wenn ich es nicht glaubte. Ich bin es der Liebe zu den geliebten Menschen schuldig; ich bin es vielleicht auch meiner eigenen Würde schuldig, dem Tod nicht das letzte Wort zu lassen.

Wo suche ich dann meine Toten, die ich nicht verloren gebe? Ich suche sie in Gott. Was aber sage ich mit diesem Satz? Ich weiß es selber nicht, aber ich werde ihn sprechen, und sei es aus Trotz. Was ich hier bildlos sage, haben sich Menschen immer wieder in Bildern ausgemalt. Es sind meistens Bilder, die das Gegenteil von dem behaupten, was Menschen im mühseligen irdischen Leben erfahren haben. Die Toten ruhen, sie haben keine Schmerzen mehr, ihre Tränen sind getrocknet. In dem zitierten mittelalterlichen Lied heißt die letzte Strophe:

Wann Sichel mich letzet, so wird ich versetzet
In den himmlischen Garten, darauf will ich warten.
Freu dich, schöns Blümelein!

Die Hoffnung kommt nicht ohne Bilder aus. In diesem Lied ist der Ort der Toten der Garten des Friedens. Es sind Bilder, es sind keine Fotografien, es sind Flüge der Hoffnung. Ich habe nichts dagegen, dass sich Menschen ausmalen, was es heißen kann, dass unsere Toten in der Hand Gottes geborgen sind. Ich tue es ja selber schon mit diesem Bild. Nur eines muss der wissen, der ein Bild gebraucht: es ist der Realität eher unähnlich als ähnlich. Nicht dass diese Bilder zu viel behaupten. Sie sagen zu wenig. Denn wir werden nie erfassen und entschlüsseln, was es heißt, im Schoße Gottes geborgen zu sein.

Ein Bild allerdings leuchtet mir nicht ein, es ist das von der schmerzensfreien Glückseligkeit unserer Toten. Wie Christus leidet bis zum Ende der Welt im Leiden aller Leidenden, so kann ich mir nicht vorstellen, dass die Toten unberührt sind vom Schmerz der Welt. Die Liebe lässt sich nicht trennen von den Schmerzen der anderen. Vielleicht ist der Schmerz der Toten reiner als der unsere. Vielleicht gilt für sie, was von allen Mystikern gilt: sie sind traurig und glücklich in einem. Sie teilen das Glück Gottes und seinen Schmerz. Wo suche ich also meine Toten? Im Glück und im Schmerz Gottes. Mehr muss ich nicht wissen. Gott weiß es, und das genügt.

Nachwort zu einem Leben

Darf man Toten gegenüber das letzte Wort behalten? Kann es ein Nachwort, einen Epilog zu Dorothee Sölles Sätzen und Worten geben? Aber diese Frau ist mir zu wenig tot, als dass ich nicht weiter mit ihr redete, sie befragte und mit ihr stritte. Sie ist tot, und sie lebt. Sie ist verstummt, und viele hören ihre Stimme. Wer war sie? Wie haben Menschen sie wahrgenommen, und was hat man von ihr gesagt? Wie ein Mensch wahrgenommen wird, welche Spuren er bei anderen hinterlassen und welche Vermutungen er in ihnen geweckt hat, das sagt etwas aus über ihn selber. Was hat man von Dorothee Sölle gesagt und wie hat man sie vermutet?

Die einen sagen, sie habe das Glaubensbekenntnis zertrümmert und Menschen in ihrem Glauben irritiert. Die anderen sagen, ohne sie wären sie nicht in der Kirche geblieben und hätten ihre Kinder nicht taufen lassen. Die einen sagen, sie hätte die Kirche verachtet und die Trauerfeier für sie hätte nicht in einer Hamburger Hauptkirche stattfinden dürfen. Die anderen sagen, sie habe ihnen geholfen, im Pfarrberuf zu bleiben. Die einen sagen, sie hätte das Evangelium instrumentalisiert zu politischen Zwecken. Die anderen haben ihrer Mystik und ihrer Frömmigkeit misstraut und sie für zu unpolitisch gehalten. Dorothee Sölle war ein widersprüchlicher Mensch, und das war ihre Stärke. Sie konnte weder von den Frommen noch von den Politischen, weder von den Konservativen noch von den Aufklärern ganz eingefangen werden. Sie erlaubte sich, die jeweils andere zu sein – den Frommen die Politische, den Politischen die Fromme, den Bischöfen die Kirchenstörerin und den Entkirchlichten die Kirchenliebende. Das hat viele irritiert. Peter Bichsel hat einmal geschrieben: »Der Satz, der mich in meinem Leben am tiefsten betroffen gemacht hat, ist der Satz von Dorothee Sölle: ›Christ sein bedeutet das Recht, ein anderer zu werden.‹« Sie hat sich das Recht herausgenommen, eine andere zu sein als die Vermutete. Ich habe oft zu ihr gesagt: »Das Schönste an dir ist deine Widersprüchlichkeit.«

Widersprüchliche Menschen sind durstige Menschen. Es genügt ihnen nicht, der eine Benennbare und in seinen Grenzen Erkennbare zu sein. Es dürstet sie nach mehr, sie sind sich selber nicht genug in der einen Figur, sie beanspruchen das Recht, ein anderer zu sein und zu werden. Und so sind sie in sich selber nie ganz zuhause. Sie sind schlechte Gesellen in den Vaterländern, in denen sie jeweils wohnen, vaterlandslose Gesellen in sich selber.

Ich versuche nun anders zu benennen, was ich Dorothee Sölles Widersprüchlichkeit nenne. Es ist die mystische Gleichzeitigkeit widersprüchlicher Sachverhalte. Von Franz von Assisi wird gesagt, dass er traurig und glücklich in einem war; es wird gesagt, dass ihm das Bittere süß und das Süße bitter war. Die eingeteilten Welten werden überwunden und in den Abgrund der Einheit Gottes gestürzt. Es gibt zwei Wächter gegen diese mystischen Vermischungen, der eine ist die Angst der Menschen, die aufs höchste irritiert ist, wenn die Sachverhalte nicht auseinandergehalten, kategorisiert und getrennt werden. Der andere Wächter sind die Machthaber, die kirchlichen oder die weltlichen. Beherrschen kann man, was eingeteilt, von einander abgeteilt und nicht miteinander in Verbindung gebracht werden kann. Die beiden Wächter sind an Unterscheidungen interessiert. Männer sollen substantiell von Frauen unterschieden sein, Herr von Knecht, Heiliges von Unheiligem, Reines von Unreinem, Gott vom Menschen, Katholiken von Protestanten, Amor von Caritas. Der Glaube schleift Grenzen, er legt Schlagbäume nieder. Er vertraut auf Gott und nicht auf die künstlichen Horizonte der eingeteilten Welten.

Kürzlich wurde ich gefragt, ob es einen Punkt gebe, von dem aus man solche gegensätzliche Dinge wie das politische Engagement und die Mystik von Dorothee Sölle verstehen könne. Ich vermute, es war ihre Gottesliebe, die ihr beides untrennbar werden ließ, Frömmigkeit und politisches Nachdenken und Handeln. Gott und Mensch waren in dieser mystischen Schau zwar nicht eins, aber sie waren nicht auseinanderzuhalten. Und so erkannte sie ihren Gott, zerstückelt in Arm und Reich, in oben und unten, in Beherrschte und in Herrscher. Sie vermisste ihn, wenn sie das Augenlicht der Blinden und den Gesang der Stummen vermisste. In Gott leben hieß für sie, sich an der weitergehenden Schöpfung zu beteiligen. In Gott leben hieß, ihm zu helfen, seine Welt zu heilen.

Sie war ein glücksfähiger Mensch. »Gott und das Glück« war das Thema ihres letzten Vortrags. Staunen, loben waren Grundworte ihrer Theologie. In dem Vortrag zwei Abende vor ihrem Tod sagte sie: »Staunen heißt, wie Gott die Welt nach dem sechsten Tag wahrnehmen«, also sagen können: Es ist gut! Die Musik stürzte sie in jubelndes Staunen, die Natur, das Erwachen des Frühlings. Ein Mensch, der so des Lobens und des Staunens fähig ist, ist zugleich des Schmerzes und des Zornes fähig, wo sie die Feinde des Lebens sah. Sie war kein Mensch matter Gefühle. Ihr Zorn und ihre Ungeduld waren die Gaben eines gebildeten Herzens, das fähig ist, das Unrecht zu sehen und das Recht herbeizuwünschen.

Weil sie eine aufgeklärte Frau war, war sie eine politische Frau. Es genügte ihr keine Kirche, die sich zwar der unter die Räuber Gefallenen annahm, die aber kein Wort gegen die Räuber und das Räuberunwesen fand. Sie konnte den politischeren Begriff Solidarität nicht trennen und in Konkurrenz sehen zu der Nächstenliebe. »Die Liebe denkt nicht nur interpersonal, sondern sie lebt in der strukturellen Beachtung von Wirklichkeit.« So hat sie es in einem Buch formuliert. Beide, die Solidarität und die Nächstenliebe, sind gefährdet. Wenn kulturelle Welten ihre Selbstverständlichkeit verlieren, dann stürzen mit ihnen auch ihre Schlüsselworte und mit diesen die Inhalte, die sie ausdrücken. Das Wort Solidarität ist über die französische Revolution und die Geschichte der Arbeiterbewegung das Erkennungswort des Sozialismus gewesen. Das Wort Liebe oder Nächstenliebe war die Parole des Christentums. Diese beiden Wörter waren nicht nur irgend eine technische

Benennung, sie waren die Kurzformeln der Bewegungen, in denen sie hauptsächlich zuhause waren. Wer das Wort Solidarität gebrauchte, vielleicht sogar in der Verbindung mit »international«, roch nach Sozialismus. Wer das Wort Nächstenliebe gebrauchte, roch religiös. Was aber, wenn die kulturellen Heimaten verschwinden oder verblassen, in denen diese Wörter zuhause waren? Können programmatische Wörter und Bilder herrenlos umherirren? Werden sie nicht mit ihren Heimaten untergehen? Ist damit nicht auch die Sache gefährdet, die diese Wort-Bilder einmal meinten? Menschheitliche Absichten werden nicht nur von einzelnen vertreten. Große Lebensoptionen wie die von Solidarität und Liebe halten sich nur, wenn sie in Kulturen eingebettet sind. Hier formuliere ich eine letzte politische und religiöse Angst von Dorothee Sölle. Sie hat es in ihrem letzten Vortrag formuliert: sie hatte Angst, dass das nach sich selber »süchtig gemachte Ego« das »Berührtwerden vom Gott des Lebens nicht mehr vermisst«.

Man hat Dorothee Sölle nicht selten politischen Moralismus vorgeworfen. In einer Zeit schwindender Moral ist der Vorwurf eher ehrenvoll. Man hat ihr vorgeworfen, sie instrumentalisiere den Glauben und die biblischen Texte zu politischen Zwecken. In der Tat hat sie nie einen religiösen Satz gedacht oder gesagt, den sie nicht auch abgetastet hätte nach seinen politischen Konsequenzen. Aber es gab in ihrem Glauben eine Mitte, die nicht zu verzwecken war; die so wenig auf Nutzen bedacht war wie das Spielen der Engel im Angesichte Gottes. Kaum etwas liebte sie mehr als das »sunder warumbe« des Meister Eckart, und in ihrem Mystikbuch (S.87) schreibt sie dazu: »Was bedeutet dieses ›ohne Warum‹, in dem wir leben sollen und in dem das Leben selber lebt? Es ist die Abwesenheit von allem Zweck, aller Berechnung, allem quid pro quo, allem etwas für etwas Anderes, aller Herrschaft, die sich das Leben zu Dienste macht. ... Das ›sunder warumbe‹ ist das, was aller mystischen Gottesliebe zugrunde liegt.« Auch in ihrem letzten Vortrag zwei Tage vor ihrem Tod zitiert sie, wie so oft vorher, den Vers von Meister Eckart:

> Die Ros' ist ohn' Warum,
> sie blühet, weil sie blühet,
> sie acht nicht ihrer selbst,
> fragt nicht, ob man sie siehet.

Dorothee Sölle hat gekämpft, gearbeitet, diskutiert, demonstriert, sich eingemischt, den Mund nicht gehalten. Und doch hat sie nicht gelebt, um zu kämpfen und zu arbeiten. Sie war zuhause im Spiel; in dem also, was sich nicht durch seine Zwecke rechtfertigt. Sie hat Klavier gespielt bis zum letzten Tag. Sie hat im Kirchenchor gesungen bis zur letzten Woche. Sie hat mit ihren Enkeln gespielt. Sie hat Gedichte gelesen und geschrieben. Sie hat gebetet und die Gottesdienste besucht. Zuhause war sie in jenen nutzlosen Köstlichkeiten. Ihre Gelassenheit in allem Zorn hatte einen Grund, den sie in ihrem letzten Vortrag so formulierte: »Wir beginnen den Weg zum Glück nicht als Suchende, sondern als schon Gefundene.« Das ist die köstliche Formulierung dessen, was wir Gnade nennen.

Heimat im Gedächtnis der Toten

Orte binden unsere Erinnerung, Erinnerungen des Schreckens, des Glücks, der Schuld, der Liebe. Nie gehe ich unberührt an dem fremden Haus vorbei, in dessen Keller wir auf der Flucht Schutz fanden vor den fallenden Bomben. Wenn ich mit einem meiner Geschwister dort vorbeifahre, sehen wir uns an, und wir wissen beide, woran wir denken. So geht es uns nicht nur mit Orten, auch mit Farben, mit Tönen und mit Zeiten. Man behält den Tag, an dem sich zwei Liebende versprochen haben. Der Ton der Sirene wird dem durch Mark und Bein gehen, der unter den Bomben des Krieges gezittert hat. Anderen, die anderes erlebt haben, sagen diese Orte, diese Töne und diese Zeiten nichts. Aber sie sprechen zu dem, dessen Erinnerung sie Gestalt werden lassen. Vieles wird einem zur Heimat, ein Fluss, den man liebt; Menschen, die einem vertraut sind; die Arbeit, die einem wichtig ist. Heimat sind die Stellen, die meine Erinnerung aufleben lassen.

In der Nähe meiner Arbeitsstelle in Hamburg stand die große Hauptsynagoge. Sie wurde in der Pogromnacht 1938 geschändet und in Brand gesetzt, die Ruine wurde 1939 abgerissen, und zwar auf Kosten der jüdischen Gemeinde. Lange war dort ein Parkplatz, und mein Auto stand dort oft. Ich wusste nicht, dass dort Menschen in den Jahren des Terrors gezittert und gebetet hatten. Ich wusste nicht, dass sie vor dem Abtransport dort zusammengetrieben wurden. Und so hatte der Ort mir nichts zu sagen. 1988 wurde der Grundriss der Synagoge als Mosaik in den Boden eingelassen. Es wurde ein bezeichneter Ort. An dieser Stelle werden bei besonderen Anlässen die Namen der Toten verlesen, die an den Orten des Terrors ermordet wurden. Um den Platz der alten Synagoge stehen Bäume und darunter Bänke. Ich saß oft da, als ich noch in meinem Beruf arbeitete. In der Nähe ging eine laute Straße vorbei, trotzdem war es ein leiser Ort.

Ich erinnere mich dort an Menschen, die ich nie gekannt habe. Vielleicht war dabei ein Mann, so alt wie ich jetzt bin, den man nicht in Ruhe hat sterben lassen. Vielleicht zitterte hier ein Kind, das man von der Hand seiner Mutter gerissen hat. Diese Menschen sind nicht meine Toten. Ich habe sie nicht geliebt, und ich kenne ihr Leben nicht. Aber ich kenne ihr Leiden und ihren Tod. Wenn ich an dieser Stelle sitze und an sie denke, werden sie zu meinen Toten. Ich lerne von ihnen, was Menschen nie angetan werden soll. Kein Kind soll sterben, ehe es gelebt hat. Kein alter Mann soll eines gewaltsamen Todes sterben. Die Erinnerungen, die mich dort überfallen, sind Bilder des Schreckens. Aber sie verstören mein Leben nicht. Sie beheimaten mich an jener Stelle und in meiner Stadt. Heimat ist da, wo die Toten ihren Platz haben; wo man ihren Namen kennt und wo man weiß, was ihnen im Leben geglückt ist und was sie gelitten haben. Ich kenne eine alte Jüdin, die den Schrecken der Pogromnacht 1938 und die Zerstörung der Synagoge miterlebt hat. Sie sagte: »In jener Nacht ist mir die Heimat zum Feindesland geworden.« Und nun umgekehrt: die Erinnerung macht mir dieses Land zum Heimatland. Sie entsühnt das Land, und es wird wieder zu »einem bewohnbaren Land mit einer bewohnbaren Sprache«, wie Heinrich Böll dies nennt. Die Erinnerung an die Opfer macht das Land gerade nicht zu einem furchtbaren Land. Im Gegenteil: Man kann nicht atmen an den Orten, an denen das Gedächtnis und die Erinnerung an die Opfer verboten ist.

Es ist ein alter und humaner Brauch, die Toten heimzuholen und sie nicht in fremder kalter Erde verscharrt zu lassen. Dies gilt nicht nur im wörtlichen Sinn. Sich der Toten zu erinnern; ihr Schicksal dem Vergessen zu entreißen, heißt, sie heimzuholen. Die Erinnerung ist ein Akt des Erbarmens. Wir wärmen die Toten, wenn wir ihrer Leiden gedenken. Das Vergessen der Toten planiert unsere Lebenslandschaft und macht sie unwirtlich. Die Heimat ist der Ort der gehäuften Erinnerung. Man lernt, wer man ist, wenn man weiß, woher man kommt, und Zukunft kann nur der haben, der eine Herkunft hat; der weiß, wer seine

Väter und seine Mütter waren; was ihr Schicksal und ihre Lebenswünsche waren. Dies gilt nicht nur für unsere leiblichen Vorfahren. Es gilt für alle, die in der eigenen Region gelebt und gelitten haben. Die Bank, auf der ich sitze, ist ein Ort der Kommemoration. *Commemoratio* ist ein schwer zu übersetzendes Wort. Es ist die Erwähnung der Toten, die diese gegenwärtig macht; die ihren Tod zu einem Erbe und einer Pflicht macht. In lateinamerikanischen Basisgruppen erzählen sich die Männer und Frauen die Geschichte der von den Großgrundbesitzern Ermordeten. Die Gruppe antwortet auf diese Erzählung mit dem Ruf: Presente! Sie sind hier. Das ist kommemorative Rede. Nein, die Erinnerung an jene Toten bannt mich nicht. Die Wahrheit macht frei, auch die Wahrheit unserer Schuld und der verspielten Vergangenheit. Eine Wahrheit, die bannt und den Atem nimmt, ist nur die Fratze der Wahrheit. Von ihr haben die Toten und die Lebenden nichts, weder die Opfer noch die Täter.

»Unsere Schuld« sage ich. Aber wieso ist es meine Schuld? Ich habe jenen Menschen nichts getan, ich war am Ende des Krieges 11 Jahre alt. Wieso lese ich mich, wenn ich dort sitze, in die Schuld jener Zeit hinein? Nein, ich bin persönlich nicht schuldig und schon gar nicht meine Kinder und Enkel. Was haben sie und was habe ich mit jener Geschichte zu tun? Ja, ich bin verwickelt, nicht im Sinn einer persönlichen Schuld. Aber es waren meine Väter und Mütter, meine Lehrer und Pfarrer, meine Dichter und Philosophen, meine Musiker und Maler, die geschwiegen haben in jener Zeit, die benutzt wurden und die sich haben benutzen lassen. Die mir das Leben ermöglicht haben, haben es anderen verweigert. So gehöre ich hinein in die Geschichte der Verstrickung. Man darf sich seine Herkunft nicht rauben lassen, auch nicht die Herkunft aus Korruption und Verbrechen. Und so ist die Bank, auf der ich sitze, auch meine Anklagebank, besser: meine Einklagebank. Die Erinnerung an die Toten klagt eine andere Zukunft ein. Niemand soll mehr hier oder an anderen Stellen gepeinigt und gefoltert werden.

Einmal habe ich mit einem Enkelkind auf dieser Bank am Synagogenplatz gesessen und ihm die Geschichte dieses Ortes erzählt. Auch dieses Kind wird nicht mehr gleichgültig dort vorbeigehen. Es wird hinschauen, der Ort wird zu seiner Erinnerung, er baut an seinem Gedächtnis, wie er meine Erinnerung erbaut hat. Allerdings wird dieses Enkelkind sehr viel weniger betroffen sein von der Erinnerung an den Terror, als ich es bin. Es ist eine Geschichte, die sich über 50 Jahre vor seiner Geburt abgespielt hat. Und was vor der Geburt eines Menschen liegt, gehört nicht mehr zu seiner Lebenszeit. Es ist Vorzeit. Zu meiner eigenen biographischen Zeit gehört, was damals geschehen ist. Für meine Enkel ist es erzählte und nicht erlebte Geschichte.

Es klingt zu schwer, wie ich jene Stelle und die Bank beschrieben habe. Als ich mit meiner Enkelin dort war, haben wir uns dort auch unbekümmert lustige Geschichten erzählt und wir haben Verstecken gespielt. Und auf den Nachbarbänken saßen alte Männer und tranken ihr Bier. Die Erinnerung an die Toten erstickt die Heiterkeit des Lebens nicht, oder es wäre eine falsche Erinnerung. »Das Leben geht weiter!«, sagen einem manchmal die Menschen, wenn uns jemand gestorben ist. Der Trauernde hört diesen Satz und ärgert sich, wenn der Untergang der Welt, den man gerade erlebt hat, mit einer allgemeinen Banalität entwichtigt wird. Und trotzdem hat dieser Satz, der unsere Trauer beleidigen kann, seine Wahrheit, auch wenn man sie nicht erkennt und zugibt in der wildesten Trauer. Die Männer, die dort ihr Bier trinken, und das spielende Kind lehren es: Das Leben geht weiter. Die Toten haben das Recht, dass ihr Name genannt wird und dass sie unvergessen bleiben. Aber sie haben kein Recht, den Lebenden die Sonne zu nehmen. Sie wird scheinen und wärmen und neues Leben und neue Heiterkeit wachsen lassen.

Die Wahrheit dieses Satzes habe ich auf einer anderen Bank gelernt, die mir noch lieber und näher ist als jene auf dem alten Synagogenplatz. Es ist die Bank, die auf dem Friedhof vor dem Grab meiner Frau steht. Seit drei Jahren sitze ich dort fast täglich und erinnere mich der verlorenen Liebe. Ja, in den ersten zwei Jahren nach ihrem Tod war es eine Marterbank. Es war keine Sonne zu sehen und das Leben schien eingefroren. Die Bank vor dem Grab war meine heimatlose Heimat. Und dann kam der Tag, an dem ich zum ersten Mal wieder eine Vogelstimme durch die Trauer hörte. Es kam der Tag, an dem ich zum ersten Mal wieder die ersten Frühlingsblätter der Birke sah, die in der Nähe des Grabes steht, und ich vergaß, dass ich am Grab meiner Frau saß. Ich erschrak über die ersten Lichtblicke, die die wilde Trauer dämpften. Wo ich den geliebten Menschen nicht mehr hatte, wollte ich wenigstens die Trauer als ihren Schatten haben. Es ist wohl wie eine zweite Beerdigung, wenn die Trauer milder wird. Es ist nicht leicht, die Trauer gehen zu lassen, wie es schwer war, die Geliebte gehen zu lassen. Es ist nicht leicht, die Rufe eines neuen Lebens zu hören und ihnen zu folgen. Es ist nicht leicht zu erfahren, dass man wie in allen Dingen so auch in der Trauer ein endlicher Mensch ist. Noch immer gehe ich an jene Stelle, noch immer sitze ich auf jener Bank. Die Trauer ist zu Wehmut geworden. Ich bin ein anderer geworden. Die Wunden sind zu Narben geworden. Narben schmerzen oft, aber nicht immer. Man muss es aufgeben, unendlich zu sein, auch unendlich in der Trauer oder im Bewusstsein der Schuld zu sein.

Und damit bin ich wieder bei der ersten Bank am Platz der alten Synagoge. Man ehrt auch jene Toten nicht mit der eisernen Größe der Trauer und des Gefühls der Schuld. Zur Erinnerung gehört das Vergessen, so bitter dies klingt. Unvergessen soll der Name und das Schicksal jener Toten sein. Aber sich selbst als Schuldigen muss man auch vergessen können. Man muss es lernen zu essen, zu trinken, zu lieben und das Leben in seiner Schönheit zu sehen. Vielleicht haben die Menschen meiner Generation als Lehrer und Lehrerinnen den Kindern und Jugendlichen zu viel zugemutet, indem wir ihnen unsere Betroffenheit zudiktierten und indem wir sie aus der Trauer und aus der Reue nicht entlassen wollten. Ich erinnere mich, dass Freunde, denen die Aufarbeitung der Nazizeit Lebensthema geworden war, über ihre eigenen Kinder einmal erschraken. Diese gebärdeten sich besonders national, wollten nichts mehr hören von den Erzählungen der Eltern und erklärten, mit dieser alten Geschichte hätten sie nichts zu tun. Diese Kinder haben sich einfach dagegen gewehrt, in die Betroffenheit der Eltern gezogen zu werden. Die Eltern sahen ihre Kinder schon in der Nähe der Neonazis. Aber sie waren es nicht. Sie haben sich nur gegen den Zwang gewehrt, genau so zu empfinden wie ihre Eltern. Die Reue ist kein Gefängnis mit undurchdringlichen Mauern. Sie ist der neue Weg des neuen Menschen. Reue und Heiterkeit sind Geschwister, keine Feindinnen.

Am Ende noch einmal eine grundsätzliche Überlegung: Warum braucht unsere Seele Orte wie jene Bank auf dem Friedhof und auf dem Synagogenplatz? Sind das Herz und das Gewissen nicht stark genug, die Erinnerung zu tragen? Zunächst stellen wir fest, dass die Erinnerung, dass der Glaube der Menschen, der religiöse und der nicht-religiöse, sich immer an Orte gebunden und sich in Orte verwandelt hat. Ich denke an die biblischen Orte in Israel: Menschen heiligen Orte, indem sie ihre Erinnerung daran binden. So sagen sie: Hier auf dem Tempelberg war es, wo Abraham Isaak opfern sollte. Sie sagen: Hier hat Johannes getauft und an diesem Ort ist das Grab der Erzväter. Andere sagen: an dieser Stelle des Landwehrkanals wurde Rosa Luxemburg ermordet, und jährlich ziehen sie hin und legen einen Kranz nieder. Historisch muss das keineswegs stimmen und meistens stimmt es auch nicht. Dies aber ist ziemlich gleichgültig. Die Erinnerung und der Lebensglaube der Menschen wird zu einer Landschaft. Sie verobjektiviert sich in Orte, in Steine, in Flusswindungen, in Bergspitzen und in Talgründe. Und so kommt einem der Glaube und die Kenntnis des Lebens entgegen als Ort und Stein und Platz. Man ist nicht mehr nur auf die Kraft des Herzens angewiesen. Die Landschaften der Hoffnung verhelfen zur Hoffnung. Die Landschaften des Glaubens verhelfen zum Glauben. Die Glaubens- und die Hoffnungsheimaten bestehen nicht nur aus Überzeugungen, die im Herzen wohnen und von ihm getragen werden. Sie bestehen aus Zeiten und Rhythmen, die eingehalten werden; aus Orten, die aufgesucht werden; aus Gesten und Symbolen, in die sich das Herz bergen kann. Meine Erinnerung liegt auch in jener Bank am Synagogenplatz, die ich aufsuche. Sie liegt auch in meinen Füßen, die mich dahin tragen. Sie liegt gestaltet im Mosaik jenes Platzes, das meine Augen sehen. Sie liegt auch in der Segensgeste für die Toten, die meine Hand macht. Wir sind nicht nur Geist und Innerlichkeit. Wir sind Leib. Der Geist, der nur Innerlichkeit ist, bleibt blass und ist wie eine Partitur, die nicht Musik wird.

Das Gottesgespräch unserer Toten
Das Glaubensbekenntnis

Unsere Enkelkinder, als sie noch klein waren, schlappten gern in den Schuhen und Pantoffeln von uns Großeltern durchs Haus, und sie versanken beinahe darin. Sie spielten, sie wären wir. Was tun wir, wenn wir in unseren Gottesdiensten das Glaubensbekenntnis sprechen? Wir schlappen in der Sprache und in den Bildern unserer Toten durch diese Kirche. Nein, es passt uns nicht. Es sind zu große Worte für unseren kleinen Glauben, für unsere karge Hoffnung und für unser beschränktes Verstehen. Es ist uns so fremd, wie unsere Schuhe den Enkeln fremd sind. Es ist uns so nahe, wie unsere Schuhe den Enkeln nahe sind. Ein Glück, dass ich eine Fremdsprache habe, wo meine eigene Hoffnung zu klein ist! Wenn ich das Glaubensbekenntnis spreche, berge ich mich in eine Sprache, die mir die Toten vorgewärmt haben. Ich sage »Ich glaube an Gott, den Allmächtigen«. Wenn ich sehe, was in der Welt geschieht, habe ich meine Zweifel an dem Satz. Aber so hat Bonhoeffer im Gefängnis gesprochen, und so spreche ich ihn nach. Ich sage »Aufgefahren in den Himmel« und »Er wird kommen zu richten die Lebenden und die Toten« und weiß: so hat Martin Luther King gesprochen; Paul Gerhardt hat so gehofft, Elisabeth von Thüringen und die Polin, bevor sie in Neuengamme hingerichtet wurde. Ich zitiere Jesaja, wenn ich auf das Land hoffe, »aus dem die Seufzer geflohen sind«. Ich zitiere die Apokalypse, wenn ich behaupte: »Der Tod wird nicht mehr sein, noch Leid, noch Geschrei, noch Schmerz.« Welch ein Glück, dass ich eine Fremdsprache für meinen Glauben habe! In der fremden Sprache, in den Geschichten und den Bildern von gestern berge ich meinen Glauben unter der Maske der Toten. Ich stehe nicht allein, nicht einmal für meinen Glauben. Ich benutze die Sprache meiner lebenden und toten Geschwister, und ich benutze damit auch ihren Glauben. Nichts langweilt mich so sehr wie die Authentizitätswünsche der Gegenwart, die sich ausdrücken in der Ablehnung alter Sprache und Formeln. Wie dürftig ist die Beschränkung auf das Zeitgemäße und auf die Sagbarkeiten. In den Formeln und in der fremden Sprache der Toten springe ich weit hinaus über mein eigenes Sprachvermögen. Ich spiele den Clown in der Sprache der anderen, und ich lese die Hoffnung ab von ihren Lippen. Wie buchhalterisch ist das Bestehen darauf, alles vor dem »eigenen Gewissen« verantworten zu wollen. Mein Herz verantwortet nicht die Sprache, die die Auferstehung der Toten und den Sturz der Tyrannen nennt. Oft genug spricht man die fremden Sätze gegen das eigene Herz.

Es gibt Menschen, die es nicht ertragen, Söhne oder Töchter zu sein. Sie ertragen es nicht, eine Herkunft und eine Tradition zu haben; Tote zu haben, die vor ihnen gelacht und geweint, geliebt und geträumt und ihren Glauben gestammelt haben. Sie sind gezwungen, Originale zu sein und alles im eigenen Namen zu tun und in der eigenen Sprache zu sprechen. Welcher Zwang, Erster zu sein! Welcher Zwang, die Mäntel der Toten zu verachten! Wir kommen nicht aus dem Nichts, und wir gehen nicht ins Nichts.

Die Toten haben uns mit ihrer Sprache die Mäntel ihres Glaubens hinterlassen. Denken Sie an die Geschichte, die wir aus dem 2. Buch der Könige gehört haben. Elia soll hinweggenommen werden. Er lässt seine Schüler nicht verwaist zurück. Er lässt Elisa seinen Mantel und seinen Geist. Elisa geht nach dem Tod des Meisters zurück. Er kommt an den angeschwollenen Jordan. Wie vorher Elia schlägt er mit dem Mantel auf die Fluten, und er ertrinkt nicht darin. Wir haben im Glaubensbekenntnis, in den Psalmen, im Vaterunser die Mäntel der Toten. In sie kann man sich hüllen, wenn das eigene Glaubenshemdchen gar zu kurz und zerschlissen ist. Ja, die Kirche ist eine Art Fremdspracheninstitut, und dafür bin ich dankbar. Ich lerne mehr Sprache, als mein eigener Witz kennt.

Bis hierhin wäre sogar der Papst mit mir einverstanden, und darum braucht es einen protestantischen zweiten Teil und ein bisschen Luther. Ich zitiere ihn: »Wie die Zeiten gewachsen sind, so ist auch der Buchstabe und der Geist gewachsen. Was jenen (Alten) damals genügt hat zum Glaubensverständnis, das ist uns jetzt nur noch Buchstabe. Darum müssen wir um den Glaubensverstand beten, damit wir nicht im tötenden Buchstaben erstarren.« Das ist nun gar nicht mehr päpstlich: Was uns überliefert ist, ist Buchstabe, das Glaubensbekenntnis eine Reihe von Buchstaben und nicht Geist, jedenfalls nicht ohne weiteres und selbstverständlich Geist. Mit der Sprache unserer Toten haben wir noch nicht den Geist unserer Toten. Wer genau lebt, denkt, glaubt, spricht wie seine Toten, der lebt und glaubt nicht im Geist seiner Toten. Es muss etwas dazu kommen: das Gebet und das Ringen um den Geist der Überlieferung. Wer in einer Tradition steht, hat drei Aufgaben: Er muss in Demut auf ihre Sprache hören können; sich an ihr messen und sich durch sie ermuntern und korrigieren lassen. Die zweite Aufgabe: Er muss die eigene Tradition reinigen. Das lateinische *tradere* steckt hinter dem deutschen Wort Tradition. *Tradere* heißt verraten und überliefern. Das ist Tradition: Das Gottesgespräch unserer Toten, und auch in ihm steckt Verrat und Irrtum. Wer Tote hat, darf sich auf sie und ihren Glauben stützen, und er muss den Toten vergeben, wie unsere Kinder uns einmal vergeben müssen. Es ist nicht einfach ausgemacht, dass unsere Überlieferungen des Geistes sind. Es sind zunächst Buchstaben. Ich will dies an einem Glaubensbekenntnis zeigen, das lange in unseren Kirchen gesprochen wurde, in der katholischen Kirche heute noch am Sonntag Trinitatis gesprochen wird, das sogenannte Anthanasianum. Es stammt wohl aus dem 6. Jahrhundert und formuliert auf zänkisch-ultimative Weise die Trinitätslehre und die Christologie. Der Anfang jenes Bekenntnisses: »Wer gerettet werden will, der muss vor allem den katholischen Glauben bewahren. Wer ihn nicht völlig und unverletzt bewahrt, der geht ohne Zweifel für immer verloren.« Das Ende: »Das ist der katholische Glaube. Wer daran nicht treu und fest glaubt, der kann nicht gerettet werden.« Zwischen dieser Anfangs- und Endformel wird eine ausgeklügelte Lehre von der Dreifaltigkeit und den Naturen Christi entwickelt. Es sind innertheologische Schlachtrufe; Formulierungen von oben, mit denen Menschen diszipliniert werden sollen und möglicherweise sogar auf Scheiterhaufen landen. Die Sprache ist tränenfrei geworden, dafür aber machtbesessen und nur noch interessiert an innertheologischen Richtigkeiten. Eine wirklich stroherne Epistel. Wer Tote hat, lebt von ihnen und muss ihnen vergeben. Nicht mit Hohn, sondern mit Schmerz die Sprache der Toten zu reinigen, auch das ist die Arbeit der Menschen, die eine Herkunft haben. Wörtlichkeitszwänge zerstören den Geist.

Drei Aufgaben: die erste – es ist eher ein Glück als eine Aufgabe: sich bergen in die Sprache der Toten. Die zweite: aus dem Geist der Tradition ihren Ungeist entlarven. Die dritte: Die Sprache der Überlieferung weiterdichten. Noch einmal: Wer die Sprache der Toten nur wiederholt, lebt nicht im Geist der Toten. Weiterdichten! So ist es schön, dass unsere Konfirmanden ihre Bekenntnisse schreiben und weiter dichten an den alten Vorlagen. Es ist allerdings nur schön, wenn es mehr ist als die eigenen Seelenergüsse; wenn sie sich messen lassen und sich vergleichen mit den alten Überlieferungen. Es muss mehr sein als Produkte aus der eigenen religiösen Hausmetzgerei. Es ist schön, wenn Frauen, die so lange stimmlos waren in unseren Kirchen, ihre Bekenntnisse und Lieder weiterdichten; es ist schön, wenn die Friedensgruppen es tun. Die Texte der Bibel, der frühen Überlieferungen; die normativen Texte aus der Reformationszeit sind nicht der Amboss, auf dem unser eigener Geist zertrümmert wird. Wir sind Freigeister, zur Freiheit hat uns Christus berufen. Aber wir sind Freigeister, die sich nicht selbst zum Maßstab machen, sondern die sich in Demut messen an den Sprachversuchen der Tradition. Wir dichten weiter. Wir werden unseren Enkeln die Glaubensgedichte überliefern und sie damit ernähren. Und die Enkel werden unsere eigenen Irrtümer richten. Wir sind wahrheitsfähige und irrtumsfähige Leute, so wie unsere Toten wahrheitsfähig und irrtumsfähig waren. Übrigens, ich gestehe es: die neuen Versuche der Glaubensbekenntnisse, der Lieder, die Gebete, die neuen Liturgien sind für mich als alten Menschen mindestens so sehr Fremdsprache wie die Texte der Überlieferungen. Das ist das Problem von uns alten Menschen: Wir haben Psalmen, Gebete, Glaubensbekenntnisse ein Leben lang gebetet; wir kannten eine bestimmte Form der Liturgie, und plötzlich ist alles anders. Es verschwindet unser Paul Gerhardt und es taucht auf »Herr, deine Liebe ist wie Gras und Ufer«. Wir werden oft entheimatet in den eigenen Gottesdiensten. Wir brauchen Humor! Humor uns selbst gegenüber, die wir dem Vergangenen nachweinen und in der Gefahr sind, das Alte für das einzig Richtige zu halten. Wir brauchen Humor unseren jüngeren Geschwistern gegenüber, die sich das Recht auf ihre eigene Sprache und auch auf ihre eigenen Irrtümer nehmen. Wir sind nirgends ganz zuhause, auch nicht in unseren Gottesdiensten. Im Gegensatz zum Beispiel unserer Enkel sind uns die Schuhe, die uns dort angeboten werden, oft ein bisschen zu eng. Aber wir bergen uns auch in den hilflosen Glauben unserer jungen Geschwister, obwohl sie so oft den Konjunktiv falsch gebrauchen. Es ist schön, Kinder zu haben, und es ist schön, Väter und Mütter zu haben, obwohl beide manchmal strapaziös sind.

Ich gestehe: Die Frage »alte Sprache oder neue Sprache« interessiert mich nicht besonders. Es gibt ein anderes Sprachverderbnis: Das ist der Auszug der Leidenschaft aus der religiösen Sprache. Es gab eine Urform des Glaubensbekenntnisses, einen einfachen Ruf: Christus ist der Herr: Kyrios Christos. Es war ein gefährlicher Ruf. Wer ihn wagte, verweigerte dem Kaiser das Opfer. Zu diesem Bekenntnis gehörte Mut. Die Bekenntnisse in unseren Volkskirchen bedeuten keine größere Gefahr. Die Frage an das Glaubensbekenntnis ist nicht nach seiner theologischen Korrektheit. Es ist die Frage, wofür wir stehen. Gott, der Schöpfer des Himmels und der Erde: Tritt uns dieser Satz in den Weg, wenn wir die Schöpfung behandeln, das Wasser, die Tiere, die Atemluft unserer Enkel, als seien sie nicht von Gott geschaffen und als seien sie unsere Beute. Gekreuzigt, gestorben und begraben: Hat das Konsequenzen für unsere Aufmerksamkeit auf die Gekreuzigten, Getöteten und Begrabenen in unserer Welt? Zu richten die Lebenden und die Toten: Richtet der Wille Gottes unser Tun und Lassen? Wir verstricken uns so oft in lächerliche Fragen: Geboren aus der Jungfrau Maria: Gab es die jungfräuliche Empfängnis Mariens oder nicht? Ich muss sagen, es ist mir so egal, dass ich nicht einmal etwas dagegen sage.

Aber jetzt bin ich pessimistisch und moralisch geworden, wie es sich für einen guten Protestanten gehört. Lasst uns lieber das Glück jener alten Sprache schmecken, die gewaschen ist mit den Tränen und den Hoffnungen unserer Toten:

Ich glaube an Gott, den Schöpfer: Der Anfang war gut, und wir entstammen nicht eisigen Zufällen.

Ich glaube an Jesus Christus, die vermummte Gestalt Gottes: In ihm waren wir schon einmal gemeint und unser Name war genannt in seinem Schicksal.

Ich glaube an Christus, der wiederkommt: In ihm werden die Opfer geborgen und die Tränen abgewischt.

Ich glaube an die Vergebung der Sünden: Wir sind nicht eingemauert in unser eigenes Verderben.

Ob ich diese Sätze verstehe? Ich spreche sie, Gott versteht sie, und das ist genug.

Bibelstellenverzeichnis

1. Mose 4,13	11
1. Mose 11,1-9	13
2. Mose 19,1-19	18
2. Mose 23,9	24
3. Mose 19,18	29
1. Samuel 2,8	34
Jesaja 49,6	36
Jesaja 58,7	38
Micha 4,3	40
Matthäus 5,13	45
Matthäus 5,43-44	51
Matthäus 17,1-2	53
Lukas 2,16	55
Lukas 4,21	57
Lukas 10,33-34	61
Lukas 12,22	63
Lukas 24,11	66
Johannes 3,3	69
Johannes 6,35	71
Johannes 8,7	73
Apostelgeschichte 2,2	78
Römer 8	83
Römer 8,16	87
1. Korinther 6,19	89
2. Korinther 3,3	91
Galater 5,1	94
Kolosser 3,16.17	96
1. Petrus 3,15a	98
Offenbarung 5,5	100
Offenbarung 21,1	107

Lieferbare Radius-Bücher. Eine Auswahl

Peter Bichsel: Möchten Sie Mozart gewesen sein?
Wolfgang Erk (Hg.): Literarisches Geburtstagsbuch
  Für heute und morgen. Immerwährender Kalender
Wolfgang Erk (Hg.): Viele gute Wünsche. Literarische Annäherungen
Marcell Feldberg (Hg.): Tod und Abschied
  Texte zur Trauer und darüber hinaus
Traugott Giesen: Tage - Jahre - Leben. Neue Kolumnen
Gisela und Ulrich Häussermann (Hg.): Frauengedichte der Welt
Klaus-Peter Hertzsch: Der ganze Fisch war voll Gesang
Klaus-Peter Hertzsch: Sag meinen Kindern, dass sie weiterziehn
  Erinnerungen
Walter Jens: Das A und das O. Die Offenbarung
Walter Jens: Der Römerbrief
Walter Jens: Die vier Evangelien
Walter Jens: Pathos und Präzision. Texte zur Theologie
Walter Jens: Der Teufel lebt nicht mehr, mein Herr!
  Erdachte Monologe - Imaginäre Gespräche
Eberhard Jüngel: Anfänger. Herkunft und Zukunft christlicher Existenz
Eberhard Jüngel: Beziehungsreich. Perspektiven des Glaubens
Eberhard Jüngel: Predigten. 6 Bände
Eberhard Jüngel: Unterwegs im Kirchenjahr. Festtagspredigten
Otto Kaiser: Das Buch Hiob. Übersetzt und eingeleitet
Otto Kaiser: Weisheit für das Leben. Das Buch Jesus Sirach
Reiner Kunze: Bleibt nur die eigne Stirn. Ausgewählte Reden
Gerd Lüdemann/Martina Janßen: Bibel der Häretiker. Nag Hammadi
Gerd Lüdemann: Das Judas-Evangelium und das Evangelium
  nach Maria
Kurt Marti: Fromme Geschichten
Kurt Marti: Gott im Diesseits. Versuche zu verstehen
Kurt Marti: Prediger Salomo. Weisheit inmitten der Globalisierung
Kurt Marti: Die Psalmen. Annäherungen
Gerhard Marcel Martin: Das Thomas-Evangelium
Gerhard Marcel Martin: Was es heißt: Theologie treiben
Eberhard Müller: Architektur der Gerechtigkeit. Ein Wirtschaftskonzept
Martin Scharpe (Hg.): Erdichtet und erzählt I und II
  Das Alte/Das Neue Testament in der Literatur
Fulbert Steffensky: *siehe Seite 4*
Holger Tiedemann: Paulus und das Begehren
Iwan S. Turgenjew: Mumu. Erzählung
Hanna Wolff: Jesus als Psychotherapeut

  Radius-Verlag · Alexanderstraße 162 · 70180 Stuttgart
  Fon 0711.607 66 66   Fax 0711.607 55 55
  www.Radius-Verlag.de   e-Mail: info@radius-verlag.de